U0947526

重新定义创新

转型期的中国企业智造之道

REDEFINE INNOVATION

[美] 谢德荪（Edison Tse）◎著

中信出版集团 · CHINACITICPRESS · 北京

图书在版编目（CIP）数据

重新定义创新 /（美）谢德荪著 . —北京：中信出版社，2016.1（2018. 7 重印）
ISBN 978-7-5086-5633-5

I. ①重… II. ①谢… III. ①企业竞争－研究－中国 IV. ① F279.2

中国版本图书馆 CIP 数据核字（2015）第 259511 号

重新定义创新

著　　者：[美] 谢德荪
策划推广：中信出版社（China CITIC Press）
出版发行：中信出版集团股份有限公司
（北京市朝阳区惠新东街甲 4 号富盛大厦 2 座　邮编　100029）
（CITIC Publishing Group）
承 印 者：北京通州皇家印刷厂

开　　本：880mm×1230mm　1/32　　印　　张：12　　字　　数：254 千字
版　　次：2016 年 1 月第 1 版　　印　　次：2018 年7月第 7 次印刷
广告经营许可证：京朝工商广字第 8087 号
书　　号：ISBN 978-7-5086-5633-5 / F · 3524
定　　价：56.00 元

服务热线：010-84849555　　**服务传真：**010-84849000
投稿邮箱：author@citicpub.com

目录

推荐序

你怎么理解创新，决定着你怎么去创新

刘绍勇　东方航空集团董事长

最近读了《重新定义创新》，颇受启发。作者谢德荪先生是斯坦福大学教授，也是著名的企业创新转型策划大师。他对中国企业创新和中国经济转型有着与众不同的观点，认为中国人不仅具有创新的能力，而且具有无中生有式的“源创新”天赋。

“源创新”是谢德荪教授提出的新型创新理论，它与传统的基于竞争力理论的“流创新”明显不同。后者关注的是“流”，面对一个稳定不变的或缓慢改变的市场，从改善流程出发，致力于提高企业在现有市场的竞争力，价值链是流创新的关键；源创新关注的是“网”，面对一个不确定且常有变动的市场，从打造平台出发，致力于整合各方资源开拓新市场，新理念和关系网是源创新的关键。

你怎么理解创新，决定着你怎么去创新。我认为，理解创新要

从理解企业发展现状入手。近年来业界有一种“企业成长曲线”理论，这种理论认为企业的成长是由内在努力和外在机遇共同造就的。信息技术的进步模糊了企业的管理边界，使得商业社会正在进化成一个个生态系统。企业不再是壁垒森严的个体，任何内外部变量的变化都会影响它的成长曲线，抛物线顶点的位置和曲线的走势不仅取决于企业内部流程和机制的改善，还取决于企业整合内外部资源重构行业生态系统的能力。从这个意义出发，信息时代的源创新，不是科技的创新，而是应用科技能力的创新；不是只解决单一问题的创新，而是要解决系统问题的创新；不是企业内部流程的创新，而是吸引上下游两面市场成员融入共建生态系统的创新。

“己欲立而立人，己欲达而达人。”源创新战略始于理念的创新，却要以满足系统内其他成员的欲望和利益为基础。苹果公司打造了一个开放式的跨业界平台，数亿客户通过这个平台共享互联网应用，成千上万的软件开发者通过这个平台实现自己的梦想；联邦快递（FedEx）打造了一个产品和流程设计的平台，在实现传统的物流运输服务之外，还向客户提供整套的综合商务应用解决方案，帮助客户降低成本，提高效率。生态系统的“无中生有”归根结底是思维和眼界的创新，也是境界和胸怀的创新。

序

中国人该如何创新

牛文文

中国人到底会不会创新，能不能创新？这在今天好像成了一个世界难题，或者说世界疑问。五六年前，《世界是平的》一书作者弗里德曼访问中国，在午餐会上曾经向我们几个财经媒体人提了这样一个问题：中国企业创新的因素到底有多人“比例”？有没有5%？当时在座的都无言以对。这件事后来被大家总结为“弗里德曼考问”——到底中国的企业有没有创新，会不会创新？如何才能提升中国人在商业上的创新力？有一种普遍的认识：中国经济30年的成功，主要还是建立在引进、复制、大规模制造上，建立在廉价劳动力和引进外资的结合上；这些年中国的企业、产品、技术，复制的多，原创的少，所以附加值低、可持续性差，中国经济的整体创新度不够。

中国人到底有没有创造力？是中国人本质上不善于创造，还是中国的社会环境制约了中国人的创造力？是中国的经济制度和社会环境对创新者的激励不足、对复制者激励过度，导致中国的企业家群体缺乏创新动力，还是中国企业家在实力上和意识上还没达到创新的阶段？近些年来，中国政府开始大力提倡建设创新型国家，大力鼓励创新、创业，力图提高中国经济的创新比重，企业界更是把创新当作竞争发展的第一要义。但是，目前看来效果还不是太明显。

美国斯坦福大学谢德荪教授的这本书对创新提出了一个创造性的框架结构。它最大的启发是，也许我们中国人对创新的理解太过狭隘，也许我们对创新的理解还停留在迈克尔·波特的价值链理论及五力模型时代，那是一种静态的、平面的创新（本书称之为“静态战略理论”）。而这本书告诉我们，创新不只是静态的，也可以是动态的；在信息时代，企业需要新的“动态战略理论”。在谢德荪教授看来，创新可以分为“流创新”和“源创新”这两种方式，波特的理论使企业家把战略思路都放在产品上即“流创新”战略上：降低生产成本、增加供应链效益、提高产品的质量、创造产品的差异化、设计产品来迎合细分市场的需求；而“源创新”的着眼点是开拓市场，是“无中生有”地去建立一个新生态系统，系统内成员通过相互之间的网络来提升各自的价值。中国的企业家们对基于竞争力理论的“流创新”更熟悉，但对与东方“无极”智慧暗合的的“源创新”还不太了解。这本书的价值在于，它构建了一种极具操作性的源创新模式，一种与波特的价值链理论相对的新型商业模型——“两面市场商业模型”。

你怎么理解创新，决定着你怎么去创新。解开创新困局的钥匙，也许就藏在我们的文化基因里。谢德荪教授的这个理论框架对苦陷于

"弗里德曼考问"中的中国企业界和政府界来讲是一个很大的启发。从西方出发触摸东方的智慧，这本书实际上指出了中国人在商业创新上的一个理解误区。我们既要考虑自己创新得够不够，更要考虑自己对创新的理解是否太过狭隘、太过陈旧。如何来定义创新、如何来鉴定创新的方式，也许才是我们首先要思考的问题。中国人或者中国的商业，目前还主要是在产品技术竞争力等"流创新"方面下功夫追赶西方先进，反而忽略了中国文化蕴含的无中生有式的"源创新"天赋。中国企业可以换一种思路，从波特的价值链创新模式里走出来，从"流创新"过渡到"源创新"。

中国经济过去30年崛起的秘密，一直是国际学术界关注的问题。科斯、斯蒂格利茨、张五常、林毅夫、周其仁、钱颖一等经济学家，多年来一直在从不同角度研究这个问题。研究过去30年为什么成功固然很重要，但评定未来这种奇迹能否延续、中国人未来能否创新更重要。谢德荪教授的创新理论把这项研究又向前推进了一步。

谢德荪教授能够提出这套理论，一方面是源于他在斯坦福大学多年的研究、积淀，另一方面也是他多年来频繁奔波于太平洋两岸，与中国沿海各地有创新想法和困惑的政府官员、企业家深度交流的结果。作为斯坦福的教授，他主持了很多面向中国企业和官员的关于创新的研修课程，在中美两国之间架起了一座关于创新交流的桥梁。这本书应该是谢教授多年沟通中美的一个理论收获，也是迄今为止国际学术界对中国商业创新体系框架的一个全新的研究成果。我们在这本书里，既能看到一个极具启发性的理论框架，也能看到基于西方经济史、商业史的大量案例分析，还可以看到对中国企业、中国区域经济以及中国式创新的评价和思考。我相信，这本书一定会受到中国企业界和经济界的欢迎。

2012 年 2 月 12 日

（作者为《创业家》杂志社社长、创办人）

再版序

《重新定义创新》（原书名为《源创新》）在2012年5月由五洲传播出版社出版发行，当年11月第2次印刷。这书在中国出版后得到很多中国主流财经商业媒体及管理学界的关注及鼎力推介，其中包括《中国企业家》《第一财经日报》《清华管理评论》《哈佛商业评论（中文版）》《财经》《21世纪商业评论》《财富（中文版）》《理财周刊》《商界评论》《中国改革》《经济观察报》《创业家》《麻省理工科技创业》《商业价值》等等。这几年来，中国很多大型央企及国企的领导层高管，以及中小民营企业的董事长及总经理，都来到斯坦福大学，参加高管培训班，听我讲解源创新及如何将源创新应用于中国传统企业，以寻求突破及升级。听完后大多数都会买几本《重新定义创新》，发给公司内的高级员工学习，也有些企业组织内部研究小组，努力研究如何把源创新落实到公司的战略中。他们都常与我联络，在看《重新定义创新》有不明白的地方或不同见解之处，都会与我通过电邮沟通。2014年12月，很多上过我的源创新班的高管告诉我，他们买不到《重新定义创新》，市面断货。我就觉得奇怪，一本在市面有需求的书，为什么出版社不加印？我问代理出版这书的何江涛先生，他也没细说理由，只是说“因为出版方京华鸿越公司发生变动，书的合同没法继续执行”，愿意解除关于《重新定义创新》一书的合同，这使我可找另一出版社，再版及发行《重新定义创新》。从2014年1月开始，我便不断从多方面收到再印《重新定义创新》的要求，尤其是听过我讲解源创新的高管，他们都想买本书以便随时参考。2014年3月开始，我便四处找合适的出版社，再版及发行《重新定义创新》。最后幸得USCEC（美国美中交流协会）的伍微娜理事长、葛滨博士帮助，找到中信出版社再版及发行本书。

自从《重新定义创新》面世后，中国的经济有很大的变化，很多生产行业面临产能过剩，很多消费品行业及零售行业也受到互联网电商的打击。2014年，中国互联网公司阿里巴巴、腾讯、百度、京东，市值排名都在全球互联网公司10强之内。小米在2011年进入已很拥挤的智能手机市场，但以全新的商业模式，应用互联网技术，颠覆了中国智能手机市场。可以说小米是应用互联网于硬件产品行业而取得突破的全球第一案例。这几年中国也掀起互联网浪潮，大家都谈论互联网思维，视之为拯救传统行业的法宝，但对很多传统业务的企业家而言，最困扰他们的是不知如何让互联网思维落地。2015年3月5日在第十二届全国人大第三次会议上，李克强总理提到制订“互联网+”行动计划。但对于各行业尤其是传统行业来说，关键是行动计划如何落地。

我这几年来很关注中国企业发展情况，现时中国的互联网热，与我在本书第六章提及中国的经济发展，应如何跨越式地走信息革命之路，不谋而合。这几年我也很重视如何让源创新理论落地，帮助中国传统行业构建两面市场商业模型，再结合互联网及其他最新信息科技，以求达到突破及升级。但每次实行时，开始建立两面市场常有困难，多次之后，我发觉主要原因是，传统企业家的思维是围绕产品：产品的功能、外观、成本、定价、渠道、供应链等等，而且着重占领现有市场，这是流创新的思维。而源创新的思维是围绕着人：源创新理念价值的受益者，以及这一理念价值的实现者，重点是开拓新市场。这两种完全相反的思维，会导致很不同的战略布局，因此先让领导层深入了解源创新的思维，然后再建立两面市场来实现源创新，效果会好很多。我尝试过几次，都很有效。所以这次再版时，除了把原版的内容加以编辑性修改外，我总结这三年来的经验，加写了关于“源创新思维、如何按照这一思维策划使企业突破升级的源创新战略，以及如何发挥源创新思维，打造可持续发展的创新企业”等内容。

谢德荪

2015 年 6 月 10 日

作者的话

“源创新”这个名字的来源有段故事。在我打算把我十多年研究有关中国创新及转型战略的成果以中文在中国出书时，我与何江涛便一直在找寻合适的书名。我人在美国，何江涛在中国帮我策划这书出版的事。当时我们有很多不同的想法，如“动态战略”、“中国创新”、“为中国制造”（Made for China）等等，但都觉得太普通、深度不够。而且江涛觉得我描述的两类创新，需要合适的中文名称。第一类创新是提升现有价值链的价值，第二类创新是创造新价值链系统来提供新理念价值。我们经过多次头脑风暴，都未能找到描述这两类创新的合适的中文名称。有一次我们在北京我住的酒店谈了一个多小时，仍未有所获。当时夜已经很深了，我们预约第二天再会面，江涛开车回家，我也回房间休息。我刚进入房间，我的手机便响了，我接听，是江涛在开车回家途中打来的。他很兴奋，第一句话便是：“源创新！源创新！”

我细想这“源”字与中国商业界常用的“开源节流”的源字吻

合，那么最自然的选择是把第一类创新称为流创新，第二类创新称为源创新。我觉得这两个名称很贴切，而且与中国的文化吻合，所有中国商业人士都很容易理解，因此我决定采用这两个名称。事实证明，当我用“流创新”与“源创新”来描述两类创新时，所有听我讲课的中国官员、企业家及高管经理都能很快理解。但当我同系的教授问我这两个名称的英文翻译是什么时，我却找不到适合西方文化思路的单词翻译。这也说明一点，创新思路很有可能与文化有关，适合西方的创新思路不一定适合中国人，同样，适合中国人的创新思路不一定适合西方人。在本书中，我提炼了硅谷创新思路的精髓，以适合中国文化的思路表达出来。

本书每一章都是围绕着源创新：很多创造辉煌的企业都是因为源创新，很多成功实现转型突破的企业都是因为源创新，企业通过源创新可有更大的发展空间，后来者可用源创新与先行者分庭抗礼。硅谷的崛起是因为源创新，源创新将会是中国转型的关键。

我计划本书在中国出版后，再以英文版本在美国出版。问题是这英文版本的书名是什么呢?

引言

1955 年的世界 500 强企业，到了 2008 年仍在世界 500 强的只有 10% 左右了。

美国匹兹堡曾被誉为“钢城”，但现在它已完全失去了在钢铁行业的竞争力。在汽车业，通用汽车曾经雄霸美国汽车市场几十年，但现在也已失去它的领袖地位。在 20 世纪 80 年代，摩托罗拉是全球手机市场的领头羊，90 年代诺基亚取而代之，而今两巨头皆面临困境。从 1980 年到 2000 年，苹果公司在个人电脑市场的份额一直徘徊在 2% 左右，但到了 21 世纪，苹果公司以 iPod 转型，随着 iPhone、iPad 的持续创新，苹果终于在 2011 年成为全球市值最高的企业。人们熟知的通用电气（GE）也与其 20 年前完全不一样了。

从这些历史事实，我们看到，如果一个企业只关注它在原有市场的竞争力，而不寻求开拓新市场，必定难以持续发展。因为一个企业的竞争力只能保证它在原有市场的地位，然而或因科技的进步，或因需求和政策的改变，原有市场会消失或被替代，所以如果企业只在原有市场发展，最后必然面临停滞或被淘汰。

在迈入21世纪前，商业学者、专家及企业界关注的焦点都是企业的竞争能力，所有有关商业战略的文献，都聚焦于建立公司的竞争能力，而影响最深的是著名管理学教授迈克尔·波特的价值链理论及五力模型。迄今为止，许多企业领导者都还没有注意到，过分注重价值链理论，也是造成历史上很多企业不能持续发展的原因之一。波特的理论及其延伸，都基于一个稳定不变（或缓慢改变）的市场，我称之为“静态战略理论”。近几十年来，随着信息技术的快速发展，市场的改变越来越快。在网络时代，市场的生命周期甚至可能少于5年。在这种巨大的变化面前，波特的静态战略理论已无法作为企业持久发展的根基。在信息时代，企业需要全新的“动态战略理论”，这理论必须根植于不确定而且常有变动的市场实际。我从20世纪90年代后期开始从事动态战略理论的研究，我将在这本书中向读者揭示这些研究的成果。

动态战略理论的核心是：在信息时代，如能善于利用信息，它能提供的价值，会远比具体产品提供的多。具体产品能提供的价值只会随着时间的推移而减少，但随着时间的推移，信息在增加，我们可以从中提炼的价值也在增加。所以重点不是在原有的市场竞争，而是随着信息的增加，有效地组合各种资源，创造新价值。这会吸引更多参与者加入，而形成一个有生命的生态系统。我把它命名为“动态生态系统理论”。在本书中，我把我自创的创新概念与动态战略理论结合，也特别解析了适应这一动态战略理论的、与价值链相对的一种新型商业模型——两面市场商业模型。

自 2003 年我到中国授课开始，我的创新概念与这一动态生态系统理论已经为许多中国学员所了解与认同，许多拥有丰富商业实践经验的企业家和政府官员与我产生了强烈共鸣。这也促使我最终决定将这一理论完整展现出来，并首次以中文写作出版这本书。我希望通过对这一新的商业理论的研究和应用，帮助中国的企业家和政府的经济管理者，在信息时代的跨越式竞争中赢得主动。

第一章　**创新之论**

- 对一个企业而言，到底什么是创新，是不是制造新产品便是创新?
- 那些不能使企业得到净效益的企业创新活动都是浪费。
- 只有很少的专利能给公司带来财富，大部分专利都不能为公司产生价值。
- 创新的确有可能给企业带来好处，但关键不在于谁是始创者，而在于企业是否有能力应用始创新来创造最大价值。
- 源于生活上的某种欲望，通过新的理念组合现有资源来满足这一欲望，我们称之为“源创新”。

在过去的30年里，中国的经济发展一直是以制造业为主要推动力，我们可称之为制造经济。中国的发展速度超出大多数经济学家的估计，根据中国国家统计局的数据，以现时价值为标准，1980年中国国内生产总值为4 510亿人民币，而2008年总值为314 050亿。也就是说在28年内，中国平均国内生产总值增长率为16.3%。而中国也以“中国制造”（Made in China）而闻名，是全世界各地价值链的上游，也是全世界的工厂。一直以来，中国制造的产品以出口为主，随着中国经济发展，国内市场也随之扩大，但中国大部分的制造业仍然主要是供应国外市场。

现在，“中国制造”面临着几个严重问题。第一，随着工资增加，竞争也越来越激烈。第二，能源消耗大，引起了一些环境问题。如果我们将环保消耗算进成本，可能总利润是负数。中国的制造经济不可能长久地这样不计环境成本。第三，国际上对中国的产品有一些不好的印象，认为中国制造业不负责任，如玩具、奶粉事件。我曾在美国看到一则广告语，“我们不卖任何中国制造的产品”，商家以此来吸引顾客。第四，来自国际的压力。有些国家起诉我们倾销，如轮胎事件等。其实我们的出口并没有对其他国家工人就业产生很大的影响，但是很多人觉得我们的出口太多了，因而产生了反感。第五，世界经济萧条。2008 年以来的金融危机、欧债危机，使欧美消费市场萎缩，中国很多地区在 2008 年已经深有感受。第六，规模越大，面临的危机也越大。那么多的厂房与机器在没有生意的时候就是一个很大的负担。2009 年，中国很多工厂都因世界金融风暴而倒闭。

事实上，以上提到的不是制造业独有的问题，也不是哪一个单一行业的问题，而是整个行业以及整个中国面临的问题。解决个别企业的眼前困难并不能解决根本问题，而是需要有系统性的措施,才能使大家转危为安。

很多学者与专家都认为创新能使中国走出面临的困境，但我们究竟应该如何理解“创新”，尤其是中国的创新呢？

欧美的企业创新通常是由个人开展而后带动他人加入，所以一个企业的创新能力大都以其员工的创新能力为基础。欧美人普遍认为，一个人如果要有创新能力，他必须有远见，有热情，敢想他人不敢想的事，不墨守成规，能向传统智慧挑战，有勇气承担风险，有能力说服他人。因为中国企业有员工服从领导的文化，有很强的执行能力及模仿能力，却并不习惯向传统智慧挑战，所以很多欧美学者都认为中国企业的员工缺少创新能力，中国企业在现状下也难以进行创新。

有一次，我带一个中国企业家团体到一家美国公认最有创意的公司考察。这家公司名叫IDEO，位于斯坦福大学附近，它的创始人是斯坦福大学的教授，其主要业务是为很多大公司设计创新产品及提供创新顾问服务。这家公司的战略是聘请一批很有创意的员工，然后让他们自由发展，公司只提供信息及设计上的支持，例如一个很丰富的产品资料库或实验室。企业家团体成员看到这家公司所完成的各种各样的创新设计产品，都感到惊讶和钦佩。其中一位用普通话问我："谢教授，它的经理们如何给员工定指标？如何对员工进行考核？"我把问题翻译为英语向该公司的一位经理请教，这位经理回答说，他们对员工没有指标也没有考核，公司只看员工的成果，经理的主要工作是做员工的指导，引导员工的思路。提问的企业家说："这怎么可能，那公司不是乱套了吗？在中国肯定不行。"

我认为中国要形成创新能力，虽然不一定要做到与IDEO一样，但也必须从根本上有思路的改变。中国企业创新不一定要走欧美企业的道路，而是应该跟中国的传统、文化结构与社会环境相结合。

让我们来认真分析一下"创新"和"创新活动"。

在很多人的观念里，创新几乎等同于高科技，认为生产高科技产品便是创新。现有的评价体系也通常以一个企业或一个国家一年内获得专利的数量来衡量它的创新程度。一个新产品可以因为它的特殊设计异于当前产品而获得专利，一项新科技可以因为它异于当前的科技而获得专利，一道新的生产流程可以因为它有一些新的、特殊的程序而获得专利，它们的共同点在于都异于现状，而且可增加价值。因此，很多欧美学者认为创新是开发新产品、发明新科技或建立新生产流程。

我认为，以企业一年内获得的专利数量来衡量它的创新程度不仅太过狭隘，而且还是错误的。据统计，只有很少的专利能给公司带来财富，大部分专利都不能为公司产生价值。这不是说专利完全无用，而是说明公司市值高低不能用专利多少来衡量。

那么，对一个企业而言，到底什么是创新？是不是制造新产品便是创新？如果一个企业开发了新的产品，但是产品投入生产后发现没有市场，这是不是有意义的创新？我的意见是，对一个企业来说，那些不能使企业得到净效益的创新活动都是浪费。这里给大家讲几个案例，我们可以看看谁是创始者，谁又是比较大的获益者。

火药是中国人发明的，但中国把火药应用在烟花、鞭炮、传统军火上。而西方国家将其用于开山、建铁路来支持工业革命，用于制造先进军火来加强军队战斗能力，所以西方从火药发明中获得的收益远远超过中国。

印刷术也是中国人发明的，当时中国应用这项技术来方便信息的传播。但西方应用该技术来促进商业发展，进而成为工业革命的推动力，所以它们得到的好处也远比中国多。

第一台个人电脑是施乐公司做出来的，它只将其看作电脑的新种类。而苹果电脑及很多硅谷的高科技公司利用施乐公司的个人电脑技术推动了个人电脑革命，从而改变了整个计算机行业，并且现在市面上已经看不见施乐公司出品的个人电脑。

共产主义是马克思于1845年创立的，在德国他应用其理论帮助工人阶级成立工会组织。但经过70多年后，俄国和中国以他的理论为根基推行革命，最后都成功建立新国家。因此马克思的名字不只为哲学家、历史学家、政治家及经济学家所熟知，全世界都家喻户晓。

创新其实可以分为两类，一类是科学创新，另一类是商业创新。

科学创新是指有关自然规律的新发现，包括新科学理论、新产品及新科技，本书称之为“始创新”。这也是很多西方学者所指的创新，或者中国许多人常提到的“自主创新”。而商业创新是指创造新价值，在本书中我把它分为“流创新”与“源创新”。

我们先来分析“始创新”及如何应用其制造价值。同一始创新（如火药、印刷、施乐个人电脑技术、共产主义），应用在不同的创新活动中可以产生不同的价值，因此始创新本身没有价值，它的价值基于我们如何使用它。对企业而言，创新的确有可能给企业带来好处，但关键不在于谁是创始者，而在于企业是否有能力应用始创新来创造最大价值。

我们可以把应用始创新来创造价值的创新活动分为两大类。第一类商业创新活动是用始创新来改进现有的产品，或者找出互补性产品、降低成本的新生产流程及进行更有效的供应链管理。我们把这一系列创新活动称为“流创新”，这个“流”字是我们常说的“开源节流”一词中“节流”的延伸，不仅指减少开支或成本，也包括所有能改善现有理念价值的活动。所以“流创新”是指能改善现有价值链的创新活动。

西方学者也有一个类似概念，称为连续性创新（continuous innovation），意思是这类创新会连续性地增加价值。一个产品的价值链是流创新的重点，参与流创新的成员大多是这个价值链中的成员，而且主要的市场是现有市场。无论这个价值链中哪一个环节的成员进行流创新，其增加的总净利润分配仍是下游取得最高、生产环节取得最低。在价值链某一环节的企业可用流创新来维持它的竞争能力，它的净利润也会因创新而增加，但它的竞争对手也会很快跟上并使净利润随之下降。所以不论在哪一环节，流创新所产生的优势都是不能持久的，要维持竞争优势，企业需要频繁地进行流创新。但这不仅会增加创新的成本，而且在同一环节经常进行创新活动会造成收益递减，即由此所获的净利润率逐渐降低。所以在这一价值链中，不论哪一环节的企业，即使经常进行创新活动，也会面临发展停滞和净利润下降。处于生产环节的企业，巨大的竞争压力很可能会导致净利润率下降至接近于零，从而面临很大的危机。

第二类商业创新活动是指通过一种新的理念来推动对人们日常生活或工作有新价值的活动，这种新理念很多时候是被新产品或新科技（始创新）所激发，但也可以是源于生活上的某种欲望，通过新的理念组合现有资源来满足这一欲望，我们称之为“源创新”。这个“源”字是“开源节流”中“开源”一词的延伸，寓意全新的开始，从无至有。正因如此，源创新活动需要触发、引导其他的经济参与者联合起来，共同提供这种新理念的新价值，同时它也必然会开拓新的市场。

“源创新”在西方学界没有一个适当的翻译，但有比较接近的概念，称为破坏性创新（disruptive innovation），意思是这类创新会产生新价值并破坏现有市场，但更主要的是指新科技带来的破坏性。例如硅芯片的新技术触发“每个人一台电脑”的新理念，破坏电脑主机市场，从而产生个人电脑的源创新；汽车的诞生使人建立“汽车是一种比马车更方便的交通工具”的新理念而破坏马车的市场。但我所指的源创新所推动的新理念不一定由新科技触动，也可能是基于人的新欲望。

不论新理念是如何被激发的，开始时大家对它不甚了解，而且很多人都看不到它的好处，因为体验这种理念价值的很多条件尚不齐全。例如，我们以前没有汽车，当汽车诞生后，汽车制造商便创造一个新理念来推动汽车市场。“汽车是一种比马车更方便的交通工具”，这一新理念有价值吗？汽车刚发明的时候并没有很大的使用价值，因为没有公路。后来很多公路建起来了，但汽车作为交通工具的价值还是有限的，因为没有加油站。后来石油公司建立了加油站，汽车可以从A地开往很远的B地了，但是司机在中途需要休息和吃饭，于是快餐店发展起来了。所以，汽车作为一种交通工具的价值并不仅在于车本身，因为要实现作为一种方便的交通工具的价值，它的运行需要多个方面的配合，我们称这些配套体系为汽车充分实现其价值的生态系统（简称汽车生态系统）。

当推动一个新理念的时候，可能这个生态系统是不完整的，我们需要激励并引导其他参与者进入这个生态系统，越多参与者参与，这个生态系统越完整，越多人可以感受到新理念的价值，这又会引导更多参与者进入，这个系统便好像有了自己的生命，变得越来越强大，这也是我称之为生态系统的原因。当这个生态系统比较完整时，它内部的多条相关的价值链也相继建立起来：汽车价值链、道路工程价值链、汽油价值链、连锁快餐价值链及修车价值链等。这时跟随市场需要，每一价值链的参与者都会各自通过流创新来增加价值，而一条价值链的流创新又会引发其他价值链的流创新。这会发展成一连串相关价值链的流创新，从而加强整个生态系统。所以，源创新通过建立一个新的生态系统使新理念的价值不断增加。另外，同一理念可在不同地区推行，例如汽车在德国发明后，欧洲各国及美国都相继推动这一理念，而各国也相继建立各自的汽车生态系统。

由这些案例我们可以看出，新科技及新产品不是触发源创新的唯一诱因，很多时候了解消费者的欲望也可以成为激发源创新的原动力。我们可以看到，源创新与流创新的最大区别在于：流创新以自身资源和力量来满足现有市场的需求，从而达到增加价值的目的；而源创新则通过推动新理念价值，引导其他相关经济参与者加入，并组合大家的资源与能力来满足人的欲望，以此来开拓一个新的市场。

以下我用几个案例来帮助大家进一步了解创新。在下列案例中，可以看到创新的魔力是如何让一个公司或重现生机，或陷入阻滞的。

›› 案例 1–1　Verity vs 雅虎：技术更好的公司为何没能成功？

Verity公司拥有当时最先进的搜索技术，但技术相对落后的雅虎却成为市场上最风光的公司，这似乎与技术决定企业命运的传统智慧相矛盾。

20 世纪 80 年代，随着信息技术的快速发展，越来越多的企业用电脑来存储电子文件，当电子文件的数据库变得很大时，要从中找到你想要的文件并非易事。最早是通过关键词搜索软件来帮助查找，例如你想在一个电子文件数据库中找一些有关足球比赛的文件，你可输入“足”字或“球”字，而关键词搜索软件便把所有文件内有“足”字或有“球”字的文件都找出来，但其中可能有很多文件与“足球”全无关系，只不过这些文件中有这两个字在不同的句子中。而且可能很多有关“足球”的文件无法被关键词搜索软件找到，因为文件内容写的是一些足球明星，而全文并没有“足球”这两个字。

在搜索引擎的学术界中，一个搜索引擎的效能是以它的“搜索速度”、“关联率”及“覆盖率”来衡量的。80 年代，很多软件公司纷纷引进效能较好的关键词搜索引擎来争取企业用户，这些搜索引擎都基于某些数学优化模型，这些数学优化模型是始创新，而这些搜索引擎都是流创新。

在 80 年代初期，我与三位人工智能技术专家创办了一家科技咨询公司，该公司取名Advanced Decision Systems（翻译为“先进决策系统”，简称“ADS”）。ADS内一个部门开始研究智能搜索引擎技术，将人工智能及优化系统组合技术应用于搜索新闻媒体电子文件。经过5 年的努力，我们成功地创造了一个比所有关键词搜索引擎更有效的智能搜索引擎。1988 年，我们决定以这个智能搜索引擎产品的知识产权为资产成立一家子公司，取名Verity，致力于该产品的商业化，而且由ADS派出重要管理及科技人员来运营这家子公司，团队在硅谷内找到风险投资家出资来推动业务发展。初期，Verity的主要客户是拥有大量电子文件的政府机构、媒体公司及大企业，它们都有关键词搜索引擎，但因为觉得效果不好，所以尽管Verity的产品比较贵，它们也愿意用Verity更先进的搜索引擎，这是流创新。Verity很快便开始赢利，但大客户不多，而且其他同类的智能搜索引擎也在市场出现，竞争慢慢增加，所以Verity 发展得很慢，而且到 1993 年从赢利变为稍有亏损。

Verity的前任首席执行官于 1993 年辞职，新首席执行官上任后改变了战略，转移目标，希望开拓比较低端的客户。但开拓这个市场，必须调低产品的价位，并且需要对原先产品进行大幅度的简化，同时由于很多支持低端智能搜索引擎的配套产品还未到位，Verity需要大量投资来支持这个战略。从1994年起，我代表ADS成为Verity的股东董事。当时我们在董事会议中讨论企业的战略，大家都觉得风险很大，因为不知道要投资多少才能建立支持低端市场的生态系统。但大家也都认为这是大势所趋，公司要有前途只有走这条路。但这一公司战略需要金融方面的配合，早期注资的风投四处寻找相熟的同行加入，但因其他风投对公司的估值太低，大家都有些犹豫。Verity在低端市场的开拓速度很快，但亏损也越来越大。幸运的是，当时正值互联网泡沫初期，网景（Netscape）宣布采用Verity的智能引擎，网景在亏损的情况下于1995年8月火爆上市。Verity也随之在几个月后上市，从股市上集资4 000万美元，是原来预算的两倍。Verity成功上市，风投得到10倍的回报，ADS股东也获得大量财富，Verity也得到了它需要的资金来开拓大众市场。这是源创新。

1995年3月，两位斯坦福大学电机系准博士生大卫·费罗与杨致远成立了雅虎（Yahoo!），提供互联网网站搜索服务。当时互联网开始盛行，很多企业不论大小都开始建立自己的网站，但要在成千上万的网站中找你想找的网站并非易事。大卫·费罗与杨致远提供了一个很简单的解决方案：他们把所有网站以树状层次结构分类，然后建立了一个网站用树状层次来引导想找某类公司的用户找到目标网站。这种方法虽然很简单，却很有效，因为很多人对树状层次结构已有认识。随着互联网的快速发展，越来越多公司建立了网站，而上网找公司以及信息的网民也越来越多。因为大家都了解雅虎的搜索方法，所以雅虎的点击率也以指数级增长，雅虎在一年后（1996年）便上市了。当时很多专家都把雅虎归为搜索引擎公司，但就搜索引擎技术而言，Verity的智能搜索引擎技术远比雅虎的搜索引擎高明得多。雅虎上市后不久，其股价快速上涨。互联网泡沫破灭时，它的股价大跌，但之后回升。2010年7月，它的市值约为210亿美元（见图1–1）。但Verity上市后，股价不断波动、市值上升缓慢。在刚迈入21世纪的那几年间，其市值始终停留在几亿美元，并于2005年以5亿美元市值与英国某智能搜索引擎合并。

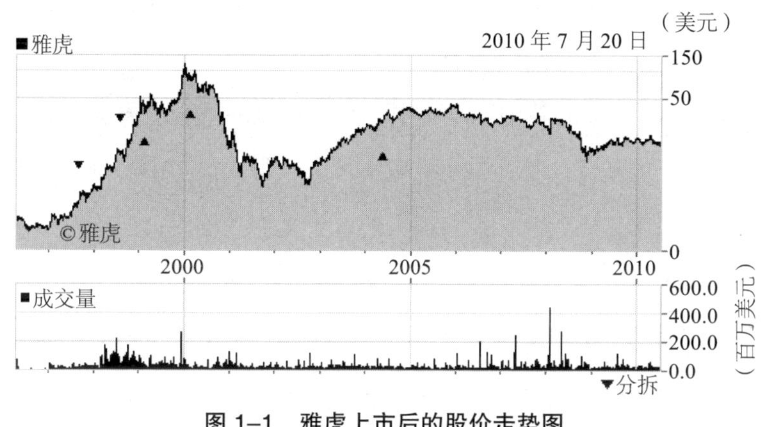

图1–1　雅虎上市后的股价走势图

Verity上市前一个月，我便辞了董事职位，但我一直关注Verity及其他搜索引擎公司的状况。当时看到Verity与雅虎在股市表现的差异，我觉得很奇怪：一个技术比较差的产品反而比技术更好的产品更成功，这似乎与传统智慧有冲突。可以说这是我第一次对传统意义上的创新有所怀疑。我详细分析了这两家公司的商业规模及发展战略，终于解答了疑问。自此以后，我把研究兴趣转移到创业及创新战略领域。

Verity是一家搜索引擎公司，因为它以卖搜索引擎来维持公司的生存及运作；但雅虎不是一家搜索引擎公司，它用搜索引擎技术帮助网民在互联网上找到他们想找的公司，这是一项免费的服务。当雅虎网站的点击率越来越高时，它的网站便会收获很多“眼球”，因此很多中小型企业都想在雅虎网站上登广告。雅虎的主要收入是广告费，因此严格地说雅虎是一个互联网上的广告公司。当时只有大公司能付得起在电视台做广告的费用，而电视台则用电视节目来抓住观众的“眼球”。雅虎的商业模型与电视台的商业模型相像，只不过最开始时，它以网站搜索功能来抓住网民的“眼球”，但它的收费更加低廉，所以很多中小企业都付得起雅虎的广告费，这是源创新。

Verity源创新的新理念是向中小企业提供廉价智能搜索引擎，而雅虎源创新的新理念是为中小企业廉价做广告。很多中小企业不需要智能搜索引擎，因为它们没有很大的电子文件数据库；但所有中小企业都想做廉价广告，所以雅虎的新理念所创造的总价值比Verity的新理念所创造的总价值大得多。再者，一家企业买了一个智能搜索引擎后就不会再买同样的产品了，当有其他卖同类搜索引擎的公司进入市场时，Verity便要与其争夺搜索引擎的新客户，所以市场发展很快便会遇到阻滞。而雅虎的网民习惯了通过雅虎的网站找寻他们想找的公司，他们会继续上雅虎，所以雅虎会有越来越多的用户，能够抓住越来越多的“眼球”，也有越来越多的中小企业想在雅虎做广告，于是雅虎的市场能够以指数级增长。

Verity在1999年后主要以流创新改良它的智能搜索引擎，从而维持竞争力。但雅虎除了改进它的搜索引擎效能外，还不断以源创新发展，如引进电子邮箱、即时信息、新闻内容、股市、电视节目、天气预报、地图等。人们日常想知道或要做的事都可以在雅虎网站上完成，这增加了网民每天登录雅虎网站的次数，也增加了在雅虎网站做广告的效率。雅虎网站的很多内容如新闻、股市数据、电视节目、天气预报都由其他行业提供。雅虎的源创新是多次不断整合各行业的资源（网站、新闻、股市、电视节目、天气预报等）来给网民提供价值。越多网民上雅虎网站，便有越多企业要在雅虎网站上做广告，这也使得雅虎有更多收入来整合其他行业的资源，从而形成了一个有机的生态系统，我称它为雅虎的生态系统。Verity在源创新时也建立了一个生态系统，其中的成员是中小企业、软件开发商及软件集成商。但1999年Verity把主要精力放在流创新后，这个生态系统便不再增长了，而雅虎的生态系统则因不断进行的源创新越来越强大。结果是Verity发展停滞且最后与另一家搜索引擎公司合并，而雅虎则一直持续发展。

» 案例1–2　谷歌启示录

当谷歌从搜索引擎公司的思维中摆脱时，它发现前面的路豁然开朗了。

1998年，斯坦福大学电脑系另外两位准博士生，拉里 · 佩奇和谢尔盖 · 布林以新科技创造了当时最好的网上搜索引擎，他们步雅虎创始人后尘，退学创立谷歌（Google）。谷歌的搜索引擎比其他所有网上搜索引擎都更快而且更准确，同时又开放免费使用。所以很多人都喜欢用它，尤其是做研究的人，可以很有效地在互联网上找研究资料及信息，因此觉得谷歌是必不可少的工具。创立两年后，谷歌的网民越来越多，但因为其服务是免费的，它赔的钱也越来越多。它尝试通过流创新把搜索引擎卖给当时比较流行的网站（如雅虎、微软网络等）使用，但这些网站都觉得不需要一个更好的搜索引擎，因为它们都不是靠搜索引擎来赢利，所以没有必要使用谷歌搜索引擎。

1998年，有一家名叫Overture Services的服务公司成功地创立了“拍卖关键词广告”的新理念。这家公司自己没有个人网民用户，所以它的商业模型是给所有拥有网民的网络平台提供服务。那时很多网络平台公司都买这项服务，雅虎是它最大的客户，这是流创新。眼看佩奇和布林这两个初出道的高科技创业家找不到可赢利的商业模式，投资过谷歌的风险投资家说服这两位创办人在2000年改变了商业模式。新模式是组合雅虎及Overture Services的概念而推动另一个全新的网上广告理念：当用户搜索资料时，显示与搜索资料相吻合的广告来提升广告效率。这样一来，谷歌从卖搜索引擎转为卖关键词广告服务。为提升广告效率，谷歌采用了一种与其他所有网络公司完全相反的广告设计理念：不在网页上放很多吸引人“眼球”的广告，而是维持一个整齐、简单的网页，当用户输入要搜索的信息时，该引擎可以很快在网上的有关资料中搜寻，然后以最快速度载入网页。谷歌把与搜索资料吻合的广告链接放在网页的右侧，很多人都不觉得这是广告，还以为是他要搜索的信息的链接，因为用户点击的广告都与他要找的资料吻合。一方面企业发觉在谷歌做广告的收效很好，另一方面对上谷歌找资料的网民来说，广告的增加也不影响他们用谷歌搜索做研究。所有登广告的企业都希望它的广告链接能放在网页右侧靠前的位置，于是谷歌根据价格竞标和点击率来安排广告的顺序。当用户输入相关词时，出价高的企业便会被排在前头，这样谷歌实现了对关键词广告的拍卖。转眼间，谷歌不只从亏损转为赢利，而且利润增长也越来越快。2003 年，Overture Services 被雅虎收购后，谷歌以 270 万股换取了这项关键词广告拍卖专利的永久使用权。

谷歌在 2004 年成功上市，上市后股价一直上升，谷歌也不断以源创新建立很多网上免费服务，如地图、电子邮箱、翻译、新闻等来吸引更多网民使用其网站。如雅虎一样，它不断的源创新及流创新使它的生态系统越来越大。由于很多中小企业发觉在谷歌做广告的效果比在雅虎做广告还要好，因此从 2005 年起，雅虎的股价阻滞而谷歌的股价一直上涨，不久谷歌的市值超过了雅虎。2010 年 4 月 23 日，谷歌的市值已超过 1 700 亿美元（见图 1–2）。

图 1–2　谷歌的股价走势图

›› 案例 1–3 苹果崛起之谜

是什么使苹果摆脱了困扰多年的阻滞状态？

新加坡一家名叫“创新科技”（Creative Technology）的科技公司创立于 1981 年，而后在 1987 年以制造个人电脑内加插的声卡崛起，它的产品Sound Blaster声卡很快便成为IBM（国际商用机器公司）个人电脑的标准配置。这家公司当时在新加坡红透半边天，是当地的模范高科技企业，1992 年在美国纳斯达克上市，1994 年又在新加坡上市。这是源创新，也是对个人电脑源创新的一种支持。创新科技一直雄霸加插声卡市场，但从 2000 年开始，慢慢地所有新出的个人电脑主板都内置了声卡，在几年内创新科技的加插声卡市场从大众市场变为很小的市场，创新科技的收入及利润都大受影响。

经过对数字音频播放技术的多年研究，创新科技在 1999 年推出数字音频播放器MP3，2001 年在美国申请这项科技专利，并在 2005 年获得专利。以此技术为基础，它随后推出了一系列轻便的媒体播放器。这都是流创新，这一系列流创新行为使创新科技获得了很多奖项，而且使它能够在便携式媒体播放器市场中维持竞争力，但创新科技始终未能突破它的阻滞状态。自 2001 年 11 月以后，它的股票在纳斯达克的交易量越来越少；2003 年 1 月，公司董事会决定退出纳斯达克。一直到 2010 年，创新科技都在为生存而挣扎。

苹果电脑公司成立于 1976 年，可以说它首先成功地开拓了美国的个人电脑市场。但随后在 20 世纪 80 年代早期，这一市场的绝大部分（超过 80%）被IBM、康柏、惠普等占有，而苹果的个人电脑只占到了低于10%的市场份额。从1985年到1997年，苹果电脑公司一直在个人电脑市场挣扎，到1986年，苹果始创者之一史蒂夫·乔布斯也因此被董事会解除管理权。他一怒之下辞职离开苹果，之后10年间，苹果换了三个首席执行官。他们都以流创新改进苹果的个人电脑产品，但都不成功，反而使它元气大伤。到1997年，苹果电脑公司面临危机，它的股价大跌，董事会邀请乔布斯重返苹果，其使命是重塑苹果。对乔布斯来说，他要以事实证明董事会在1986年解除他的管理权是错的，所以他乐意接受这一挑战。

乔布斯上任后，首先把全部力量放在个人电脑整合及外观设计上。苹果在1998年8月推出集最新科技及独特外观设计于一体的iMac个人电脑，一时轰动个人电脑市场。这为苹果打了一剂强心针，整个公司有如再生。它的个人电脑销量从下降转为上升，利润随之增加，苹果也因此脱离危险。但iMac在个人电脑市场的市场份额还是徘徊在2%左右。在此期间，苹果以流创新夺回了以前在个人电脑市场失去的地位，使它能够获得营运利润、恢复元气，但仍然未能突破它的阻滞。

苹果在2001年1月推出了iTunes，主要目的是支持iMac用户方便地下载应用软件。iTunes基于数字媒体平台，可用于下载不同的内容，如文档、音频、视频等。同年5月，苹果在美国弗吉尼亚州与加州开始经营苹果专卖店来支持iMac的销售。同时苹果与美国几家主要唱片公司签订了合约，使iTunes成为唱片公司的网上销售渠道，消费者可以在iTunes支付99美分后合法地下载一首唱片公司拥有版权的歌曲，然后由苹果向唱片公司支付版权费。

同年 10 月苹果推出了iPod，以源创新来推动一个新理念：随时随地享受你所有喜爱的音乐及读物。如果消费者拥有iPod，他可以通过iTunes很方便地购买并下载喜爱的音乐及读物到小巧的iPod内。之后他可随身携带iPod，通过耳机连接，在不影响他人的情况下，随时随地享受喜爱的音乐及读物。iPod的设计美观、轻便，可存入上千首歌曲，而且操作界面简单易用，所以一面世便有很多人到苹果专卖店抢购，存货一下子便卖光了。iPod的巨大成功吸引了很多生产商及服务商加入支持它的新理念，不仅所有唱片公司都与苹果签合约，一些出版社也与苹果签订合约使iPod的用户可以在iTunes下载有声书，使他们能够随时随地听他们喜爱的读物；很多高保真音响系统的生产商设计了可与iPod对接的音响系统，使拥有iPod的用户可以在家享受他在iPod内存储的音乐；很多消费类电子产品生产商也设计了可与iPod对接的汽车音响系统，使拥有iPod的用户可以在开车时享受iPod里的音乐；很多小商店开始卖与iPod配套的附件。这都增加了iPod对于消费者的价值，使iPod的销售量变得更大，而这又进一步吸引了更多生产商及服务商的加入，消费者与商家的正向互动产生商机，使得iPod的生态系统越来越强大。这是源创新。

之后 6 年，苹果主要是致力于以流创新改进它的iMac及iPod产品线，它的iMac销售量一路增加，但在个人电脑市场占的份额没有太大提升。但iPod在音频播放器市场则一枝独秀，远远超过竞争对手如索尼、三菱、创新科技等公司。这些竞争对手相继推出了类似产品上，但对iPod的市场扩张没有太大影响。要知道iPod的竞争力不只体现在产品上，也体现在背后支持它的强大生态系统上，要与它竞争，对手要建立至少与它不相上下的生态系统。要设计与iPod相似的产品很容易，但建立能与iPod相媲美的生态系统比较难，而且需要很长的时间。因为苹果有先发优势，很快建立了强大的生态系统，而苹果对iPod进行的流创新也使这生态系统不断加强、对手更难追赶。所以，在6年内iPod产品线的销量一直在上升，而苹果的股价也快速升高。创新科技在2006年5月控告苹果的iPod侵犯了其在用户界面搜索歌曲的专利。当年8月双方在庭外解决，苹果支付了创新科技1亿美元专利费，但创新科技在当年仍亏损了1亿多美元。

2007年1月，苹果推出了iPhone，以源创新推动了另一个新理念：随时随地与他人以电话或信息联络、听你所喜爱的音乐及读物、玩你喜爱的游戏。为实现这一理念的价值，苹果整合iPod的生态系统并引进无线运营商AT&T公司及游戏软件开发商来建立这一新理念的生态系统。大多数市场分析专家都把iPhone看成智能手机，这是产品中心化的看法。其实iPhone不只是智能手机，它是一部能满足消费者多种生活需要的手提终端设备。iPhone有如一台手提电脑，它的操作系统是开放式的，可接纳第三方根据它操作系统的规格而开发的游戏、软件等。用户可以通过iTunes将音乐和游戏软件下载到iPhone内。在推出iPhone前，苹果已挑选了很多大众都认识及常玩的游戏存在iTunes内，用户在付费后可以将其从iTunes下载到iPhone中。所以iPhone这一终端设备的拥有者常常可以与社交圈子里的人联络、在独处时可以听喜爱的音乐或玩喜爱的游戏，这使他觉得生活更丰富，这是用户中心化的看法。

由于iPhone对拥有者的价值远远超过当时的智能手机，加上iPod的空前成功及乔布斯在发布产品时演讲的魅力，在iPhone出售第一天便有很多人在美国200多家苹果店排队购买，很快iPhone便成为美国最畅销的智能手机。iPhone的用户越多，围绕在其周围的游戏软件开发商也越多。苹果利用它的iTunes平台来帮助这些个人游戏软件开发商通过iPhone获利，它于2008年在iTunes内建立了App Store（苹果应用商店），所有游戏软件开发商可把符合iPhone操作系统规格的游戏软件上传到苹果商店，也可以自由为该软件定价，当用户付费后，便可从iTunes下载该软件到他的iPhone内，苹果从中扣除30%而把70%付给开发商。这样iTunes成为iPhone游戏软件开发商便捷的销售渠道，于是购买iPhone的人越多，愿意为iPhone开发游戏软件的人越多，从而使得拥有iPhone的价值变得越高。消费者与游戏软件开发商的正向互动使得iPhone的生态系统越来越强大。这是源创新。

之后三年，苹果主要是致力于以流创新改进它的iMac、iPod及iPhone的产品线。iMac销量一路增加，但在个人电脑市场占的份额增加速度缓慢；iPod销售量上升，而且在音频播放器市场保持了领先位置；iPhone则后来居上，很快成为美国智能手机市场的领头羊。而正当其他智能手机生产商也效仿苹果建立与App Store相似的平台时，苹果于2010年推出了iPad（平板电脑），以源创新推动了另一新理念：在生活中可以随时随地得到个人文化娱乐的享受。为实现这一理念的价值，苹果整合iPhone及iMac的生态系统并引进好莱坞的电影及电视制作公司、媒体公司来建立这一新理念的生态系统。iPad是一台轻便的平板电脑，大小和重量都在智能手机和笔记本电脑之间。iPad用户可从iTunes下载喜爱的电子书、音乐、有声书、电影到他的iPad上，在独自一人时可以看想看的书或电影、上网查看邮件及新闻、听喜爱的音乐或玩喜爱的游戏，从而使生活质量得到了提升。iPad在面世80天内就卖出了300万部，苹果的iMac、iPod及iPhone的销量都保持了上升，这使得苹果的股价在2001年到2010年之间以指数级增加。通过数次源创新与流创新的互动，苹果彻底改变了它多年阻滞的情况，并且突破了个人电脑市场的限制，开拓了全新的电子消费市场。

从图1–3的苹果股价走势图中，我们可以很明显地看出源创新及流创新对苹果公司市值的影响。其股价在2008~2009年因受金融风暴影响而下降，但之后保持上升。2010年7月14日苹果的市值为2 313亿美元。

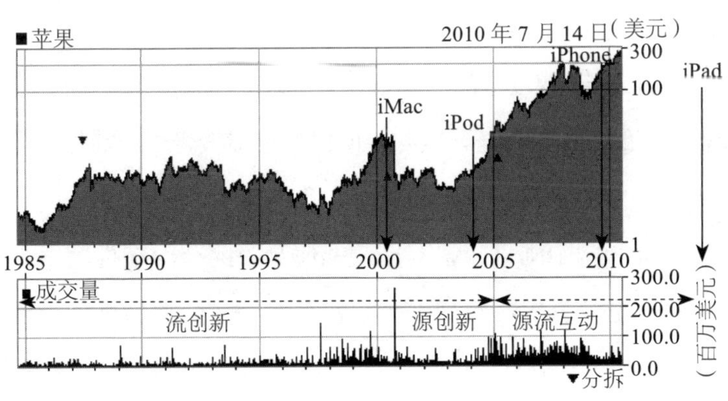

图1–3 苹果股价走势

案例复盘及启示

对一个国家、地区或企业来说，创新的意义不在于新科技、新产品或新服务，而在于创造新价值，因为没有价值的新科技或新产品不能带来利润，只是浪费资源。通过以上案例，我们可以对创新有更多的认识。基于科学知识、实验成果得到的新技术、新流程、新发现是始创新，企业可以根据始创新申请专利，但始创新本身没有价值，它带来的是触发流创新或源创新的机会。企业可利用始创新实现流创新，进而增加原有理念的价值，这是比较直接的应用。ADS基于人工智能及优化系统组合技术创造了一个比所有关键词搜索引擎更有效的智能搜索引擎，这是始创新；然后ADS以这一始创新的知识产权为资产成立Verity，致力于将这种产品商业化，卖给拥有大量电子文件的政府机构、媒体公司及大企业，来取代它们当时的关键词搜索引擎，这是流创新。Verity初期的成功很快使得其他同类的智能搜索引擎进入市场，几年后Verity的发展陷入停滞，而且公司也从赢利转为亏损。之后Verity改变战略开拓低端客户，但对这些客户而言很多智能搜索引擎的支持条件还未成熟，所以把智能搜索引擎简化再降价卖给低端客户的策略难以获得成功。

那时互联网刚刚兴起，网景及其他互联网公司在推动一个新理念：互联网是信息集成共享平台。将来新闻界会把信息上传到互联网、公司会把经营信息上传到互联网、政府会把信息及办手续流程上传到互联网，任何人都可上网获取这些信息。也就是说，将来互联网上一定存有大量电子文件，所以要实现这一理念的价值，用户需要通过智能搜索引擎在互联网上寻找想要的信息。如果Verity可以把智能搜索引擎技术与互联网相结合，不但能帮助网景实现它的新理念，而且也能通过这一理念的实现使Verity开拓大众市场，这是源创新。Verity也凭借此源创新成功地上市，之后以流创新维持它在互联网智能搜索引擎上的竞争地位。

雅虎的网上搜索引擎不是基于高科技，而只是整合有关电脑、互联网、分层树状结构及树搜索的基本知识，与人力资源配合来实现。雅虎本可通过对查找网站收费或者出售搜索引擎等传统的流创新方法获利，如果这样做雅虎将会是Verity的竞争对手。但雅虎没有这样做，而是以搜索引擎为根基建立雅虎网站来提供免费服务，以此吸引很多网民登录雅虎网站，然后推广一个新理念：通过网站吸引网民看广告来增加商家做广告的效率。所以雅虎的顾客不只是要找网站的网民，更重要的是愿意在雅虎网站登广告的企业。为实现这一新理念，雅虎以网上搜索引擎为源创新的第一步来吸引网民，之后不断通过引进电子邮箱、即时信息、新闻内容、股市、电视节目、天气预报、地图等源创新的方式来吸引更多网民，并通过增加每位网民访问雅虎网站的频率来提升企业在雅虎网站做广告的效率。谷歌在开始时也面临同样的决策问题，它先将由它始创的最好的网上搜索引擎用于流创新，因不成功才转为源创新，以此推动一个与在网上卖广告完全不同的新理念。

创新科技公司先以支持个人电脑的源创新起家，之后一直致力于始创新及流创新，它有过一段辉煌历史，但不久便陷入了阻滞局面，一直到现在也不能突破。苹果电脑原先是个人电脑源创新的先驱者，但几经波折，它在个人电脑领域的领导地位被IBM、康柏、惠普及微软取代，市场份额一路下降。在最危急的时刻，乔布斯重回苹果，先以iMac的流创新使它的个人电脑销量从下降转为上升，恢复了元气，但此时它的个人电脑市场份额仍然徘徊在2%左右而不能突破。苹果是通过一连串的源创新与流创新互动（iPod、iPhone与iPad），彻底解决了它多年阻滞的情况，而且突破个人电脑市场的限制，开拓了一个全新的电子消费市场。苹果在2010年7月14日成为美国第二高市值的公司，仅次于市值最高的埃克森–美孚（2 774.7亿美元）。

流创新是增加现有理念的价值，如改进产品功能、质量、外观，优化生产、供应链、运作流程、降低成本及发展分销渠道、采用更有效广告等。它可增加的价值有限但都可以预测，所以企业可基于投资回报分析做出投资流创新的决策。流创新可在短期内增加企业的竞争力，但很多流创新成果（例如改良后的产品等）都易被对手复制，而且对手也可以通过不同的流创新来加强竞争力，这样一来便抵消了企业以流创新获利的优势，因此通过流创新创造的优势不可持续。一个市场的领头羊可以持续通过流创新维持在该市场上的领先地位，但持续的流创新得到的回报递减，最终会使公司陷入阻滞的局面。从以上案例中，我们可看到流创新在促进公司发展方面的作用是有限的。

源创新通过推动一个新理念来创造新价值，但要实现这一新理念，可能需要很多其他的成员联合起来形成配套的体系，即支持新理念的生态系统。所以企业可发起自己的源创新，也可以支持他人的源创新。当企业发起源创新时，没有办法估计该源创新可带来的回报，因为这取决于有没有其他成员加入该生态系统来实现新理念的价值。由于风险太高，大多数企业都不愿意发动源创新。但我们也可以看到，只有源创新才能使得企业脱离阻滞，使它有更大的发展空间。源创新一旦成功，带来的价值可能难以想象。

始创新、流创新及源创新需要不同的能力来实现。始创新需要靠科技研究、实验及观察能力来实现，始创新的成果是知识产权及专利权；流创新需要靠营运、产品设计及销售的能力来实现，流创新的成果是增强企业在当前市场的竞争优势；源创新需要对客户十分了解并具有整合资源的能力，源创新的成果是新市场的开拓，而且除了最早推动源创新的企业外，其他加入该生态系统的成员也都会有很大的发展。所有成功的企业都必须有某种流创新的能力，如营运能力、产品设计能力、销售能力等，否则早就在竞争中被淘汰了。企业可通过加强流创新能力来增加竞争力，但要想突破或转型，则必须懂得如何利用这些能力来推动源创新。

欧美学者所说的创新主要是始创新，欧美大多数有关创新的文献讨论的也是始创新。始创新的特点是有客观的评判标准：始创新大多通过对科学真理的新认识以及与现有知识的结合而产生有客观好处的新事物及流程，也因为有客观的标准及判断，才可被授予专利权。欧美学者过分注重的专利权便是始创新的成果，它用专利、知识产权的法律来保护始创者的利益。一个企业要建立这种创新能力，首先需要有一个创新环境来吸引及培养有创意的年轻人，这些青年要有热情、敢想他人不敢想的事、敢向传统智慧挑战、有承担风险的勇气。企业要提供培训来增强员工的思考能力，然后给员工自由发展空间，鼓励他们进行知识交流并大胆尝试。管理这些有创意的员工，不能给他们固定的指标，而需要引导他们的思路来配合企业的发展战略。这与中国的传统文化及企业管理方法都有些冲突，所以西方学者大都认为中国企业难以建立始创新能力。

把始创新应用于流创新也有客观的评判标准，那便是对现有市场已经接受了的理念有所增值。通常来说，如果一家企业成功地位于价值链的某个环节，它都能建立在那一环节流创新的能力，但需要时间来学习及实践才能建立起在不同环节流创新的能力。一家企业的流创新战略是，不断将始创新应用于相应的环节实现流创新，从而维持竞争力。在这个竞争环境中，企业的始创新能力决定了它在产业中的竞争力。因此，大多数人都认为，中国企业要在将来持久发展，必须建立始创新能力，这样一来中国的传统文化便成为中国创新的包袱。

但将始创新应用于流创新只能延长维持竞争优势的时间，却无法最终制止企业陷入阻滞。如能把有专利的技术应用于源创新，就可使企业获得突破进而开拓新市场。从以上Verity、雅虎、谷歌、创新科技及苹果的历史中我们可以看到，从企业发展的角度来看，源创新远远比始创新与流创新更重要。一个企业如果只有始创新及流创新能力，它将会面临阻滞而不能持续发展，但如果企业有源创新与流创新的能力，就可以把自己或他人的始创新成果都为它所用，触发一连串的源创新与流创新互动，那么创新便成为企业成长的关键推动力，而它的发展前景更是非常广阔。

源创新的重点在于人的价值而不在于实物，所以它的特点是没有客观的评判标准。对年轻人有价值的新理念，可能对年纪大的人没有多大价值。因为各地文化不同，对美国人有价值的新理念，可能对中国人没有多大价值。因为各地的环境、基础架构不同，新理念在某一地区能创造价值，在其他地区不一定能创造价值，因为在那些地区关键的生态系统参与者可能并不齐全。另外，流创新与源创新最大的不同在于，流创新有先发优势，但源创新不一定有先发优势，因为源创新需要新的生态系统中其他参与者的配合才能产生新价值，很多时候先行者忽略了一些关键参与者而不利于生态系统的发展，跟随者却以有创意的模仿后来居上。这些模仿者在模仿他人的产品、服务或流程的基础上，引导合适的生态系统参与者加入，由此创造出新价值。以上案例中的雅虎、谷歌及苹果都以有创意的模仿来触发更有价值的源创新。

因此，源创新能力包括对人的欲望的理解能力、建立关系网的能力、有创意的模仿的能力及执行的能力，而这些都跟中国的传统、文化结构及环境吻合，这就是说中国人有源创新的潜在能力，只不过目前人家对这个概念较为陌生，如能通过培训，好好引导他们发挥潜在能力，中国企业就可以建立源创新能力。腾讯、百度、阿里巴巴、新浪等能以有创意的模仿成功地占有中国市场，便是最好的事实证明。中国人的创新不一定要一味追随西方的始创新，我们现在不应与西方国家比拼始创新，而应通过整合旧产品及他人的始创新成果来推动源创新，开拓中国的内销市场，这一战略更符合现在中国的文化及环境。与此同时，中国也应继续建立始创新能力，这可能需要很长的时间，但并不会阻碍我们以源创新作为中国创新经济的引擎。等我们的源创新能力足够强大时，便能更好地发挥自主创新的精神为世界创造最大价值。

思考时间

1. 中国人有很强的模仿能力，但往往只单纯地模仿产品、服务及流程，这与有创意的模仿有什么不同？如何建立有创意的模仿的能力？

2. 西方学者大都认为中国企业难以建立创新能力，主要是因为他们认为中国的文化及管理方法不适合创新。在这章中我总结中国的文化适合创新，虽然管理方法需要改变，但可以通过培训来引导中国企业创新。为什么会得出这两个完全相反的结论？问题的关键是什么？

3. 当将始创新成果应用于流创新时，应主要考虑什么？当将同一始创新成果应用于源创新时，应主要考虑什么？两者的不同之处是什么？

第二章　源创新战略

- 源创新与流创新最根本的不同之处是，源创新是针对市场的开拓，所以关键不在于产品，而在于如何帮助人们达成欲望。
- 源创新由两个要素组成，grabber（采集）和holder（持有）。grabber是一个可以在感性层面触动人心的理念；holder是可以使人从中得到真实利益的实体，是理念背后的生态系统。源创新要获得成功，grabber必须得到holder的充分支持。
- 源创新的竞争是理念竞争。要在源创新的竞争中取得成功，关键在于通过最佳的价值链组合，用自身的核心能力来引导生态系统内不同价值链的成员，使它们各自用其核心能力，通过流创新的网络效应，合力提高新理念的价值。
- 源创新与流创新的战略大不相同，流创新战略是优化自身资源，而源创新战略是以自身资源来最佳地整合外部资源，所以很多时候最佳战略往往是相反的：流创新的最佳战略往往是源创新的坏战略，而源创新的最佳战略往往会被认为是流创新的坏战略。

中国的企业领袖及经理人都很了解流创新，他们时常关注如何通过流创新来加强企业的竞争力。流创新战略大多基于波特的价值链及五力模型，而该模型假设产业的市场结构已经确立，企业通过了解本身的活动成本及资源优势、外部的产业及市场结构来决定企业的战略，而这战略也确定了企业在产业中的相对地位。波特将所有可能的战略提炼为三种基本战略：成本领先战略、差异化战略及目标细分市场战略，分别强调的是：（1）降低产品从生产到销售的总成本；（2）产品设计；（3）细分市场对产品的要求。尽管很多人对波特的理论尤其是三种基本战略有异议，但最重要的是波特的理论使企业家把战略思路都放在产品上：降低生产成本、增加供应链效益、提高产品的质量、创造产品的差异化、设计产品来迎合细分市场的需求，这些都是流创新的战略。但如果市场结构保持不变，这些战略都会导致回报递减，而且每次在某一环节的流创新给企业带来的优势也会因竞争压力而不能持续，所以我们可以断定企业扩大规模后便会面临发展停滞，因此我称这种战略为静态战略。

我想中国大部分的企业领袖及职业经理人对源创新都不甚了解。源创新与流创新最根本的不同之处是，源创新是针对市场的开拓，所以关键不在于产品，而在于如何帮助人们达成欲望。

源创新的目标是建立一个强大的生态系统来实现新理念的价值，但在该生态系统建立之前，新理念只是一个理想，现实中什么都没有。源创新战略从无到有，建立一个新生态系统的过程，与中国文化中“无极”的概念有相似之处。中国古代哲学认为，无极的意思是终极空无。在源创新之前，是为无，但我们知道一定有某些东西存在着，虽然我们既不知道它是什么，也不知道它从何而来。道家研究事物究竟如何自终极空无而来，他们将有与无两极视为阳与阴。阳是活跃的、强有力的和可见的；阴是被动的、柔顺的和隐藏的。道家主张，任何动态运动的产生都是这两个极点交互作用的结果。我们说的无极并不是没有，而是看不到，要靠两极的推动来使源创新的新理念得以实现，这叫作“无中生有”。

西方经济学认为所有人都是理性的，即人们看到好处才会进行商业交易。当人们看不到未来新的生态系统能带来的利益时，他们不会加入该生态系统。所以西方经济学无法解释源创新从哪里来。现在让我介绍两个相互对应的概念：一个被称作“grabber”，另一个被称作“holder”。“grabber”是任何可以吸引人兴趣的理念。它可能是一个美好的前景、一个新的价值诉求、一个令人兴奋的产品、一种时尚，“grabber”触动人的感性而不是人的理性。“holder”是能使人从中得到真实利益的实体，它对应着人的理性。

我们常说一个东西很“酷”（cool），指的是它感官上吸引人。我儿子刚刚上大学的时候剃了光头，我问他为什么，他告诉我说这很“酷”。我就问他什么是酷，他为什么觉得这很酷。他跟我说：“爸爸，如果这可以解释的话，就不叫酷了。”不知道大家有没有这样的感觉，当别人问你“酷”是什么意思的时候，你是说不出来的。其实这就是我们感性的触动，这就是“grabber”，它能够促使你做出可能不理智的选择。大家可能也有这样的经历，买了一件很酷的东西回来，两个星期后就慢慢觉得不酷了，而把它放在储物室。这是因为当我们拥有一个东西之后，理性就慢慢地跑出来了：我们开始在乎可否从拥有的东西中得到真实的价值，如果我们发觉某个东西没有实在价值或者价值很小，那么就觉得它不那么酷了。这就是说，如果没有“holder”可以使你从觉得酷的东西那里得到实在的价值，你的理性会使你放弃它。我儿子现已经留长头发，不再光头了。

源创新者可以用“生活将因之变得更美好”的“grabber”理念来触动人的感性，但它的真实价值并未因此被确定。源创新者必须建立强大的生态系统来支持该理念，而使生态系统内的所有成员都能分享真正的价值，否则就只能成为“看上去很美”的过眼云烟。这个强大的生态系统便是这“grabber”理念的“holder”。在开始时，能使新理念（grabber）产生价值的生态系统（holder）还没有建起来，虽然有一部分人因新理念的酷而追求它，但很快他们便都不觉得它有价值。但只要过后它的生态系统建立起来，大家便能接受这新理念。就像汽车刚出现的时候，大家都觉得买汽车很酷。可是很快大家觉得汽车没有多大用处，只能在朋友来的时候开出来展示一下，因为没有公路。只有当公路、加油站、快餐店慢慢出现时，汽车才开始体现它的价值，进而让越来越多人接受以汽车代替马车这一理念。

图 2–1 中，如果支持新理念（grabber）的生态系统（holder）足够强大,大部分参与者对新理念都感到满意，就会有一个正面反馈，这个新理念便会很快被大众接受；如果其生态系统的基本结构刚被建立，仍旧很弱，大部分参与者对新理念的反应不积极，就需要更多的力量来推动，使更多人接受它；如果其生态系统的基本结构还没有建立起来，大部分参与者都不满意，便会产生负面反馈，即便开始时这新理念已被接受，但也很可能很快便被抛弃。成功的源创新战略就是把感性和理性两方面结合起来，逐渐建立一个强大的新生态系统，从而从 A3 走到 A1。

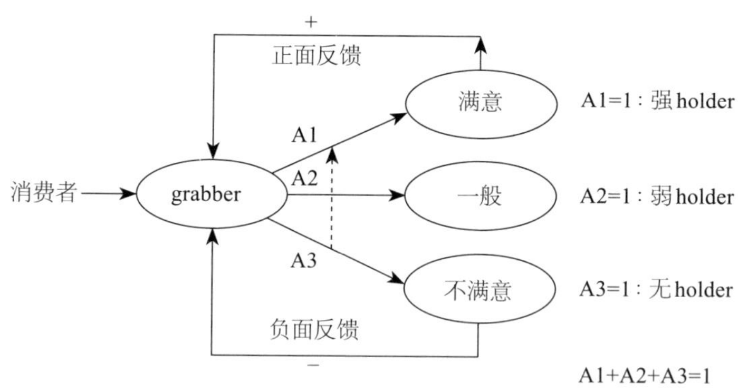

图 2–1 grabber-holder 动态简图

在这一章，我将详细描述源创新的动态竞争理念，因为建立源创新战略的思路与建立流创新战略的思路不同，而且常常恰好相反，所以对流创新战略熟悉的读者可能会比较难以理解及接受源创新的动态战略理论，因此我先用两个案例来分别描述流创新战略与源创新战略。

》案例 2–1 索尼为何败给JVC？

一度占据美国录像机市场80%的份额的索尼，最终却被JVC（日本胜利公司）取而代之。决定他们命运的不是技术的优劣，而是谁能建立一个更大的生态系统。

在1975年，索尼成功开发了适用于美国大众市场的Beta（贝塔）格式的录像机。此录像机可以录制消费者喜爱的电视节目，使消费者可以选择观看节目的时间。对工作繁忙和社交广泛的人而言，这个功能非常有吸引力，因为有了录像机，他可以将因晚上出去吃饭而错过的节目录下来，等到空闲时再观看；或者如果有两个电视台在同时播放他喜欢看的节目，他可以在看一个节目的同时用录像机录制另一个节目以后再看。这样，如果消费者的家中已经有电视，那么录像机可增加他家中电视的价值，这是流创新。增加价值的多少取决于消费者的生活习惯及他对录像机的操作能力。对一个不常外出的消费者，录像机提供的价值不大，而且对一些年纪比较大的顾客来说，设置录像机定时自动录制的过程太复杂，所以录像机提供的价值也不大。因为年轻人在外面有很多活动，而且他们很快便学会了使用录像机，所以Beta录像机的消费者主要是年轻人，这样市场就仍有大片空白。一年后，日本三菱公司的一个子公司JVC也进入了这个市场。JVC当时在美国并没有名气。他们引进了一种与Beta不兼容的格式：VHS（家用录像系统）。本来Beta比较早进入市场，而且索尼在美国尽人皆知，在

1976 年便占有了美国市场 80%份额。但出人意料的是，在短短三年内，整个美国录像机市场被JVC占领了。作为一个无名的后来者，JVC是如何打败有名气的先行者的呢?

录像机出现，起初并不受电影公司欢迎，但随着生态系统的建立，他们得到了意料之外的回报……

当录像机投入市场后，好莱坞的电影公司认为他们的知识产权被侵犯了，因为观众可以把电影从电视录下来后放映给别人看，因此好莱坞电影界就要求索尼每卖一部录像机都要给好莱坞电影公司一些版权费。1976 年，索尼和好莱坞电影界开始对簿法庭，但是好莱坞的诉讼不成功。所以好莱坞电影界就把他们的电影录成录像带卖出去，推动一个新理念:“在家看电影。”当时美国电影院的票价大约是 12 美元，所以如果它们希望消费者买电影录像带的话，电影录像带的定价应该为 15~20 美元。那么，如果家中已经有一台录像机，夫妇两人可以支付与去电影院费用相当的价钱买电影录像带在家欣赏。这是流创新，因为它只为已有录像机的客户增加价值。当时的录像机价格超过 500 美元，很少有家庭会因为可以买录像带在家看电影而先付 500 美元买录像机，如果用这个商业模型，电影公司针对的客户就是那些已拥有录像机的消费者，而当时索尼的Beta录像机已经占美国 80%的市场份额，这个商业模型只会加强索尼在录像机市场的地位。

但如果采用这个商业模型的话，电影院一定大力反对，因为这会影响它们的收入，也会影响电影公司从电影院所得的收入。当时电影院是电影公司赢利的主要渠道，所以双方必定要保持良好关系。为了保护电影院及它们从电影院获得的收入，它们决定将电影录像带价格定为 98 美元。这对已拥有录像机的客户来说太贵了，但它却制造了新的商机：电影带租借店。这些店主以批发价大量买进同一部电影的录像带，再以 9.95 美元一天的租金租出去，这比夫妇俩出去看电影的费用低很多，如果四处都是电影带租借店，那么很多没有录像机的用户都会想买一台录像机，以便租电影带回家欣赏。所以如果全国有很多租借店加入，那么这在家看电影的理念价值便很高了。这是源创新，图 2–2 是支持在家看电影的生态系统。

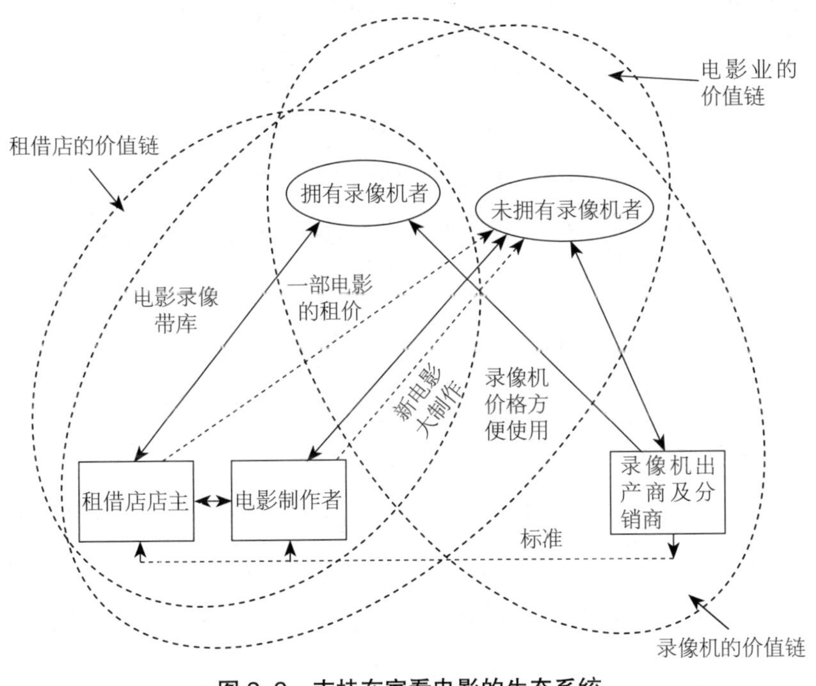

图 2–2　支持在家看电影的生态系统

我们可以看到，支持在家看电影的生态系统由三个相关的价值链组成：录像机的价值链、电影业的价值链、租借店的价值链。这些相关的价值链存在网络效应：当一些地区的租借店价值建立了，这将鼓励电影企业把更多电影录成录像带而出售给租借店；当一些地区的租借店都有很多新旧电影录像带时，这会鼓励录像机生产商及电子用品零售商推动这些地区的录像机市场；当地大部分居民都买了录像机之后，租借店的生意也好起来；见到一些地区的租借店得到丰厚回报，创业者便会在其他地区建立租借店。图 2–3 代表支持在家看电影的生态系统的建立过程。

图中的实线椭圆形代表生态系统的成员及其可推进该理念价值的关键活动，关键活动需要投资，虚线箭头代表投资。例如左边第一个实线椭圆形代表电影公司，它的关键活动是制作电影录像带，而投资者是电影公司。图中的虚线椭圆形代表已建成的生态系统，而从一个虚线椭圆形到一个实线椭圆形之间的箭头代表那个参与者可以把已建成的生态系统作为支点，来使它推动的活动更有效。例如当电影公司制作录像带及录像机生产商以合适的价格推出产品后，对租借店店主来说，他的关键活动是如何定一天的租金。这图也表明了因果关系，箭头的起点是因，箭头指向的是果。一个参与者之所以可以有效地推动他的关键活动，正是因为已建立的生态系统。我以后将用这张图来描述动态生态系统的形成，因而将它命名为“动态生态系统形成图”。企业在考虑推动源创新的新理念前，如果能基于对生态系统中参与者的欲望及能力的了解，先画出支持该理念的动态生态系统形成图，会有助于制定动态源创新的战略。

当生态系统的主要参与者加入后，该生态系统的主要结构已形

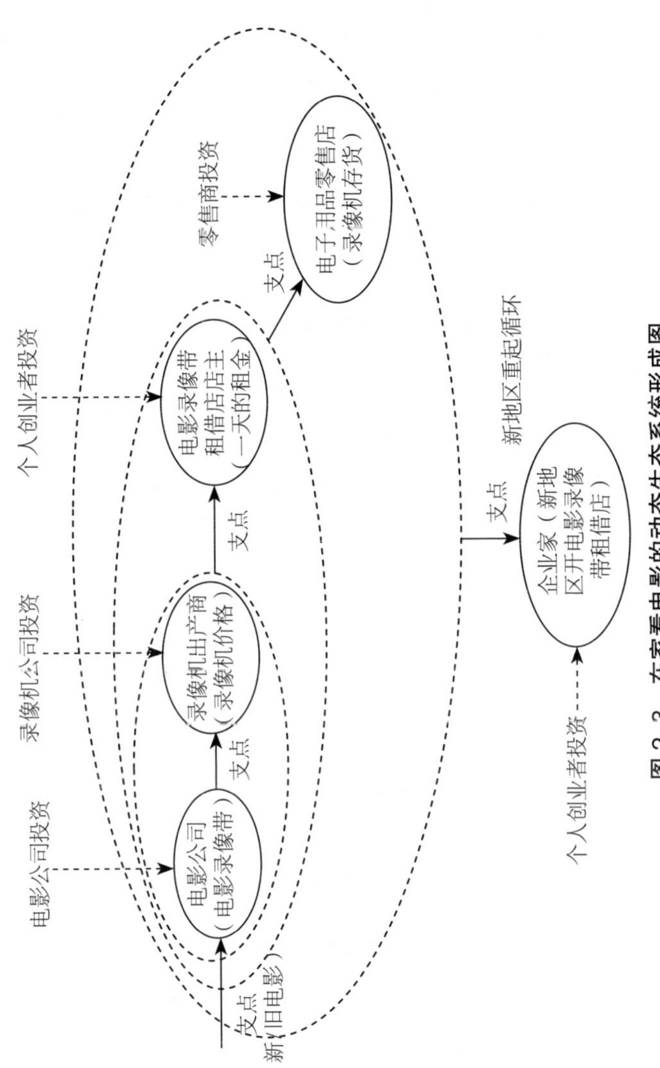

图 2–3　在家看电影的动态生态系统形成图

成。在结构未形成时，每个参与者都不知道其他参与者是否会加入，例如当电影公司制作录像带而定价98美元时，它们不知道租借店是否会出现，而开始时租借店店主也不知道消费者会买录像机来看租回来的电影录像带，因为这都是之前没有的，它们的投资是风险投资。由于无法保证市场存在，所以每个成员都做适量的尝试。开始时电影公司把一些新电影片及卖座的旧影片做成电影带，开始时的租借店也是很小的门店，就如生态系统形成图的描述一样，新生态系统的参与者相继加入，而新生态系统的结构也慢慢形成，因有正向反馈，生态系统就会慢慢扩大。到这时，情形便有很大转变：一是现有参与者已看到生态系统会越来越大，所以投资的回报容易估计，它们可从传统投资中集资用于扩大它的活动；二是很多投机者看到其中的新商机，纷纷抢先以传统投资方式来加入这个生态系统，例如很多零售店也增加了出租电影录像带服务，很多独立小制片商也拍专卖给租借店的电影，各自的投资都产生了网络效应而使这生态系统以指数级增长。

这项源创新给电影公司带来了意料之外的回报，电影带租借店不只是电影公司的新渠道，而且这一渠道也降低了电影公司拍新电影的风险。未有租借店前，一部新片的收入主要是从电影院门票收入的分成而来，它没有最低保障，如果一部影片票房不好，电影公司便会亏损，所以如果拍一部新题材的电影，风险便比较大。但当全国各城市都有多家租借店时，电影公司可以估计出如果每个租借店都买一盒新片的录像带，它的收入是多少，换句话说租借店的数量可为每部新电影的收入提供最低保障。这也鼓励一些有创意的独立小制片厂拍特殊题材的电影，很多这类的电影先在租借店取得成功，然后才在电影院上映。很多人发现在周末租几部电影在家与家人一起观看是最便宜的天伦之乐，一到周末，一家大小便到租借店租他们想看的电影。因此租借店也带动了家庭尤其是儿童电影的发展，很多小孩喜欢重复看喜爱的电影，喜欢买以儿童电影中的人物为模型制作的玩具，所以租借店也成为电影录像带及电影人物玩具的零售商。租借店的存在不仅没有减少电影院的观众数量，反而提高了消费者对看电影的兴趣，进而增加了电影院的观众数量，尤其是特殊效果及数字动画的大片，更是常常刷新票房纪录。

当时在市场上，索尼更有名气，质量好一点也贵一点，它占了80%的市场份额。但到1980年，75%的市场份额都被JVC占领了。到底是什么导致了市场的突然转向呢?

这项源创新创造了一个新行业：电影录像带租借店，到写作本书时该行业的市场总收入接近100亿美元。这个市场竞争激烈，而且变化很大，开始时是分散的独立店，之后通过收购及合并，美国只剩下几家全国性的连锁租借店，而随着互联网的发展，网上电影碟大行其道，所有连锁租借店都开始走下坡路，有些甚至已关闭。

该源创新对录像机生产商的竞争影响最大。当时美国主要有索尼的Beta格式及JVC的VHS格式录像机在市面推行。Beta与VHS互不兼容，只要电影公司把它们的电影制作成Beta格式，那么便只能用索尼的录像机观看；同样，如果电影公司把它们的电影制作成VHS格式，那么就只能用JVC的录像机观看，所以我们可以说索尼与JVC都是可以支持电影公司的源创新。但拥有Beta录像机的消费者无法用该机播放VHS格式的电影录像带，而拥有VHS录像机的消费者也无法用该机播放Beta格式的电影录像带。这两家录像机生产商的竞争是争取消费者先买它的录像机，但什么可以引导还未拥有录像机的消费者买索尼的Beta机或是JVC的VHS机呢？这两种不同格式的技术，播放电影录像带的影像质量相差很小，如果消费者买录像机的目的是租电影录像带回家观看，那么消费者对这两种不同标准的录像机的决策是基于在他家附近的租借店存有较多Beta格式的电影录像带还是VHS格式的电影录像带。所以这两家录像机生产商不单在竞争吸引消费者买它生产的录像机，而且也同时在争取租借店购买各自格式的电影录像带，因此这两录像机生产商可以说是面对两个市场：消费者及租借店，它们的竞争是争取这两个市场的参与者加入它的生态系统，我们可用图 2–4 来分析这一竞争。

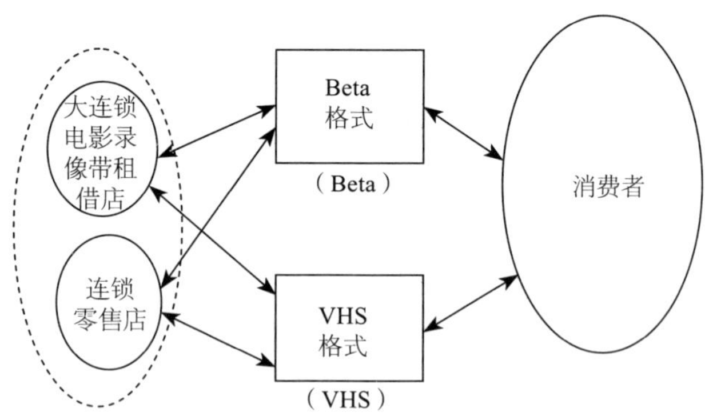

图 2–4 Beta及VHS在“家中看电影”的理念竞争

这是一场有关“格式”的竞争，哪一个格式得到更多电影带租借店及消费者的采用，哪一个格式便是胜利者。当时在市场上，索尼更有名气，质量好一点也贵一点，它占了80%的市场。但到1980年，75%的市场都被JVC占领了。是什么导致了市场的突然转向呢？JVC的VHS与索尼的Beta唯一的不同就是，VHS带子长度是两个小时，一部电影只需要一盘带子，而Beta带子长度是一小时，所以需要两盘带子才能录完一部电影。这时，消费者、电影录像带租借店以及好莱坞电影界都有选择权，但真正主宰市场走向的是电影录像带租借店。因为对个人来讲，他们想看的电影是什么格式的带子，他们就会买一台什么样的录像机，而且，看电影的时候换一下带子对他们来讲并不是很难的事；好莱坞电影界也是根据租借店的需要来提供带子的格式。但是租借店的地方是有限的，如果摆放VHS带子，他们可以多摆放一倍的电影，而且比较容易管理。租借店是可以影响这个市场的主导者，他们选哪种格式消费者也会跟着选哪种格式。那时候美国所有的小店都只有VHS格式的录像带，只有大店才同时有两种格式。随着小店开得越来越多，到差不多每个住宅区里都有小租借店时，一下子所有的消费者都转而选择VHS录像机。为能满足快速增长的市场需求，JVC把它的格式技术使用权卖给所有想生产VHS格式录像机的电子生产商，这也实现了规模经济而使VHS录像机更便宜，使得更多消费者买VHS录像机，从而也使更多大、中、小租借店都选择VHS格式的电影带。索尼在1981年出了两个小时的带子，但是市场已经被VHS占领了，这迫使索尼在美国的消费市场放弃Beta，而买入VHS的使用权，生产及推销索尼的VHS录像机。

这个案例告诉我们，源创新理念的竞争，关键不是谁的产品比较好，而是谁可以建立一个更大的生态系统。在这个例子中，关键是租借店的加入。

» 案例 2-2　三巨头的青春期：IBM、微软和苹果的恩怨史

这三家公司的命运很早就搅在一起，但你会发现决定他们各自命运沉浮的因素，往往不是技术本身，而是对某种理念的选择。

最早的商业计算机应用于会计，在 1935 年美国公布《社会保障法》（Social Security Act）后，政府需要计算机来帮助管理税收、福利、退休金等，而大企业也需要计算机来帮助管理工资，1954 年第一部电脑主机（Mainframe Computer）面世，虽然它应用了当时最先进的电子技术，但它提供的理念价值与以前的计算机的理念价值几乎相同，即企业信息管理系统。之后 30 年中，随着技术的发展，电脑市场也有很大的改变，在 1965 年间，微型电脑（Mini Computer）作为新的电脑种类进入市场，主要用户是比较偏重生产的企业，但主机及微型电脑提供的理念价值是基本相同的，所以它们的产品改进都是流创新。因此，自从IBM在 1966 年成为电脑市场霸主后，它就一直保持着在电脑行业的领头羊地位直到 1985 年。这段电脑行业的历史发展背景对 20 世纪 80 年代个人电脑进入电脑市场有很大的影响。

IBM一直致力于商用电脑的开发，直到一家名叫MITS（微型仪器与自动测量系统公司）的公司推出了第一台个人电脑，一个全新的市场被打开了……

20 世纪 50~80 年代间，所有电脑公司都有同样的结构及商业模

型。第一，它们都是纵向结构，各自有符合其自身规格的一套完整电脑系统，其内部的微处理器、操作系统及应用软件都由自己开发，而且有自己的直销团队，直接与大企业的信息部建立销售渠道关系。它们之间的规格都互不相容，但当某一电脑公司以流创新推出新一代的电脑系统时，该公司旧规格的软件可在新系统使用，因此它们用自身专用规格来锁定客户。在早期，系统软件都被捆绑于电脑系统销售，而应用软件是争取客户的手段。很多时候，它们在客户买电脑系统时，免费提供一些专用软件，以便锁定客户买它下一代的产品。拥有一种电脑的企业如要添加一些特殊专用软件，它可以自己开发、聘请该电脑公司开发或聘请一些独立软件开发人员开发。除了很大的企业能有足够资源成立内部软件开发部外，大多数的企业都把专用软件开发外包给电脑公司或独立软件开发商，而且就算是大企业，也有很多内部的软件部门无法开发的项目，需要外包给电脑公司或独立软件开发商，而电脑公司在外包市场中具有优势。所以在早期没有软件产品公司，只有很多小的独立软件开发商，而这些开发商多数都集中编写与大电脑公司规格相容的软件。

到 1969 年，IBM 已雄霸主机市场，为避免受到垄断电脑市场的控告，它解除了主机与系统软件的捆绑而分售，这给一些熟悉 IBM 规格的独立软件开发商提供了机会，他们可以开发及销售 IBM 主机的软件产品了。到 1975 年，有规模的软件产品公司只有几家，但小的独立软件开发商有很多。这些电脑公司掌控着各自的微处理器、操作系统及应用软件，而把其他标准的配件外包，这也造就了几个行业：英特尔在 1970~1980 年间成为美国最大内存芯片供应商，独立电脑打印机在1968年面世，几家内存磁盘驱动器公司也相继在1970~1975年成立。但这些配件市场的发展都受几个大的电脑公司控制。因为这些配件产品的标准都是公开的，新进者也越来越多，所以到70年代后期，这些配件产品公司都面临困境，大家都渴望一个能使它们有新发展的新理念诞生。在20世纪70年代后期，主机与微型电脑的生态系统可用图2–5表达。

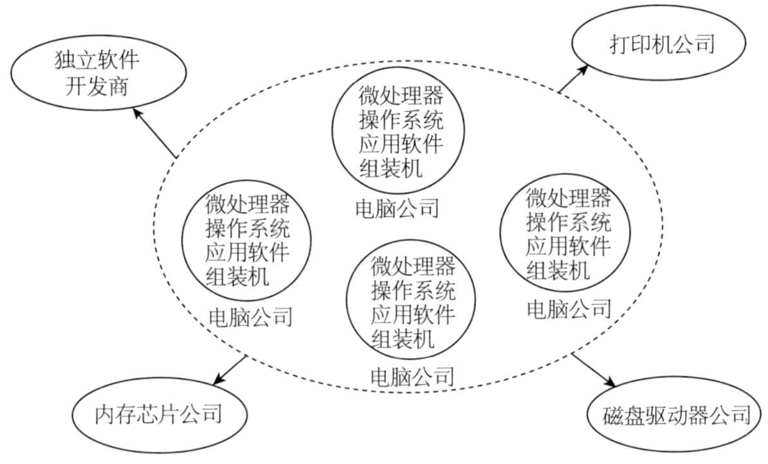

图2–5 主机及微型电脑的生态系统

1975年，新墨西哥州阿尔伯克基一家名为MITS的公司推出了第一台个人电脑——Altair8800。Altair8800建立在英特尔8080微处理器的基础上。在其推出后，该公司接到数百个电话订购该新产品。然而，当时的Altair8800没有软件，所以唯一的顾客群是计算机迷（即黑客）。MITS公司立即看到了语言软件的重要性，它可以使Altair8800变得更有用。它联系到了西雅图的一个不为人知的二人公司为Altair写基本语言软件。这二人便是比尔·盖茨和保罗·艾伦，当时这二人是首次进入个人电脑业务领域，之前他们常写应用于微型电脑的基本语言软件。他们的二人公司便是微软。MITS公司几年后倒闭了，但它标志着新的个人电脑革命的开端。当时很多对电子及电脑熟悉的年轻科技人员都渐渐形成了一个新理念：每人一部电脑——这就是源创新。

那个叫斯蒂夫·乔布斯的年轻人看到“每人一部电脑”将成为趋势，他推出的Apple Ⅱ获得了成功……

当时大部分人认为电脑是用来解决很复杂的计算及决策问题的，对于个人要解决的计算问题，可用电子计算器，不需要用到电脑，所以消费者不愿意出高价买一部电脑。当时的电脑公司都是纵向的，各自发展自己用的微处理器、操作系统及应用软件，要开拓个人电脑市场，它们要重新开发这些元素，但没有一家电脑公司可以把这些开发成本降低到可开拓消费者市场的水平。再者，它们的商用市场还有空间，利润也高，犯不着进入利润率低甚至会导致亏损的个人电脑市场，而且一旦个人电脑市场真的建立，对它们的商用市场会有冲击。对当时的电脑公司来说，“个人电脑”只是天方夜谭，不可能实现，所以没有一家电脑公司计划加入推动这一新理念。但对半导体生产公司、主机及微机的配件公司来说，这个新理念则恰恰是它们所渴望的机会，所以它们很热心地投入，希望可以把这个新理念变为现实。

两个年轻人，史蒂夫·沃兹尼亚克与史蒂夫·乔布斯合伙于1975年在硅谷创立了苹果公司，1976年推出第一个产品Apple Ⅰ，售价666美元。一年后，苹果推出了第二个产品——Apple Ⅱ。

Apple Ⅱ的内置电路使其能够直接连接到彩色视频监视器上，而且还带有外部软盘驱动器。乔布斯鼓励独立的软件开发商为Apple Ⅱ写应用软件，结果发展了大约16 000种Apple Ⅱ应用软件，而其中文字处理软件WordStar和计算列表软件VisiCalc使Apple Ⅱ能帮助普通消费者写信、做备忘录和做简单的会计。这一切使Apple Ⅱ成为第一台成功的个人电脑，而支持苹果推动“每人一部电脑”的新生态系统也慢慢形成。

Apple Ⅱ的发展流程是：开始时沃兹尼亚克以现成的廉价微处理器为支点，开发了一个简单的操作系统，然后组合微处理器、操作系统及市面上的内存芯片做成Apple Ⅰ。这成为其他配件生产商发展的支点，而当视频监视器、软盘驱动器、应用软件及打印机等配件都问世时，苹果公司就把这些配件都组合起来使它的第二代产品Apple Ⅱ可提供更多的实用价值。在1976~1980年间，多家公司也通过同样的流程，各自推动“每个人一部电脑”的新生态系统，它们相继向市场引进了一些各不相容的个人电脑，其中有Radio Shack、Commodore Business Machine、Texas Instrument、Atari、Heath等。这些公司的共同点是都对电子产品及电脑很了解，而且有组合产品的经验。图2–6代表了每家个人电脑公司建立支持各自产品的生态系统的过程。

虽然这些都是小公司，但它们的个别成功起到了拉动作用，使配件行业增加投资到个人电脑市场，这也增加了个人电脑的应用价值，加速了市场的发展，而慢慢形成一个有生机的个人电脑生态系统。

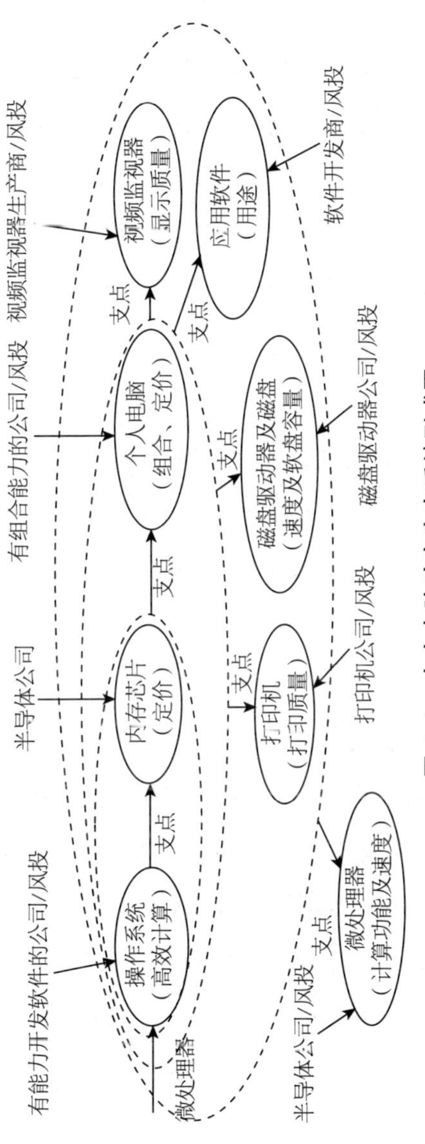

图 2–6　个人电脑动态生态系统形成图

从结构形式来说，个人电脑的生态系统与主机及微机的生态系统很相似，两个生态系统的参与者大致相同：电脑公司（主机、微机、个人）、半导体生产商、磁盘驱动器公司、视频监视器生产商、打印机公司及软件开发商，但这两个生态系统动态发展的关键推动力则大大不同。所有主机及微机公司都是资源丰富的纵向企业，都有资金及能力开发自己专用的微处理器、操作系统及主要的应用软件，然后外包其他有标准规格的配件。它们有能力控制市场、计划发展。它们各家都用专用操作系统来锁定客户，这使它们不需要规模经济而能维持高利润率。

但慢慢地每家主机及微机公司都面临报酬递减，到 1980 年大家都感觉到市场发展较慢，出现了停滞的早期迹象，看到多家小型个人电脑公司开始被人看好，这些主机与微机公司纷纷都开始做起进入个人电脑市场的打算。在 1976~1980 年间，所有个人电脑公司都是横向结构，大多数都是基于现成的微处理器开发专用软件及操作系统，将之与内存芯片等组合制成个人电脑。它们都没有足够的资源成立应用软件开发部，所以它们的成功主要依靠吸引独立软件开发商为它的操作系统写有价值的应用软件，但对独立软件开发商来说，它要衡量为哪一个操作系统写应用软件能给它带来最大的回报。当时的个人电脑公司都各自有不相容的操作系统，软件公司忙于给不同操作系统写同样的应用软件，而因每一种个人电脑占的市场都不大，软件行业也发展得慢。各个人电脑公司坚持用各自的操作系统抢占份额，使个人电脑市场成为一个分散的市场。

埃斯特利奇真的做了一个IBM管理层不敢想更不敢做的决策：采用现成的关键元素来设计IBM的个人电脑，这款产品最终一夜成名……

1975年，加里·基尔代尔（Gary Kildall）成立了数字研究公司（Digital Research Inc.）来销售他始创的个人电脑操作系统CP/M。这个操作系统最初创建于英特尔8080微处理器的基础上，第一台个人电脑Altair 8800用的就是CP/M操作系统。数字研究公司致力于将CP/M用于不同的微处理器，很多想进入个人电脑行业而没有自己开发的操作系统的小公司都用CP/M来组合它的个人电脑。个人电脑的市场仍然分散，但CP/M占的个人电脑操作系统市场份额慢慢增加，以当时的趋势，CP/M很可能成为个人电脑操作系统实际上的标准。微软在1975年成立时主要是为个人电脑写基本语言（Basic Language）软件，之后它致力于编写可用于不同个人电脑的多种语言软件及应用软件，所以它对CP/M及其他个人电脑的操作系统都有深刻认识。到1980年，数字研究公司与微软已建立起它们在个人电脑软件市场的地位：数字研究公司是操作系统的领头羊，而微软是电脑语言及应用软件的先驱者。世事难料，随着一连串出人意料的事件相继发生，整个电脑市场在1980~1990年间发生了天翻地覆的改变。

1981年，美国最大的两家电脑公司IBM与DEC（数字设备公司）都进入了个人电脑市场，这都在意料之中，但IBM进入市场的战略却大大出人意料。一直以来，IBM所有电脑的关键元素（微处理器、操作系统及主要应用软件）都是自己开发或买下控制生产权，这可以说是IBM几十年不变的企业文化。但当第一台IBM PC（个人电脑）在1981年8月21日面世，它的所有关键元素却都不是IBM自己开发的：微处理器是用现成的英特尔生产的8086，操作系统由微软为它开发，而其他常用软件由微软及多位软件开发商提供。IBM只是组合了这些元素来制造IBM PC，而结果是一炮而红，几年间IBM PC便占有个人电脑市场份额的80%。几乎是与此同时，第二大电脑公司DEC也推出了它的个人电脑，但在市场上一败涂地。过后专家们分析认为这完全是因为IBM PC的操作系统是完全开放式的，使很多软件开发商及配件开发商可提供为其增值的产品，而DEC的个人电脑操作系统是封闭式的，别人很难为它提供增值产品。这似乎是很简单的道理，但在当时理解这一点的人不多，就是IBM内大多数的高层经理，也不理解这点，他们在IBM PC上做的决策，可以说是偶然的。

20世纪70年代后期，个人电脑开始为世人所关注，IBM的董事长常督促高层经理们尽快推出IBM的个人电脑。依照IBM不变的企业文化，开发个人电脑的所有关键元素都必须是IBM自己制造的。内部工程师认为开发IBM制造的个人电脑成本太高而不能以合适的价格推出。对董事长的要求，各位经理只有用各种理由来搪塞，而且他们都不太相信卖个人电脑可以赚钱，所以他们也不着急推出IBM个人电脑。但IBM的董事长在每次开公司会议时都会追问何时可以有IBM的个人电脑，最后IBM高层经理们认为唯一可达到董事长要求的办法就是出奇制胜，组织一支小队伍，离开公司，在一个封闭地方，不受公司经理层管制，给他们一年时间全力完成这任务。但问题是在财务预算中没有包括这项经费。董事长听完他们的报告后，马上批准这项经费，而且准许这个小组的领导者直接向他汇报。于是一个12人小组秘密地在1980年末成立，这个小组被安置在佛罗里达州的一个小城市波卡拉顿，唐·埃斯特利奇（Don Estridge）被选为小组的领袖，他的使命是尽他所能，在一年内推出IBM的个人电脑。埃斯特利奇在IBM是有名的最不遵守IBM公司规则的人，他的衣着及发型都不符合IBM公司的标准，做事也常不依照公司的流程，大家都觉得他不适合IBM的环境，他之所以能留在IBM是因为他曾经替一家保险公司解决了一些软件问题，使IBM得到该公司一个大订单。他之所以被选为这小组的领袖，是因为大家认为只有他能想出及做出IBM不能想象的事，也只有这样，小组才能有一线成功的机会。

不负所望，埃斯特利奇真的做了一个IBM管理层不敢想更不敢做的决策：采用现成的关键元素来设计IBM的个人电脑，计划在一年内完成。这个小组的工程师对英特尔的产品比较熟悉，很自然地便选择英特尔8086作为IBM个人电脑的微处理器。当时CP/M差不多已是实际上的行业标准，因此他们准备与数字研究公司谈判买它的使用权。微软的语言软件及其他应用软件也占很大市场份额，所以他们也打算与微软谈判，让其为IBM个人电脑写软件。IBM因与数字研究公司的谈判不成功，而转向与微软合作。盖茨得知在西雅图一家软件公司刚刚开发了一款与CP/M很相似的操作系统，便以75 000美元买断了它的使用权，再经修改而成为IBM PC的操作系统，取名PC–DOS。至于为何IBM与数字研究公司谈判没有成功，各人有各人的说法，除了当事人外，没有人知道。当IBM PC面世时，加里·基尔代尔（数字研究公司创办人）发觉它的操作系统很多方面都与CP/M相同，打算控告IBM侵犯他的知识产权，但又怕一旦发生官司冲突，以IBM的财力势力，可能把他的小公司拖垮，因此接受与IBM和解。IBM将允许购买IBM PC的顾客选择一个操作系统：PC–DOS或CP/M–86，但PC–DOS价钱是40美元，而CP/M–86价钱是240美元，大家当然都选择PC–DOS。当IBM PC大行其道时，PC–DOS便取代了CP/M成为个人电脑实际上的标准。加里·基尔代尔一直为此事耿耿于怀，他在私人传记中，指责盖茨与IBM不道德的商业行为。

乔布斯推出的Macintosh（麦金托什）比IBM PC更易操作，也更酷，但它最终成为市场的失败者，为什么？

IBM PC的一夜成名，马上震动了整个电脑与风投行业，埃斯特利奇做梦也没有想到IBM PC会那么成功，市场对IBM PC需求的增长超过了IBM的产能，这给很多对个人电脑有认识的人创造了商机。康柏在1982年2月得到风投资金后成立，在同年11月便推出了与IBM PC兼容的手提个人电脑，所有IBM PC的软件也可在康柏的手提个人电脑上使用。因为IBM PC的主要元素（微处理器、操作系统）都可在市场买到，第三方只要以逆向工程，按照IBM PC组合信息输入/输出的规格复制，便可做成与IBM PC兼容的个人电脑。康柏是第一家成功做出IBM PC兼容个人电脑的公司，此后很多公司，尤其是台湾很多无品牌的IBM PC克隆产品也纷纷进入市场。软件开发商只要有计划为IBM PC规格开发应用软件，便可得到风投支持。一些已成立的软件公司，也都改变了它们的发展计划，把所有资源都放在开发IBM PC应用软件上，几年间IBM PC规格的应用软件远远超过了其他的个人电脑。

莲花公司（Lotus Development Corporation）是成立于1982年的应用软件公司，看到IBM PC规格即将成为个人电脑实际上的标准，立即致力于专门为IBM PC规格开发最新应用软件Lotus 1–2–3，这是把三种不同但相关的功能集合到一起的商用软件：试算表、图形演示、数据库。当该软件在1983年1月推出市场时，莲花公司立刻成为最红的软件公司，而IBM PC也成为个人电脑实际上的标准。之后IBM PC小组回归IBM总部，成为IBM结构下的一个部门。这个部门以流创新推出了IBM PC/XT，继而推出IBM PC/AT。到1985年，IBM已远远超过苹果，占个人电脑市场超过80%的份额。

自1977年Apple Ⅱ成功后，它们以流创新在1980年针对商业用户推出Apple Ⅲ，但不是很成功，尤其是当IBM在1981年推出IBM PC后，苹果产品的销量更是大降。在1979年，史蒂夫·乔布斯与苹果公司内几位工程师拜访了施乐在帕洛阿尔托的研究中心，以苹果10万股份来换取乔布斯在研究中心停留几天观察其最新技术。当乔布斯看到研究中心的位图显示技术后，他认为个人电脑的前景是以图形为用户界面的操作系统。当时的用户界面都是以命令或指挥方式输入个人电脑的操作流程（Command-line Interfaces），对普通的用户而言，他们要接受一段时间的培训才能使用个人电脑，但如果能用图形来引导用户进行个人电脑的操作，那么很多初学者会很快学会如何使用个人电脑。乔布斯认为要与IBM PC对抗，苹果必须开发一款具有图形操作系统的个人电脑。从表面来看，这是流创新，但其实这是源创新，因为如要使新理念显示出真正价值，不仅需要更强劲的微处理器，也需要前所未有的指示器，更需要一批能为图形操作系统写应用软件的工程师。苹果第一部图形操作系统个人电脑于 1983 年 1 月面世，产品名为Lisa（丽萨），它用鼠标作为指示器，它的图形用户界面完全基于乔布斯他们在帕洛阿尔托研究中心看到的技术。Lisa的价格是 9 995 美元，市场定位是商业客户，但因很多第三方软件开发商都不懂得为Lisa写应用软件，使得Lisa缺乏有用的商业应用软件，相对而言IBM PC已有很多应用软件，而且Lotus 1–2–3 在同时推出，所以商业用户都觉得Lisa又贵又没价值，而IBM PC又便宜又超值，因此虽然Lisa有使人觉得很“酷”的图形界面，它仍是一败涂地，而Lisa的失败更加强了IBM PC在市场的快速增长。

1982 年，乔布斯被迫退出Lisa开发团队，而另外成立团队致力于开发一款低价的图形操作系统个人电脑，产品名为Macintosh。这两个团队在苹果内部竞争，最后Lisa败下阵来，乔布斯便力争在 1984 年 2 月推出Macintosh，而且花费 150 万美元做电视广告，内容暗示苹果的Macintosh将教人脱离IBM的控制，这则电视广告直至今天都被认为是有史以来最令人难忘的美国电视广告。这轰动一时的广告，配合Macintosh与它的图形操作系统，再加上乔布斯的宣传魅力，使很多倾向新科技的年轻人都觉得Macintosh很“酷”，便很冲动地购买Macintosh，但买了之后发觉没有什么有用的应用软件，所以Macintosh的销售经历一次高潮后便快速下降。而与此同时IBM PC的第二代产品IBM PC/AT也进入了市场，它用英特尔新一代的 80286 为微处理器，以PC–DOS为操作系统，因此与IBM PC兼容，所有

IBM PC的应用软件，都可在IBM PC/AT上使用。与Macintosh相比，IBM PC/AT不只有更强的计算能力，而且它的应用软件越来越多，很多人尤其是企业都倾向于IBM PC/AT。到 1985 年，IBM PC/AT所占市场份额已超过 80%，而Macintosh一直在挣扎求生。虽然微软为Macintosh开发了Word（文字处理）及Excel（计算表）应用软件，使它销量有些好转，但没有改变它在市场的下降趋势。直至通过组合激光打印机、桌面出版软件（PageMaker），Macintosh开拓了桌面出版市场，很多印刷公司纷纷购买这套组合系统以快速做出印刷样本而缩短印刷出版时间。Macintosh在这一利基市场的成功改变了它的命运，使销量从下降转为微升，苹果也转危为安。但个人电脑的市场大部分份额被IBM PC/AT及它的克隆所占，而Macintosh只占很少份额，乔布斯也因此事与当时苹果的总裁发生冲突而被迫离开苹果。

IBM做了一个可能会令其悔恨不已的决定，这个决定给了比尔·盖茨一个绝佳的机会……

1985 年 8 月 2 日，IBM PC之父埃斯特利奇在得州的达拉斯死于飞机失事，这个意外事件使IBM失去了全公司唯一了解IBM PC成功关键的人。埃斯特利奇死后，他的上司威廉·勒韦（William Lowe）主管IBM PC业务，因为IBM与微软共同拥有PC–DOS，他做的第一件事便是与盖茨谈判有关PC–DOS的权利归属。那时IBM在个人电脑市场占超过 80%份额，勒韦的谈判目标是减少IBM为PC–DOS支付的使用费，而盖茨知道PC–DOS是个人电脑市场的关键，他的目标是拥有PC–DOS在IBM外克隆的使用权。在谈判时，盖茨提议IBM

拥有自用PC–DOS的权利，而微软拥有它在IBM以外其他个人电脑的使用权，这也就是说IBM可免费用PC–DOS，而微软可自由卖给任何公司PC–DOS的使用权，所得的使用权费不用与IBM分享。勒韦乐意答应这项建议，他认为，这可以降低成本，因为IBM已占了超过80%市场份额，从传统智慧看，IBM将会一直控制个人电脑市场，所以重点是减少成本。这是流创新的思路。而盖茨则认为个人电脑是新兴市场，重点是要有更多个人电脑公司加入，这是源创新的思路。这一建议使两个不同思路的人各得其所，谈判也顺利完成。

IBM的主要业务仍然是主机销售。虽然它的个人电脑销量一路增长，但它的大部分利润仍是来自主机销售，为此IBM宣布了它的"AT战略"。它的新理念是客户机/服务器模型：主机是服务器，可计算及解答所有复杂的商业问题，AT是在每一位员工桌上的客户机，这些客户机都与公司的主机连接，员工可用客户机写信、做简单财务分析、会计、写报告等，一旦遇到复杂的问题，员工可通过AT把问题上传到主机，由主机解决问题，然后把答案下载到员工AT。这是源创新的理念。5年后，美国企业的信息系统都是客户机/服务器模型，但当时IBM没有采用源创新战略来扩大支持这一理念的生态系统，反而因为采用了流创新战略而减弱了支持这一理念的生态系统。

英特尔在20世纪60年代以内存芯片起家，到70年代美国有很多生产内存芯片的公司，它们的主要客户是大电脑公司如IBM、DEC等，英特尔是其中最有名气、占市场份额最大的。1980年，英特尔的主要业务是内存芯片，而微处理器只是一些小尝试，因为生产内存芯片及微处理器都用同一生产线，所以基于市场的动向，英特尔分配了一些生产容量来生产少量微处理器，看看市场的反应。因为IBM是英特尔的大客户，IBM的工程师对英特尔的 8068 有些认识，这也是PC小组选用 8068 作为IBM PC的微处理器的主要原因。1980 年初，日本半导体公司开始以价格优势侵蚀美国半导体公司内存芯片市场的份额，英特尔则一直努力以流创新来争取客户，但不论英特尔如何努力，日本半导体公司都能做出有效应对，使英特尔的努力劳而无功。它的内存芯片市场一直被这些日本半导体公司分食，英特尔也面临财务危机。那时 80268 是IBM PC的关键元素，因此IBM在 1982 年末向英特尔投入了 6.427 亿美元作为战略投资，这笔资金使英特尔可在困境中研发新一代的微处理器 80386。虽然 80286 的市场一直增长，但英特尔还是认为内存芯片是它的主业，大家都认为只要努力，必能扭转局面。但从 1982 年到 1985 年，英特尔一直在内存芯片市场挣扎，不仅没有好转，而且每况愈下。最后，英特尔在 1985 年忍痛逐步放弃了内存芯片行业，而把所有生产线逐步转为生产 80386。当时英特尔第一个提议IBM开发基于 80386 的个人电脑。但当时IBM对客户承诺的AT战略是建立在以AT为客户机的基础上，而且IBM拥有 80268 的生产权，所以对于英特尔的提议IBM迟疑不决。但英特尔已逐步离开内存芯片市场，而把将来都寄托在 80386 上，所以因为IBM迟疑，英特尔马上向康柏发出了这一提议，使康柏获得了一个机会，抢先在 1986 年推出了基于 80386 的个人电脑，迫使IBM不得已在一年后推出基于 80368 的个人电脑，这使很多人开始对康柏另眼相看。

当微软拥有PC–DOS在IBM以外其他个人电脑的使用权后，盖茨以低价出售PC–DOS在每部电脑的使用权，这吸引了很多克隆产品进入市场，尤其是很多来自台湾的克隆产品，价格便宜而且有些电脑的计算速度比IBM PC还要快。对微软来说，因为它也开发应用软件，所以克隆越多对它好处越大，但对IBM来说克隆越多价格战的压力越大，这迫使IBM降价而减少利润。可以说正是勒韦的流创新思路引导他接纳了盖茨的建议，而这使微软得以积极建立它自己的生态系统，从而直接影响IBM PC/AT的利润率。IBM与微软由此从合作伙伴变为竞争对手。IBM一向很看重利润率，它的主机及微型电脑的利润率都很高，唯独IBM PC/AT因为有很多克隆产品导致它的利润率很低，以IBM的传统智慧，它们的对策是创造IBM PC专用的技术及操作系统。

1987年4月，IBM推出专用技术PS/2。虽然它也是基于80286及PC–DOS，但它具有比那时AT克隆产品更高级的结构，使得它比AT克隆产品有更快的通信速度。IBM把PS/2的使用权卖给所有克隆公司，希望以此来控制克隆产品的发展，但因收费太贵，大家都不愿意买，而选择采用80368，于是整个市场的趋势便倾向于80368克隆产品，而康柏也成为它们的技术领先者，虽然IBM在1987年末推出基于80386及PC–DOS的PS/2，但IBM在个人电脑市场占的份额也逐渐被克隆产品（包括康柏）侵蚀。

1984年末，IBM便计划发展代替PC–DOS的操作系统OS/2。原计划是OS/2将会是AT战略的重点，OS/2比PC–DOS动能更多；它可以同时运行几个PC–DOS的应用软件；它以图形而不是文字为用户界面。在勒韦与盖茨谈判时，IBM与微软签了联合开发OS/2的协议，使用权的分配与PC–DOS一样，事成后双方都可各自延伸为己专用。在这次合作中，IBM的软件工程师全面参与了OS/2的设计及实施。开始时双方都很有合作热情，整个软件行业也期待OS/2早日完成给它们带来商机。但过了一段时间后，双方便产生了冲突，而致OS/2迟迟未能完成。后来，微软在1987年10月推出了Windows 2.0，它的用户界面与OS/2计划的图形界面很相似。一个月后微软推出Excel，一年后推出Word。当时OS/2还不稳定，而且微软免费培训软件开发商为Windows操作系统写了应用软件，因此大部分软件开发商都选择为Windows写应用软件，这使微软在1990年推出的Windows 3.0获得空前成功，而Windows 3.0也成为PC–DOS操作系统图形界面事实上的标准。IBM从此失去了它在个人电脑市场的领导地位，之后个人电脑的主流市场被"微软—英特尔—康柏"三位一体主导。在1990年后IBM的OS/2才稳定，但已无法收复失地，它与苹果的命运相似，只占有某些特殊的利基市场。

案例复盘及启示

我们可把源创新的推动流程大致分为两个阶段。在第一阶段，支持源创新理念的生态系统的基本结构还未建立，开始参与及支持这个新理念的大多数经济参与者得不到好处，而它们之所以愿意参与是因为它们认为新理念将会产生巨大的、难以估量的价值，所以都愿意全力以赴来取得先机。在这个阶段，源创新者为了实现新理念，将基于它对始创新的认识及自己的技术和能力，创造一个新价值链。在录像机案例中，始创新成果是录像机，源创新者是好莱坞的电影公司，它们创造的价值链是把已拍好的电影录制成录像带。虽然这条新价值链尚未实现新理念的价值，但它的源创新活动会吸引其他因看好新理念而愿意全力投入的成员加入，并创造出相关的价值链来填补原价值链的不足之处。就这样，越来越多的成员相继加入，创造了多条相关的价值链而使新理念价值逐步得到体现。当这些成员开始得到回报时，新理念的价值才开始得到实现，而支持它的生态系统的基本结构也建立起来了。到那时，在这多条相关的价值链之间，一条价值链上的流创新将激发另一条价值链上的流创新，我称之为价值链系统的流创新网络效应。这个价值链系统也因此变得生机勃勃，不断为新理念增加价值，因此我称这个价值链系统为生态系统。我们可用动态生态系统形成图来展现这些经济参与者如何一步一步地建立起一个新生态系统的基本结构的。（请见录像机案例与个人电脑案例的动态生态系统形成图。）

在第二阶段，新生态系统的基本结构已确立，系统内的基本参与者也开始互相竞争，它们之间的竞争不是产品的竞争，而是理念的竞争。因为理念的价值由多条价值链组合（又称生态系统）实现，我们可以有多个不同组合方法来提供新理念价值，而不同的组合所提供的理念价值也不一样，参与者通过理念竞争，找到可提供最高理念价值的组合。在这个阶段，很多投机商家发现凭借流创新加入支持其中一个或多个生态系统可给它们带来很好的回报，很多投机用户也发觉新理念可为他们提供新价值，因此都争先恐后加入这个新市场。不同生态系统就通过尽力争取这些投机分子加入而壮大自己，越多的投机分子加入这一生态系统，越多的经济实体可从中获益，也就说明这生态系统提供的价值越高。

流创新竞争的重点是产品竞争，企业考虑最多的是如何设计新产品、降低成本、优化供应链等；而源创新竞争的重点是理念竞争，企业考虑最多的是如何组合生态系统内的价值链，使投机分子加入后能够获得更好的回报，并且通过它们的加入给新理念增加价值。在录像机案例中，Beta和VHS这两个不同的生态系统都能提供“在家看电影”的理念价值，但VHS生态系统提供的价值更高。在个人电脑案例中，第二阶段开始时有多个能提供“个人电脑”的理念价值的生态系统，它们的初步成功也吸引IBM及DEC加入，为“个人电脑”的理念价值建立各自的生态系统。IBM以开放系统的战略，吸引大量软件开发商及配件生产商加入它的生态系统，用流创新帮助它不断增加理念价值，所以很快地，IBM生态系统在理念竞争中占得上风，击败了当时其他的生态系统。但之后IBM忽视了对源创新的推动而一味追求流创新，只关注产品的新功能，而放弃了它建成的强大生态系统，在这时“微软—英特尔—康柏”三位一体便趁机继承了IBM放弃的生态系统，继续不断增强它，并最终主导了整个个人电脑市场的发展。

流创新的主要战略是增加现有价值链的价值，所以企业进行流创新要关注的是如何利用本身的核心能力，通过设计新产品、降低成本、优化供应链等等来提高价值链的价值。源创新的主要战略是建立一个新的生态系统来实现新的理念价值，然后增强生态系统来提高新理念的价值。因为生态系统由不同价值链组合而成，所以企业源创新要关注的是如何通过最佳组合，用自身的核心能力来引导生态系统内不同价值链的参与者，使它们各自用其核心能力，通过流创新的网络效应，合力提高新理念的价值。

由此可见，源创新与流创新的战略大不相同，流创新战略着眼于优化自身资源，而源创新战略着眼于利用本身资源来最佳地组合外部资源，所以两者的最佳战略常常是相反的：流创新的最佳战略往往是源创新的坏战略，而源创新的最佳战略往往会被认为是流创新的坏战略。大企业因本身有很多资源，往往认为什么都可自己包办，而且高层经理都有很强的流创新能力，所以倾向于流创新，但也因此在推动源创新时容易犯错误。可以说IBM之所以能推动IBM PC这个源创新，完全是因为唐·埃斯特利奇的秘密小组不受IBM经理层管理，而且IBM不仅不给这个小组发展资源，还立下一年完成的“军令状”，埃斯特利奇只能组合外部资源，谁知竟一举成功。不幸的是在他死后，IBM内无一人明白他的源创新战略。威廉·勒韦接手后，以流创新的思路来进行源创新的竞争，在短短几年中便把埃斯特利奇打下的天下送给“微软—英特尔—康柏”的三位一体。

思考时间

1. 如果你是当时索尼的总裁，你应采取什么方法来改变索尼的命运？

2. 1985年IBM的AT战略是推动客户机/服务器模型的新理念，如要采用源创新战略来扩大支持该理念的生态系统，它应该如何运作？

第三章　后来者的创新战略

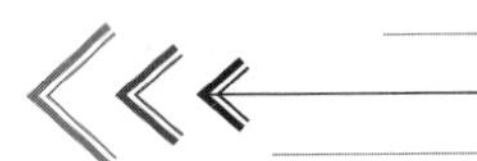

- 当后来者用反向思维方法找到一个新理念时，要能说服旁人、坚持己见、胆大心细，以小规模测试市场的存在，在核实后先建立生态系统来巩固市场，在未建立生态系统之前，不要重资推广市场。
- 新科技可能可以帮助后来者楔进一个拥挤的市场，但新科技一定不是最后取得成功的关键。
- 风靡一时的TCL钻石手机最终失败，其原因就是没有保持其特色，毁掉了自己刚建起的生态系统，走进了先入者的生态系统。
- 怎样找到使先入者不能做出有效反应的新理念呢？一个有效的办法是反向思维法——先入者的最大弱点是它最强之处的反面，针对最大弱点进攻必可使它无法反应。
- 后来者不是以“更好”而是以“不同”来进入一个成熟的市场，重点是建立一个先入者不能在短期内复制的生态系统。

施乐垄断复印机市场十几年，两家日本公司以后来者的身份进入市场却抢占了施乐的市场份额。西南航空公司进入航空服务产业的时候，美国航空公司和联合航空公司正统治着整个美国商业航空市场。而现在西南航空公司却是整个行业中少数赢利的公司之一。当戴尔最初涉足个人计算机业务的时候，IBM和康柏正统治着个人计算机市场。当时，所有产品都必须与IBM计算机兼容。而20年后，IBM已经终止了其个人计算机的生产，康柏也不得不与惠普合并以求生存，而戴尔成为个人计算机市场的主要商家。沃尔玛进入零售百货商店市场的时候，西尔斯是这个市场的统治者。40年后，沃尔玛是全美最大的零售百货商店，而西尔斯正在生存边缘挣扎。本田在20世纪70年代末期进军美国小型轿车市场的时候，丰田、大众、日产等主要汽车公司已经在美国小型轿车市场建立了非常稳固的地位。如今本田是全球汽车工业中实力最为强大的厂商之一，并且全线生产汽车产品。像这样的后来者创造了新的优势并占据有利市场地位的历史案例还有很多。在一些案例中，后来者甚至威胁到了先入者的生存。但在上述我们提到的案例中，不是所有后来者都是通过先进技术来撼动先入者的市场地位的。我们的传统经验是先入者有优势（first mover advantage），而在这一章里，我们用案例分析提出一种理论，来解释为什么后来者也能有他们的优势。我们还将阐述如何发现后来者的优势并且发展一套战略来利用这种优势。

先入者之所以能统治特定的市场，必定是由于花费一段时间建立了一个强大的生态系统来满足某种价值诉求。在这个过程中，先入者也在这生态系统的参与者心目中建立了一定的、代表公司价值的品牌认知度。这种品牌认知度与先入者内部战略资源和外部资源的配合构成了先入者的力量，使得他们能够保持在自身领域的优势。后来者如果以流创新制造出更好更便宜的产品或服务，那是直接向先入者挑战，失败的概率会很高。但如果后来者以源创新来推出一个价值诉求与先入者不同的新理念，并使新理念价值的生态系统有别于先入者的生态系统，由于现有的生态系统难以在短时间内发生改变，先入者将难以对挑战者做出有效反应。一个有效的办法是用反向思维来找出使先入者不能做出有效反应的新理念。反向思维的概念是：先入者的最大弱点是它最强之处的反面，针对最大弱点进攻必可使它无法反应，但问题是由反向思维得出的新理念是否能够推动一个新市场？这市场有多大？后来者要如何发展？

我们可以把反向思维方法分为三种，不同的反向思维方法成果也不一样。第一种方法针对先入者看得见的产品属性。第二种方法针对先入者的商业模型，但提供的产品几乎是相同的。不同的商业模型需要不同的生态系统来支持，所以后来者如果用反向思维方法找出与先入者对立的商业模型，在推动新商业模型的过程中便会建立一个与先入者对立而且对方无法复制的生态系统，这两种对立的生态系统也会使双方的产品产生非物质性的差异。第三种方法针对先入者的战略，但提供差不多的产品。不同的战略需要不同的生态系统来支持，所以后来者用反向思维方法找出与先入者对立的战略，在执行此战略的过程中便会建立一个与先入者对立而且对方无法复制的生态系统，同样，这两个对立的生态系统也会使双方的产品在非物质性上产生差异。以下我用案例来描述这三种不同的反向思维方法，再加以分析，指出采用每一种方法的利与弊。

反向思维方法一：推动细分市场

» 案例 3-1　走到先入者的反面：看佳能、理光如何打败施乐

施乐的优势在于快速的复印技术、强大的直销队伍和技术支持。那么，佳能和理光如何通过反向思维找到打败它的方法呢？

施乐因发明干复印技术而拥有干复印新技术的专利，垄断复印市场十几年，在最盛时占有98%的复印机市场。当施乐最初以源创新引进复印机时，它的机器大而且成本高，所以施乐不出售复印机，而只租给企业用或提供复印服务，收费以复印张数来算，施乐当时推动的理念是“提供高质量及快速的复印服务”。对于这个商业模型而言，复印机的速度便是它的竞争能力：速度越快，复印机的生产量便

越高，规模也越大。施乐不能通过经销商来推广它的复印机，只有建立自己的直销队伍。为了给客户提供质量更高的服务，施乐建立了一个有效的服务网络。施乐的专利权过期后，IBM和柯达相继进入了复印机市场。他们的复印机产品与施乐非常相似，操作系统也类似，市场推销的手段也一样，它们尝试与施乐在同样的市场上抢夺客户。最终IBM和柯达都以失败而告终。几年之后，两个日本小公司进入复印机市场，却最终在市场上占据了一席之地。它们是怎么成功的呢？

让我们先分析施乐的优势：高速复印机、强大的直销队伍和服务的支持。要支持这些优势，它背后的战略资产必须要有工程师来设计高速复印机，但是复印机往往是越快就越复杂、越不可靠，而且还比较容易坏，所以需要一个强大的销售服务组织来使客户满意。同时，复印机越复杂，别人就越难买，而且因为施乐是租而不是卖复印机，所以它需要一个强大的直销组织来推销产品。施乐统治复印市场十多年，通过这段时间建立了强大的内部战略资源来支持“提供高质量及快速的复印服务”的理念。在这个过程中，大部分企业与消费者都很认同这一理念，而且施乐也在企业及消费者心目中建立了代表这些理念的品牌认知度。这种品牌认知度和内部战略资源构成了施乐的力量，使它能够保持在复印服务领域的优势，就是比它更强大的企业如IBM及柯达，也不能与施乐正面竞争。

让我们用反向思维方法来分析什么是施乐优势的反面。高速的反面是低速，强大的直销队伍的反面是无直销，强大的服务支持反面是无服务。所以如果一个企业能设计一个低速而更可靠的干复印机，那么它不需要自己的直销队伍和服务支持，这个企业可用源创新来推

• 施乐优势：	• 优势的反面：
– 高速复印机	– 低速复印机
– 强大的直销队伍	– 无直销
– 强大的服务支持	– 无服务
• 支持优势的战略资产	• 支持优势的战略资产
– 工程师设计高速复印机	– 工程师设计低速复印机
• 复杂但不可靠	• 简单但可靠
– 强大的直销组织	– 经销商零售商管道
– 强大的销售服务组织	– 无服务组织

图 3–1　施乐案例分析

动新理念“简便可靠质量好的复印机”，通过文具店来销售，即绕开施乐的竞争资源而致力于开拓新资源来建立新的生态系统，支持它推动新理念。因为它建立的新生态系统正是施乐生态系统的反面，施乐不能进行有效的还击，这给企业争取了一席之地。这就是两个后来进入复印市场的日本公司理光与佳能的经营理念。它们刚刚进入市场的时候，并没有引起施乐的重视，但很快这两个公司的产品占领了大半的市场。这时候，施乐才开始调整战略以流创新来夺回失去的市场份额，最后市场分为两段：一段是需要复印服务的客户，另一段是希望拥有复印机的客户。在占领了复印机市场后，这两家日本公司用同一技术开发并且再以源创新开拓了传真机市场。事实上，它们的大部分利润来自传真机，而施乐因为它的商业模型的关系，很难进入传真机市场，还是一直坚守复印服务市场，这是因为施乐的生态系统太强大了，所以很难掉头。

» 案例 3–2　西南航空减法取胜

针对竞争对手覆盖全国的航线和全套、完善的服务，西南航空减去了很多航线和服务，结果反而打动了消费者。

第二个案例是有关美国航空公司的竞争事件。最初，美国联合航空公司（以下简称美联航）和美国航空公司是受政府管制的最大的两个航空公司。后来政府的管制解除，很多小航空公司也进入了这个市场。刚进入市场时，它们采取与美联航和美国航空一样的战略，唯一的优势就是价格更便宜。但是它们降价，美联航和美国航空也降价；它们提高服务质量，美联航和美国航空也提高服务质量。所以这些小航空公司还是竞争不过美联航和美国航空，很多后来进入航空市场的公司都倒闭或被兼并收购了。如何能够与它们对抗呢？让我们来分析美联航和美国航空的优势：它们的优势主要是全套服务以及涵盖范围广泛。要想拥有这些优势，其背后的生态系统应该是怎样的呢？全套服务就意味着人数多、设备多、租金高；广泛地涵盖美国城市就要求有更多的机场，以及主干与支线复杂的后勤支持。这里的主干指大城市之间的航线，而支线指大城市与小城市之间的航线，很多时候两个小城市之间没有飞机直达，只能通过大城市中转。全套服务则包括行李中转服务等，需要复杂的后勤支持，这个成本很高。美联航和美国航空后面的强大的生态系统一旦建立，便很难改变。

现在让我们利用反向思维的方法进行分析：全面服务的反面是无服务，广泛地涵盖美国城市的反面是只飞美国几个城市。如果少提供服务或者无服务，则需要的人数少、资本少、租金低；如果航线只涵盖几个城市就可以不分主干与支线而直接建立点对点航线，这种后勤流程简单，并且只需要较少的机场。这样就降低了成本，也给乘客提供了更多的价格优惠。能与美联航和美国航空对抗的就是这种生态结构，所以后来者如要成功，必须推动“实而不华的航空服务”。请看图 3–2。

- 美国航空、美联航的优势：
– 全套服务
– 涵盖城市广
- 支持优势的战略资产
– 全套服务组织
  - 人数多
  - 设备多
  - 租金高
– 更多机场
  - 更多维护保养队伍
  - 更多飞机
  - 高波动
– 强大的销售服务组织
  - 复杂的后勤支持
  - 支持成本高

- 优势的反面：
– 无服务
– 涵盖少数几个城市
- 支持优势的战略资产
– 少量质次的服务
  - 人数少
  - 低资本要求
  - 低租金
– 较少机场
  - 较少维护保养队伍
  - 较少飞机
  - 较少波动
– 点对点
  - 后勤流程简单
  - 支持成本低

图 3–2　航空公司竞争案例

那时候有两个航空公司开始发展起来，其中之一是西南航空公司。西南航空公司最初只飞三个城市：休斯敦、达拉斯和圣安东尼奥。得克萨斯州有很多石油公司，所以很多做石油生意的人选择西南航空公司。这些人经常是早上去晚上回来，他们没有行李，也不需要什么服务。西南航空没有机票预订系统，乘客到机场买票的时候如飞机有座位便可登机，登机后可自由选择座位，如飞机没有座位便等下一班，反正飞机半小时一班很方便。另外，西南航空不转运转机乘客的托运行李，飞机上也不提供餐饮服务。西南航空的这种特色吸引了很多做石油生意的顾客，使西南航空一进入市场就获得了成功。

另外有一个航空公司叫人民捷运航空公司（People Express），它与西南航空公司的模式完全一样，不过它只飞东北的三个城市。这三个城市中与国防部做生意的人是这家航空公司的主要顾客。与西南航空公司一样，人民捷运也在初期就取得了成功。但是人民捷运在成功之后几年就认为自己是大公司了，收购了另外一个有支线与干线网络的航空公司，也像美联航一样提供全面服务并广泛地覆盖美国城市。但不到两年，人民捷运就倒闭了。而西南航空还是坚持点对点的模式，当两个城市之间坐飞机的人多了，它就在这两座城市之间开一条航线。直到现在，它是唯一一家点对点结构的美国航空公司，也是美国最成功的航空公司。“9 · 11”之后的几年里，美国所有的航空公司都亏本了，唯独西南航空是赚钱的。

以上后来者先针对先入者的产品优势，以反向思维方法找出相对的理念及产品来细分市场，然后致力于建立新的生态系统来支持新理念。这种方法很有效，因为人的需求都不一样，所以市场细分是很自然的现象，但关键是如何细分才能使先入者不能做出有效反应，而使后来者有机会巩固在细分市场的地位。此方法帮助后来者固定了它的市场地位，后来者与先入者得以各自享受它们的市场分段。问题是后来者往往希望扩张它的市场，因为先入者占有的市场分段一定比后来者占有的分段大，所以先入者仍然占有主流市场，而后来者占领的是利基市场，很多时候后来者为了进攻主流市场，便提供与先入者一样的产品来满足主流客户的需求，这正是弃己之长而与先入者正面竞争，结果一定是败北。以上案例中的人民捷运便犯了这个战略上的错误。那么这一类的后来者成功后应如何发展？首先，它应该先巩固它的后来者地位，使其他未进入者不那么容易攻进它的市场分段，然后找机会以它的成功为杠杆，开拓相关市场。日本的佳能与理光在成功进入复印机市场后，没有尽全力去占有施乐市场分段中的客户，而是以复印机技术为杠杆，开拓传真机市场，这是这一类后来者成功后继续发展的最好例子。

» 案例 3-3　夭折的TCL钻石手机

风靡一时的TCL钻石手机最终失败，其原因就是他们没有保持自身的特色，反而想做市场主宰，所以他们毁掉了自己刚建起的生态系统，反而走进了先入者的生态系统。

我也亲身经历过在中国发生的类似案例，以下是一个关于TCL的案例的发生过程及分析。

TCL移动通信有限公司（以下简称TMC）于1999年在中国成立，主要做手机。当时摩托罗拉、诺基亚、爱立信共占70%的市场份额；西门子、三星、松下共占20%的市场份额。中国当时有12家国产厂商，其中包括：TMC、海尔、科健、熊猫，每家平均占小于1%的市场份额。中国手机公司的弱点是没有自己的技术，所以中国手机公司主要做手机加工再出口。在进入市场的第一年，TMC为了生存，以低价在低端市场销售原始设备制造商的移动电话。运营一年后TMC面临着倒闭的危险，于是他们不得不寻求新的路线。当时TMC的老总万明坚博士发现低价策略非常困难，所以开始寻找进入中高端市场的办法。由于缺乏成熟的手机生产技术，TMC无法生产出功能多样、体积小巧、质量轻盈的手机。因此，它避开与三巨头的正面冲突，选择了将珠宝和钻石镶嵌在手机上的策略。这一想法来自于万明坚对手表行业的观察。他本人很喜欢劳力士手表，并且他发现很多香港富人们愿意花很多钱购买劳力士手表，因为劳力士手表是一种地位和成功的象征。而手机和手表具有相同的特点：人们都随身带着它们，别人容易看见它们。于是他就想：如果所有先入者都注重手机的功能，那TMC可不可以通过镶嵌钻石而使手机成为成功人士身份的象征？在讨论中很多人提出了反对意见，但是后来在没有其他可行方案的情况下，他们决定实施在手机上镶嵌钻石这一方案。

TMC于2000年10月推出了一款钻石镶嵌手机，每只标价1 500美元，是具有相同功能的普通手机价格的5倍。我的一名准博士学生郭爱平（2010年被聘为TMC的总经理）当时是TMC的一名管理人员，在那年12月，他拿着做好的新手机到我办公室来向我报告了他们的想法并且问我这种做法的可行度。他当时跟我研究的博士题目是“后来者战略”，于是我告诉他，根据我们的理论，你一定要做一个不同的生态系统，避免跟大的手机厂商竞争。大品牌的手机主要市场在一线城市，所以你们可能就要从二线、三线城市开始推广。然后我又建议他观察市场的反应，后来他的博士论文就是根据这个成果写成的，并且使他获得了斯坦福大学的博士学位。

TMC开始时真的把推销主力放在了二、三线城市，尽管价格高昂，但是这款手机的销售超出预期。第一个月就卖出了1 000多部手机，比预期的多500部。TMC分析购买者的各种数据，发现大部分购买者是小城市中的富人。小城市的富人为了炫耀自己的成功和富有，愿意购买昂贵的东西，同时希望每个人都知道，他们在选择手机时也会产生这种念头。他们不在乎手机功能是否丰富，只对购买钻石镶嵌的手机有兴趣，目的是为了炫耀，所以他们愿意为此付高价钱。当时，这种手机的毛利润率超过了 60%。TMC 用这种方式大赚了一笔。

通过开拓这一目标市场，TMC 希望能够推动“高品位、具有东方文化气息的手机”的理念。2001 年 7 月，TMC 聘用韩国影星金喜善出任公司形象代言人。金喜善以 1 000 万人民币的身价与 TMC 签约，由导演张艺谋执导 TMC 手机电视广告大片。从 2000 年到 2002 年，调查显示中小城市居民越来越关心手机的式样。在 2000~2002 年间，TMC 对它的产品进行了三次改进，虽然在功能上有所改善，但重点是提高手机的样式价值。而在同期，先入者手机的科技含量更高，功能更丰富。TMC 手机只做很基本的功能，卖点就是镶嵌钻石。由于二线、三线城市的很多有钱人都是他们的用户，所以 2002 年第一季度，TMC 在中国手机市场的市场份额达到了 8%，代替了爱立信，在中国市场排名第三。在大好的形势下，TMC 的管理层把目标定为在短期内达到 10% 的市场份额。

但目标市场的总价值不足整个市场的 5%，要想短期内达到预期指标，TMC 必定要进入主流大城市的市场。而大城市的客户大多更注重功能，为争取这些客户，TMC 大量投入功能技术研发而非投资于建立一个强大的生态系统来巩固它原来推动的理念：“高品位、具有东方文化气息的手机。”其他中国手机公司看见 TMC 的成功也不约而同地在手机样式上下功夫，有很多甚至仿制 TMC 手机的外形设计。当时 TMC 把重点放在“量与功能”方面，它的手机质量下降，在大城市中与摩托罗拉和诺基亚正面竞争，结果大败。它已经占有的市场，也因没有建立新理念的生态系统来形成先入者的优势，而只能与中国其他的手机进行价格竞争。最后TMC因把主力放在了与先入者的正面竞争上，导致它在中国市场的份额一直下降，现在TMC手机在中国已经销声匿迹了。TMC失败的原因就是他们没有保持特色，反而想做市场主宰，而当时的市场先入者（诺基亚与摩托罗拉等）还很强，所以他们毁掉了自己刚建起的生态系统，反而走进了先入者的生态系统，导致了失败。

反向思维法二：创造新商业模型

›› 案例 3-4　戴尔的新模型

戴尔改变了个人电脑行业按库存囤积生产的模型，改为按定制生产，这种模式在当时的缺点是无法做大，戴尔对自己的模式保持了耐心，互联网流行后，它的机会来了。

戴尔进入个人计算机市场的时候，市面上已有几十家大小不同的个人电脑生产厂商在推销它们的产品，其中市场份额最多的是IBM及康柏。它们所生产的产品都大同小异，都与IBM个人电脑兼容，并且它们都是同一商业模型：零售商根据每月销售的实际情况，每季向分销商下订单，分销商将它分送的零售商的订单全部集中起来，再向生产商下订单。比较大的电脑生产商如IBM和康柏，都有自己的直销团。这些公司的直销人员直接与大企业的信息部联络，说服信息部经理代表企业采购他们公司的个人电脑。生产商根据它收到的所有订单（分销及直销）计划每月应生产多少并存放在各分销商的仓库处，以备零售客户购买。这种商业模型在学术界被称为“按库存囤积生产”（Build to Stock），它的关键是分销渠道以及高效率的规模生产流程，谁能“拥有”重要的分销及零售网络并且能配合高效率的规模生产流程，谁便是赢家。所有后来者都可以建立高效率的规模生产流程，但因分销渠道的容量有限，所以当IBM及康柏已占有零售店的货架展示空间时，像戴尔这样的后来者便没法引起零售商的重视来展示它的产品。也就是说，如果后来者采用库存囤积成品的商业模型，它便很难与IBM及康柏竞争。

当戴尔初入个人电脑行业时，它还没有一条正规的生产线，只能在收到个人订单之后才装配机器，直接销售到个人用户，不但节省了分销成本，还能在将部分结余返还给顾客之后仍然有很好的利润。当接到直销订单的时候，戴尔了解到很多专业的个人计算机买家想订购最符合他们要求的个人计算机。为此，这些顾客愿意等上几天以得到“定制的”机器，并且希望定制的计算机能够物美价廉。戴尔当时生产的个人计算机与其他公司的大同小异，但他推出了一个新理念：“直接从戴尔定制个人计算机。”这个理念能在每段主流市场上都触发分裂：定制的个人计算机或预先包装的个人计算机。为支持这个新理念，戴尔必须创造一个与按库存囤积生产完全不同的新商业模型。戴尔会预先估计装好定制个人电脑所需要的时间，在直销时定下交货日期，然后把定制信息排入生产计划中。这个商业模型最大的持点是没有成品库存，在学术界被称为“按定制生产”（Build to Order）。支持这种商业模型的生态系统与IBM及康柏的生态系统完全不同，几乎可以说是完全相反。以下是这两个不同商业模型的生态系统对比：

• 建立仓储供应链 – 计划生产 – 供应商四散，优化后勤 – 需要各型号的准确销量预测 – 生产与市场互动少 – 批量交货	• 建立按单定制供应链 – 实时生产日程安排 – 供应商在附近，减少后勤 – 需要对大类产品的粗略估计 – 生产与客户关系管理 – 个别交货

图 3–3　戴尔新模型与原有模型的对比

戴尔的商业模型的主要弱点是很难在短期内做大规模，瓶颈是难以有效地直接推销到各地的终端客户。戴尔最初的销售只限在得克萨斯州的奥斯汀附近，而所有在奥斯汀有办公室的大公司都是IBM及康柏的直销队伍的目标。为了避免与先入者直接冲突，戴尔将重点放在奥斯汀附近的中型公司中管理信息系统（MIS）的人员上。他们主要负责为公司采购计算机，所以只要戴尔能做到准时交付成品，时间长一点不是问题。这些顾客都握有购买预算并且被许可为一些独特的订购要求补加费用。刚好当时传真机开始盛行，这有助于戴尔与不同地方的单个客户联络。

戴尔的业务一直在增长，虽然没有爆炸式增长，但毛利及净利润都很高，戴尔利用这次机会优化了它的生态系统来配合它的商业模型。它不仅重点缩短交货的时间，而且把焦点放在如何通过定制为个人电脑提供附带价值上。一个例子是戴尔的直销人员发现某公司在买入个人电脑后，都需要信息部安装某些公司规定的软件，才能分发给内部员工使用。戴尔管理层便决定为该公司提供一些附加服务——戴尔在为这个公司组装定制的个人电脑时，一并安装好这个公司规定的软件，当该公司收到产品时，只要经信息部验收这些软件确实已安装好，便可分发给员工，这样大大减少了这个公司的信息部门的工作量，降低了公司的开销。戴尔提供的这种附加服务，IBM及康柏都因为其固定生产流程的原因而很难复制。因为戴尔没有分销商，所以它的销售成本比IBM及康柏都低；但因为戴尔不能很快做大规模，所以IBM及康柏还有规模经济的优势。有趣的是，戴尔曾经因为直销的商业模型很难在短期内做大规模，而试图经由一个大经销商销售它的产品。幸运的是它很快就取消了这个尝试，并且把精力集中在“定制的直接销售”的模式上，而没有犯初步成功的后来者常犯的错误——弃长取短。

到 1990 年，康柏已远远超过IBM而成为个人电脑市场的领袖，而惠普通过收购几家个人电脑公司使其电脑部门与康柏势均力敌，但康柏和惠普的电脑部门都采用了同样的商业模型，即按库存囤积生产。戴尔一直坚持它的“按定制生产”商业模型，而它的生产结构也慢慢地越来越成熟，戴尔不仅在经营上比过去更加灵活，生产能力也大幅提高，而其产品总成本也与康柏及惠普的产品总成本接近，可是戴尔发展的瓶颈仍然存在，即不能有效地与潜在客户联络。在 1996 年，互联网开始盛行时，戴尔是最早利用新科技来与各地单个潜在客户联络的，让客户可上网直接定制。随着互联网的发展，中小包裹快递的行业也快速发展，这些发展大大加强和支持了戴尔“按定制生产”商业模型的生态系统；但这些新的变化对于其他“按库存囤积生产”商业模型的生态系统没多大帮助，一瞬间戴尔爆炸式增长（见图3–4），使康柏及惠普都觉得压力越来越大。到2000年，第一次互联网泡沫爆发，个人电脑市场大跌，戴尔已占有成本优势，于是趁机降价而给康柏及惠普带来了更大的压力。在2002年，康柏被惠普收购；而在2004年，IBM也把它的个人电脑分支卖给了联想。

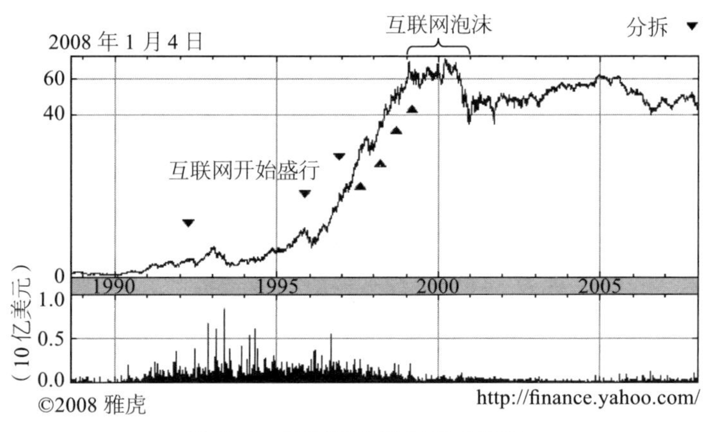

图 3–4　戴尔股价的爆炸式增长

反向思维方法三：采用新战略

›› 案例 3–5　无法复制的沃尔玛

面对敌强我弱的形势，沃尔玛采取农村包围城市的策略，先在小镇上建立自己的生态系统，实践自己的新理念，待它们被证明可行之后，沃尔玛才进入了城市的正面战场。

1878 年，第一家廉价店在纽约成立，很快许多廉价店在美国很多城市成立。这些店的特点是店内的所有商品价格都在 5~10 美分，所以很多人也称这些商店为“十美分商店”（Dime Store）。之后这些廉价店扩大，变为廉价杂货店，很多商品的价格超过了 10 美分，但大家仍然称它为“十美分商店”。随着城市的发展，很多连锁 10 美分商店也在大城市中纷纷而起，其中最大的是 S · S · 克雷斯吉（S. S. Kresge）和伍尔沃斯（Woolworth's）。它们的货源主要是无名的生产商、灰色市场产品及百货公司卖不出去的商品。1955 年，“天天低价的百货商店”理念开始形成，这个理念可以说是百货商店及十美分商店的组合，大家称它为折扣商店（Discount Store）。1962 年，S · S · 克雷斯吉开了一家叫凯玛特（Kmart）的折扣店，伍尔沃斯开了一家叫伍尔科（Woolco）的折扣店，约翰 · 吉斯开了第一家名叫塔吉特（Target）的折扣店，而山姆 · 沃尔顿也创立了第一家沃尔玛折扣店。这四家折扣店都是百货商店行业的后来者，除了沃尔玛外，其他三家都有强大的母公司支持。凯玛特和伍尔科的母公司是当时最大的十美分商店，而塔吉特的母公司是当时有规模的低价百货公司。

当时的传统观点认为不卖名牌及规模经济是折扣百货商店成功的关键，所以主要战略是尽快开拓低价供应商及在大城市开折扣百货商店。因为凯玛特、伍尔科与塔吉特的母公司都有财力，所以它们一开始便同时进军美国多个大中城市（超过 5 万人口的城市）。当时的先入者是西尔斯百货商店，它的店开在美国中型城市，所以这三家折扣商店不只互相竞争，而且与西尔斯百货公司直接竞争。因为折扣百货商店不卖名牌，在一群供应商发展起来后，它推销的产品种类多而且比较便宜，所以这三家折扣百货商店对西尔斯的“普通”名牌百货商店打击很大。山姆·沃尔顿没有财团支持，并且自己的财力很低，所以不能与其他三家折扣百货公司及先入的百货公司正面竞争。山姆必然得采用完全相反的策略。他在阿肯色周边的南方各州里那些人口6 000左右的小镇开了几家店，而且一次只开一家。到1967年，凯玛特有250家店，总销售额为8亿美元；沃尔玛只有19家店，总销售额为900万美元。

山姆·沃尔顿认为，折扣百货公司的成功不在于规模，而在于客户、供应商及库存管理。通过积极的客户及库存管理，山姆成功地做到在人口大约6 000的小镇开折扣店有利可图。他所在的周边有许多小镇，因此发展之路就是在人口6 000左右的小镇重复这种模式。山姆游历美国学习其他人经营折扣店的方式。在此过程中，他也找到了那些能为沃尔玛建立诸如信息系统和分销网络等基本设施的人，这些基本设施可以帮助沃尔玛管理其业务发展。而沃尔玛大多数分店的经理都是从其他零售店招聘的，每个店都作为一个独立单位运行，分店经理可做出本地决策。早期的本地店规模小，并且管理不够完善，但每个店都可以通过信息系统和分销网络得以协调。每个店中的店员都必须接受培训，被要求用友善的方式为顾客服务。由于每个店都在小城镇，很快，店员们就几乎能记住每位顾客的名字了。店员也被授权在他们觉得适当的时候自主解决问题，并通过通信网络同其他店进行交流、解决问题。沃尔玛的发展战略是用向外扩展和向内填满的方式来渗透一个本地区域。该战略分几步完成：第一步是定位邻近某个沃尔玛店的分销点；第二步是在分销中心周围画一个圆形区域，以卡车送货范围为限；第三步是找到圆圈内 6 000 左右人口的小镇；第四步是在沃尔玛圆形区域内确定的小镇开折扣商店。在这些确定的区域内开一家沃尔玛店的细节部署比根据详细计划开店更需要掌握好机会。一旦渗透了一个圆形区域，沃尔玛就会开始填满另一个圆形区域。采用这种方法，沃尔玛渗透了美国南方很多州的小城市，在渗透这些地区时，沃尔玛努力避开大城市。它在大城市周边开店，并等待大城市扩张到这些沃尔玛店。这种策略在实践中处处奏效。

这种扩展战略降低了营销、广告及招聘费用。以两个相距一天车程的小镇（如A镇和B镇）为例。位于A镇的沃尔玛不仅能吸引A镇的人，也能通过口口相传吸引B镇的人在周末来采购。当沃尔玛在B镇开店时，那儿的人已经知道了沃尔玛，生意从开店第一天起就迅速火爆起来。人们知道了沃尔玛的扩展方式之后，很多小镇的人都期待沃尔玛在他们镇上开店。房地产商也尊重山姆·沃尔顿，并为他提供划算的房地产；当沃尔玛来开店时，当地经验丰富的零售人员也会来应聘职位。该策略让山姆·沃尔顿建立起恰当的基础设施来支持沃尔玛的发展。当沃尔玛渗透了一个地区以后，后来者就很难进入该地区了。

1970 年 10 月 1 日，沃尔玛成为上市公司，股票开始上市交易，当时的市值约为 1.35 亿美元。有了新募集的资金，沃尔玛大胆地开始实施其渗透策略。在随后的 10 年中，它以指数成长：

表 3–1 1970~1980 年沃尔玛的成长

年份	1970	1972	1974	1976	1978	1980
总店数	32	51	78	125	195	276
销售额（美元）	3 100 万	7 800 万	1.68 亿	3.4 亿	6.78 亿	12 亿

1972 年，它开始进入大城市并在同凯玛特和西尔斯的正面竞争中一举成功。之后通过收购其他各地的折扣商店，沃尔玛的连锁折扣百货商店覆盖了美国大中小城市，直接威胁到了凯玛特与西尔斯。

下一步就是开发分销和通信系统。在零售商中，沃尔玛最早采用计算机技术来支持库存管理、订货、信息发布等。1983 年，沃尔玛发射了一颗卫星作为其通信的中枢，于是沃尔玛旗下各商店（包括沃尔玛和山姆俱乐部，一共有 9 种不同形式的店）与为其服务的分销中心之间、各分销中心之间、总部与位于不同地点的所有商店之间都可以进行信息传递。先进的通信和分销系统的建立，使得从某一个沃尔玛店订货到它收到补货的时间平均为两天，而其他很多竞争对手需要五六天。通信系统也提高了将本地促销行动的盈亏消息传递给其他店的速度。这有利于沃尔玛储存适当货品并提高了其库存周转率。并且，沃尔玛的基础设施使其能在维持其净利润额的同时大规模地发展其业务。这可以在表 3–2 中反映出来。

表 3–2 1960~1990 年沃尔玛的成长

年份	1960	1970	1980	1990
销售额（美元）	140 万	3 100 万	12 亿	260 亿
利润（美元）	11.2 万	120 万	4 100 万	10 亿
利润/销售额比率	8%	3.87%	3.41%	3.84%
总店数	9（杂货店）	32	276	1 529

1980 年，西尔斯面临危机而推行重组；1982 年，伍尔科倒闭。1962 年左右，四个折扣店（凯玛特、伍尔科、塔吉特和沃尔玛）差不多同时进入百货店行业，当时凯玛特最大，伍尔科第二，塔吉特第三，而沃尔玛最小。30 年后，这四家只有三家还在，沃尔玛最大，凯玛特远远落后而居第二，塔吉特最小。2004 年，凯玛特与西尔斯合并而改名为西尔斯控股公司（Sears Holding Company），重点从事金融服务及投资。只有沃尔玛成为世界最大的折扣百货零售商店，在世界各地都有分店。

本章小结 1

反向思维方法的利与弊

第一种反向思维方法针对先入者产品看得见的属性，以上施乐、西南航空、TCL 移动通信的做法都符合这一种反向思维方法。这种方法的结果一定是市场细分，先入者占领主流市场，而成功的后来者开始时占有的充其量只是利基市场。这种方法的好处是如果反向思维所得的产品真的有市场，那么马上便能见效，但问题是这种产品不能保证先入者或其他跟随者在一年内无法复制，TCL 案例便说明了这一点。所以，在这一情形下，后来者一旦成功就必须以先驱者的优势尽快建立强大的新生态系统来支持它的理念。这样可保证它在利基市场占据领先地位。另一个问题是，后来者所占的市场一定无法在短期内扩大，这会使一些缺乏耐性的后来者改变原先的战略而与先入者争夺主流市场，如果后来者尚未巩固其先入者优势便与先入者正面交锋，那么结果通常是利基市场被跟随者占有，在主流市场却败给先入者。人民捷运与TCL便是这样的例子。后来者应以抢占的利基市场为基础，致力于增强新建的生态系统来提高新理念的价值，进而慢慢扩大这个利基市场，这是西南航空的做法；后来者也可等待时机，以利基市场的成功为杠杆，开拓另一个先入者由于其固有的生态系统而难以进入的新市场，复印机案例中理光与佳能便采取了这种做法。

第二种反向思维方法针对先入者的商业模型，但提供的产品几乎相同。康柏的个人电脑与戴尔的个人电脑在性能上没有什么区别，唯一不同的是消费者在电脑店可以马上买到康柏的个人电脑，但戴尔的个人电脑需要订购，而且几天后才能收到。这种非物质性的差异也足以使市场细分，但因产品在性能上没有区别（或区别较小），后来者实际上与先入者分占主流市场。随着环境的改变、科技的进步，人的生活习惯也会改变，慢慢地消费者对这种非物质性的差异也就不在意了，到那时这两个不同的商业模型的成败便取决于哪一个商业模型的生态系统能给消费者提供较高的效益成本比率。所以，后来者如果以这种方法进入，成功后要仔细分析这两个对立的商业模型。要考虑当支持它的商业模型的生态系统成熟后，是否能比先入者的商业模型为消费者提供更高的效益成本比率，如果是的话，就必须坚持致力于增强这种商业模型的生态系统，不要因为市场发展不够快而改变商业模型，戴尔便是一个好例子；但如果不是，那便要以初步的成功为杠杆，创造有物质差异的产品，进而开拓及巩固这一利基市场，这样，当非物质性的差异对于消费者来说不再重要时，后来者还可自保，等待机会再开拓另一个新市场。

第三种反向思维方法针对先入者的战略，但提供差不多的产品。沃尔玛进入百货零售店市场用的战略是不卖名牌，而是为客户提供最实惠的价格，主要行动是了解客户、优化供应链及存库管理。它不求尽快取得规模经济，而从小镇开始试验，建立向客户提供最佳价值的能力，通过成功地发展小镇市场而建立了解客户、优化供应链及存库管理的核心能力。可以说凯玛特、伍尔科及塔吉特进入百货零售店市场用的战略与西尔斯的战略稍有对立，但不完全对立。虽然在短期内西尔斯不能做出有效反应，但它可以调整货源，慢慢恢复与这三家折扣百货商店竞争的能力。沃尔玛进入百货零售店市场用的战略不仅是与西尔斯完全对立的，而且与其他折扣百货商店也有些对立。因此沃尔玛建立的生态系统不只西尔斯不能复制，就是其他三家折扣百货商店也难以复制。由于提供的商品都差不多，所以当沃尔玛进入大城市与西尔斯、凯玛特、伍尔科及塔吉特直接竞争时，最后的成败取决于哪一个生态系统能为消费者提供较高的效益成本比率。因为沃尔玛一直坚持它的战略，建立一个能为消费者提供最高效益成本比率的生态系统，最后打败了先入者（西尔斯）以及其他的先驱者（凯玛特、伍尔科及塔吉特）。

所以，后来者不是以“更好”而是以“不同”的姿态来进入一个成熟的市场，重点是建立一个先入者不能在短期内复制的生态系统，而这新的生态系统能提供给消费者新理念价值。用反向思维方法得出的新理念可确保先入者不能在短期内做出反应，但并不保证有市场，没有任何市场调查可以充分核实新理念是否有市场，后来者需要做试验来测试。如果试验证明新理念没有市场，后来者也许需要尝试其他新理念。为了减少风险，后来者应集中在一个小市场段内测试新理念是否有市场，在核实之前，不应在市场推广上投入重资。但一旦取得初步成功，要坚持不断地增强支持这新理念的生态系统。如果后来者是用第一种方法进入市场，那便先巩固在利基市场的地位，然后等待机会以已建立的生态系统为杠杆，开拓另一新市场。如果后来者是用第二种或第三种方法进入市场，那么新建立的生态系统强大起来后，若能向消费者提供比先入者更高的效益成本比率的话，那么后来者有很大可能会取代先入者。

很多人问:“反向思维是后来者进入拥挤市场唯一的方法吗？”我的回答是：不一定。从以上分析来看最重要的是后来者能够推动一个新理念，而先入者不能复制支持这新理念的生态系统。问题是，除了反向思维法以外，是否还有其他有效建立新理念的方法？我不知道，可能有，可能我的见识有限，但直到现在，我还未遇见过一个弱小后来者的成功案例是不能用反向思维法来解释的。

一位中国企业老总问我：你给的案例中取得成功的后来者，是用你所说的反向思维方法建立的后来者战略，还是碰巧建立的战略？我回答：这是一个很好的问题，坦率地说我也不知道。我有一位好朋友，他是得州奥斯汀大学经济系的教授。我们有一次一起吃晚饭，饭后他告诉我一件有趣的事。有一天他到学校图书馆找一本书，遇见一位他经济课班上的男学生，他忘记了这名学生的名字，但对他有印象，所以他问这名学生的学习状况。这名学生说他的学习状况很好，但他打算明年退学。我的教授朋友很惊讶，问他为什么，是否对学校不满意。他说学校很好，他退学另有原因，一年来他常接同学的订单，要求为他们组装个人电脑，开始时他只是偶尔帮助同学，顺便赚些零用钱，但慢慢地越来越多人来下订单，经过仔细考虑，他决定明年退学专心发展定制个人电脑的事业。我的教授朋友听完后，觉得这学生年轻冲动，怕他做错决定而误了前途，于是便对这学生说个人电脑市场已有很多大大小小的企业在竞争，他退学去创立个人电脑事业很不明智，希望他可以改变主意继续完成学业。这学生很感谢他的关怀，但仍决意创业。事隔很多年后，迈克尔·戴尔的秘书与我的朋友联络，说她的老板想约他见面吃中午饭，他应约走进戴尔的办公室，见到他多年前在学校图书馆遇见的学生笑着来迎接他，那名学生正是迈克尔·戴尔。所以我知道，戴尔的商业模型，是由迈克尔·戴尔在大学时，帮同学组装个人电脑的经验而得来的。在描述TMC案例时，我提到万明坚博士因TMC面临危机推出钻石手机的创意，当时公司内大部分人都不赞同，但因没有其他选择，也只好认同。很有可能该公司内大部分人都怀疑把钻石镶嵌在手机上并非正确的决策，TMC的早期成功可能是出于幸运，人们认为“正规”的竞争是与先入者争夺主流市场，所以TMC财力增加后便放弃利基市场而全力进攻主流市场。山姆·沃尔顿在有意开折扣连锁零售店时找过多位投资者合作，但他们都没有兴趣，结果只有他弟弟投入2%，而他本人出98%。反向思维很难被大众接受，因为它与传统的想法是对立的，但正因为如此，它可达到兵书上说的“出其不意”的效果。所以当后来者用反向思维方法找到一个新理念时，要能说服旁人，坚持己见，并且做到胆大心细，先小规模地测试市场的存在，在核实市场潜力后先建立生态系统来巩固市场，否则不要重资进行市场推广。后来者最容易犯的错误是：开拓了一个新的市场，但在时机未到时便急着与先入者正面竞争，结果反而失败。

本章小结 2

新科技是成熟市场的通行证吗

很多人问我："新科技是后来者进入成熟市场的最好条件吗？"我的回答是："有可能，但不一定，新科技可能会将你楔进一个拥挤的市场，但新科技一定不是最后成功的关键。"我常用以下两个案例来解释这一点。

本田以摩托车起家，确立了在摩托车行业的统治地位后，本田决定在 1960 年进入汽车行业。这是一个大胆的举措。虽然本田在摩托车行业取得了成功，但在制造汽车方面仍没有足够的资金和技术。本田延续了在摩托车行业中使用的策略，进入了汽车比赛，并宣称会在Le Mans（勒芒）赛事中获胜（它从未赢过这项赛事）。尽管这样做被一些人看作是疯狂的举动，但其目的是为了把年轻而富有才华的工程师引进本田公司。最后本田公司大获成功，并在意大利和墨西哥的国际长途越野赛中夺冠，直到 1968 年退出比赛。通过这些比赛，本田公司在技术创新方面大有收获。

早在 1940 年，烟雾就成为洛杉矶市一个严重的问题。1955 年，科学家发现某些烟雾来源于氧化氮和碳氢化合物的石化反应。这个发现促使美国在 1963 年制定了《空气净化法案》(Clean Air Act)。1970 年，修订后的法案对汽车废气排放做了严格的规定，要求废气中的碳氢化合物和一氧化碳在 1975 年减少 90%，氧化氮在 1976 年减少 90%。

当时，汽车行业降低污染程度的传统方法是在污染物排放出来后经过接触性转炉加以净化，本田公司率先使用了减少污染排放的方法。他们对汽车内燃机进行了改进，发明了 CVCC（复合涡轮控制内燃机）引擎。CVCC 引擎是第一款达到 1970 年美国《空气净化法案》标准的引擎。当所有其他的制造商们声称这样的排放标准要到 1975 年才能达到时，本田公司却提前做到了。CVCC 引擎的推出使本田公司在传统汽车行业中占据了一席之地。美国、日本和其他欧洲国家都相继施行了这样的法案。很快本田公司的 CVCC 引擎就与“空气净化引擎”联系起来，并使本田公司在日本乃至全世界的汽车行业拥有了一个新的形象。很多时尚的人认为本田是一家对社会有责任心的汽车公司，当其他大汽车公司因高成本而大力推迟施行这样严格的控制时，一家没有规模的小汽车公司居然挺身而出，做出所有大汽车公司做不出的绿色引擎，在美国，这样的公司是大众心目中的英雄。

然而，其他汽车公司也在短期内制造出了合格的引擎，在这方面，本田不再是独一无二。但本田在以 CVCC 成功地进入拥挤的汽车市场后，也没有在“干净引擎”上大做文章，而以它在摩托车行业多年累积的设计、装配、生产及管理能力为杠杆，致力于推动高质量、省汽油、可靠和实用的轿车。那些被“干净引擎”吸引而买本田汽车的客户，很快便觉得本田的汽车可靠、省油、实用、舒适，进而成为本田的忠诚客户。可以说，如果本田没有CVCC的新技术，而美国没有推行《空气净化法案》，那么本田很难进入美国汽车市场，就是能侥幸进入也很难有好的进展，所以，是CVCC的新科技促使本田楔进了一个拥挤的汽车市场。但因为新科技的功能可以复制，快则几个月慢则一年，竞争对手便可以复制或超过这一新科技的功能，所以本田并不以新技术来拓展市场，而以它的新形象及它的核心资源为杠杆，建立一个强大的生态系统来为客户提供“可靠、省油、实用、舒适的轿车”。这使得它最终不仅成功地进入了汽车市场，而且成功地占据了一席之地。

思考时间

1.当后来者的生态系统可覆盖先入者的生态系统时，后来者可否直接进攻主流市场?

2.TMC应如何建立新生态系统来巩固它在利基市场的地位？

3.中国成功的消费品公司如海尔、联想、TCL等进入美国消费市场时是市场的后来者，它们应该采用什么战略来增大成功的概率呢?

第四章 商业模型的创新：两面市场

- 在传统的概念里，企业是为客户提供价值的，但如果一个企业不只关注给客户提供价值，同时也关注给商户提供价值，这个企业便是面对两面市场的客户。
- 价值链模型中，企业对客户的认识局限于客户对企业出售的产品的需求。但在两面市场商业模型中，企业需要很好地组合一面市场成员的资源及能力来为另一面市场的客户提供价值，所以必须对两面的经济成员都有透彻的认识和了解。
- 两面市场的新理念关乎启发及满足其中一面客户的需求及欲望，这往往需要超越客户现有的需求，要建立一个新的生态系统才能实现这样的新理念，而这个生态系统至少有两条价值链互动而产生网络效应，所以两面市场模型是源创新的基础。
- 如果两个竞争企业，一个是采用价值链商业模型来建立流创新战略，而另一个是采取两面市场商业模型来建立源创新战略，那么胜利者必然是采用两面市场商业模型的企业。

第二章总结的源创新战略是利用本身资源和外部资源的最佳组合来提高新理念的价值。但问题是，企业如何制定战略来实现资源的最佳组合？源创新者可以采用什么样的方法来建立合适的源创新战略，并增加他推动源创新成功的概率？这一章的重点内容就是围绕着这些问题展开的。波特的价值链模型及五力分析模型的最大贡献在于它们是所有流创新战略的基础，企业最优流创新战略的决策方法是在五力分析模型环境或者价值链模型环境下，利用自身核心能力来增加企业从价值链中所得的净利润率。价值链模型是一个商业模型，它描述的是企业如何制造价值、为谁制造价值，而五力分析模型则描述了市场的竞争情况，通过这两个模型，我们可以分析如何制定适当的流创新战略，增强流创新的能力。同样，我们需要建立一个与价值链不同的商业模型，这个模型可描述源创新者为谁制造价值及制造价值的流程。通过这个模型及其他市场模型，我们可以分析如何制定源创新战略。在第二章中，我把一个企业的源创新战略分为两个阶段，第一个阶段是如何建立生态系统的基本结构，第二个阶段是不断加强企业的生态系统。在第二章里，我用动态生态系统形成图来描述如何建立生态系统基本结构，在这章我将描述一个可持续加强企业生态系统的新的商业模型——两面市场商业模型。

一个产品的价值链分为上游与下游，企业从上游开始，在价值链中的各个环节为产品增加价值，当产品送到顾客手中时，顾客所获得的价值是增加价值的总和，也就是说价值链中的“产品价值”是从上游流到下游的过程中增加的价值总和。如果我用“下游”代表接受企业所提供价值的客户，而用“上游”代表为企业创造客户价值而提供资源的商户，那么这个企业的价值链就有固定的上下游，这是价值链商业模型。在传统的概念里，企业是为客户提供价值的，但如果一个企业不只关注提供价值给客户，同时也关注提供价值给商户，这时，企业便面对着两面市场的客户，我把这个称为两面市场商业模型。这个模型没有固定的上下游，企业是两面市场之间的平台，有时候右面是下游而左面是上游，而有时候左面是下游而右面是上游。价值链的战略着眼点是组合上游资源及能力来给下游提供价值，而两面市场的战略着眼点是组合一面市场成员的资源及能力来为另一面市场的客户提供价值。当右面是下游而左面是上游时，作为平台的企业组合左面的资源及能力，给右面提供新价值，这样使得右面客户量增大，同时左面资源增加；而当左面是下游而右面是上游时，作为平台的企业组合右面的资源及能力，提供新价值给左面，这使得左面的客户量增大，同时右面资源增加（图 4–1）。两面市场通过企业平台实现相互作用，并达到双向的正面反馈，使得两面的客户数量及资源量上升，建立起一个不断加强的生态系统，因此两面市场商业模型是源创新的基础。

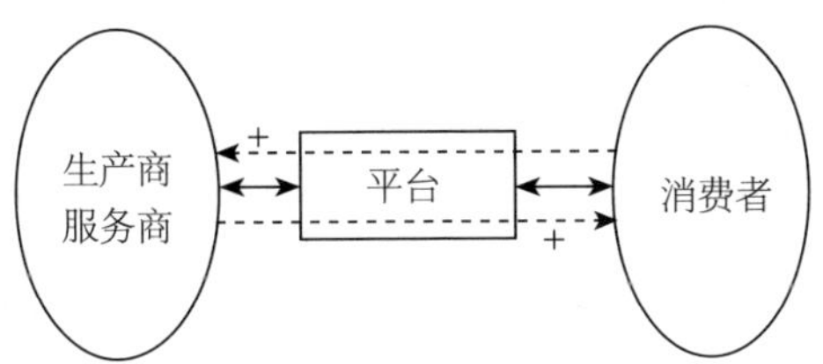

图 4–1　两面市场商业模型

在两面市场商业模型中，“客户”不单是企业卖产品或服务的对象，而且是延伸到支持企业生态系统的所有成员。因为企业通过两面市场的运作，给生态系统内所有的成员提供价值，所以企业应该把它们都当作“客户”看待。企业可利用的资源不单是企业本身的资源，还包括生态系统内成员的资源。今天已为世人熟知的麦当劳由一个小汽车餐厅崛起为全球饮食业巨鳄的故事，恰好是这一新商业模型的例证。

» 案例 4–1　麦当劳——它真的是一家“餐厅”吗？

麦当劳的成功不是单靠一个企业家的英明决策，而是靠成百上千个企业家的共同努力，他们在快餐业汹涌澎湃的浪潮中，扮演着各种不同的角色……

麦当劳的故事开始于 20 世纪 30 年代后期，一场风暴似的潮流席卷了加利福尼亚，这就是汽车餐厅。人们从一个城市驾车到另一个城市的路途中，都会驶进汽车餐厅，一个十几岁的餐厅服务员，穿着旱冰鞋，为顾客订餐送餐。引发加利福尼亚这场汽车餐厅潮的主要原因是，高速公路迅猛发展之后，人们对汽车越来越强的依赖，以及人们对自由生活方式的追求。1937 年，麦当劳兄弟迪克和马克在帕萨迪纳以东的地方开了一家很小的汽车餐厅，餐厅的生意十分红火。3 年后，他们又在洛杉矶东 50 英里（约 80.47 千米）的圣伯纳迪诺开了一家更大的汽车餐厅。餐厅的菜单内容丰富，有 25 个品种，包括牛肉汉堡、猪肉汉堡、烤牛排等。到了 20 世纪 40 年代中期，那里成了全城最好的青少年聚会场所。这为麦当劳兄弟带来了滚滚财源，他们的年销售额达到了 20 万美元，赚到的钱多得都不知道该拿来做什么了。1948 年，周围汽车餐厅林立，兄弟俩感觉到了竞争的压力。

虽然麦当劳兄弟引领的汽车餐厅潮给他们带来了早期的成功，但他们开始发现，这种经营模式已经暴露出缺陷。汽车餐厅出售的食品价格低廉，越来越多的汽车餐厅开张后，商家们开始在劳动力上展开竞争。随着当地经济的增长，劳动力也开始流向高报酬的工作，汽车餐厅服务员的高流动率使得餐厅的运营成本不断增加。最后，麦当劳兄弟得出结论：汽车餐厅的利润将被挤榨殆尽。摆在他们面前的路有两条：要么卖掉餐厅，尽管现在还在赢利；要么重新改造他们的经营模式。兄弟俩还不想这么早退休，所以他们决定花大力气，进行企业改造。

第一步，他们决定在菜单上下功夫。他们仔细分析了销售统计数据之后发现，在过去的三年中，汉堡包占据了 80% 的业务份额。于是他们决定精简菜单，只做汉堡包。这不仅能够简化存货，还能简化配料和制作过程。第二步，既然汽车餐厅意味着低价，那么降低价格的唯一办法就是增加销量，而要增加销量就必须加快顾客的周转速度。从技术上讲，解决方法就是加快服务速度。于是，麦当劳兄弟想出了一个高速度、低价格、大销量的全新的概念。为了降低价格，必须降低服务成本，兄弟俩想出的主意是让顾客自我服务。1948 年秋天，他们把餐厅关闭了三个月，重新整修了店面，改造了整个运营体系。

汽车餐厅通常有两个服务窗口，服务员在窗口取顾客订的饭菜，然后传递给顾客。为了开设一种完全新式的快餐厅，他们解雇了原有的汽车餐厅服务员，重新布置了店堂，增加了很多服务窗口，顾客可以更快地取到所订的食物。为了加快服务速度，他们重新设计了厨房，以便快速地大量生产制作汉堡包。他们把菜单简化到只有汉堡包、吉士汉堡、牛奶、咖啡、炸薯条和馅饼。所有汉堡包都预先切成标准大小，并以标准程序进行加工。由于简化了产品线，他们能预先对食物进行包装，这样就大大提高了对顾客的反应速度。为了降低成本，他们把瓷器餐具换成了纸袋、纸杯和包装纸，这样就免去了洗碗的麻烦。餐厅建筑也被改成了八角形，巨大的玻璃窗从屋顶直落到柜台。顾客订餐时可以看见食物加工的全过程。实际上，食物加工过程本身就是一个很好的卖点，特别是对那些第一次看到商业餐厅的厨房就被迷住的孩子们。

汽车餐厅服务员走了之后，汽车餐厅就不再是孩子们的聚会场所了，它开始转而吸引工薪阶层的家庭，这些家庭负担得起孩子们来这里吃饭的开销。由于降低了成本并很好地控制了配餐比例，他们的汉堡包价格能低到 15 美分一个。汉堡包放在一个不锈钢烤架上，整个加工过程顾客都能看得见，这使得成人消费者相信低价格并没有导致低质量，实际上，顾客发现麦当劳兄弟卖的汉堡包比其他餐厅更快、更好而且价格更低。兄弟俩的事业从此蓬勃顺利地发展起来了。下一步是通过改良厨具和寻找新的配送方式来提高生产速度，进行高效的大规模生产。由于汉堡包是唯一需要加工的食品，兄弟俩设计了一种机器，它能够自动完成汉堡包的大部分辅助加工工序。他们还改进了生产技术，并把厨师训练成“食品专家”。最后，他们开发了一个流程来整合自动化生产、厨师和订餐员，以便更快捷地为顾客配餐。随着服务速度的加快，生意的规模也不断扩大，随着生意规模的扩大，店员们可以根据对订单的预测来加工和包装食物，而不是接到订单才生产。麦当劳兄弟发明的这个系统，类似于福特汽车的自动化大规模生产系统。重新开张后的一年之内，兄弟俩开发了一个独一无二的餐厅经营模式：自助服务、纸餐具服务和快捷服务。在餐饮业，没有一家企业和他们完全类似，麦当劳兄弟开始大展宏图。在20世纪50年代中期，汽车餐厅的收入为35万美元，而麦当劳兄弟就占了10万的净利润。

麦当劳兄弟发明的快速服务系统很快被模仿，两年之内，加利福尼亚市场上，快餐店就像洪水一样泛滥起来……

餐饮业的特许经营浪潮是与汽车工业的迅猛发展相伴而生的。1924年，艾伦和赖特在他们的Root Beer（乐啤露）果汁店的基础上，建立了第一个餐饮连锁店，每个A&W（艾德熊）店的特许经营权售价2 000美元，公司赢利主要是靠出售Root Beer果汁和冷却设备给特许经营者。A&W发明了一种特许经营模式，这一模式被后来所有的特许经营授权者采用。哈里 · 阿克塞尼（Harry Axene）[1]在 1940 年创办Dairy Queen（奶品皇后）连锁店，他的特许经营模式开始在美国流行起来。阿克塞尼在伊利诺伊州的East Monline发现了一种全新的软冰激凌店。他说服了软冰激凌生产技术的拥有者作为合伙人，加入Dairy Queen冰激凌连锁店的特许经营。阿克塞尼将Dairy Queen的独家特许经营权卖给了美国不同地区的 26 个投资者。商家支付 2.5 万到 5 万美元就能得到某个地区的独家特许经营权。此外，他们还对每加仑的软冰激凌征收 45 美分的额外费用。这 26 个投资者又依次在他们所在的地区将特许经营的业务分配给当地的商家。到 1948 年，Dairy Queen连锁店旗下就拥有了 2 500 家商店。每个商店都供应同样的软冰激凌，但同时也有他们自己的特色品种。继Dairy Queen成功之后，市场上涌现出了很多类似的特许经营餐饮服务。

1952 年麦当劳兄弟的“快速服务系统”登上了美国餐馆杂志的封面。这个新概念一石激起千层浪，麦当劳兄弟简直要被铺天盖地的问询电话淹没了，从汽车餐厅的老板到小餐馆的业主，大家都想知道这个系统是怎么运作的。这时，麦当劳兄弟意识到，他们已经开发出了一种可以进行特许经营的运营系统。他们不愿像Dairy Queen那样让投资者分享地方独家经营权，但他们自己却没有时间和精力，也没有足够的能力让特许经营获得成功。与此同时，餐馆杂志的封面吸引了很多人来参观他们的厨房操作现场，麦当劳兄弟骄傲地炫耀着他们

① 也有人说Dairy Queen的鼻祖是麦卡洛。

的厨房操作间，甚至尽可能详细地向参观者解释他们的系统是如何运作的。许多人参观完后就带着学到的经验回去开办他们自己的快餐店了，根本不需要花钱去买特许经营权就可以轻而易举地知道麦当劳的秘密。两年之内，加利福尼亚市场上，快餐店就像洪水一样泛滥起来，有几十家自助式汽车餐厅在模仿麦当劳兄弟的快速服务系统，还有其他一些店在复制麦当劳兄弟的快餐概念。这包括Taco Bell（塔可钟）、肯德基和后来的汉堡王。

时至1955年，出售地区独家经营权成了特许经营的首要规则，标高材料价格也成了通行的做法。地区独家特许经营的问题在于，拥有特许经营权的商家会分割他们独家经营的地区，进入更小的地区，把他们手上的特许经营权转卖给其他的投资者。Dairy Queen发明的经营模式类似一个“批发商—零售商”模式。个体店购买了特许执照后，执照费使他们背上了沉重的负担，每层特许经营授权者又要从原料销售中拿走属于他们的份额，留给地方经营者的利润就十分微薄了。最后，许多店都被迫关门，或者在菜单上增加更多不需要从特许经营授权者那里购买的项目。于是特许经营体系就失去了控制，不再能保证其质量和统一的服务。许多连锁店刚开始时都发展迅猛，但发展到几百家店时，大多数都停止了增长。特许经营授权者从出售地区独家经营执照中赚足了钱，但许多开店的商家却赔了本。

麦当劳的特许经营者赚的钱比自己多4倍，但将麦当劳发扬光大的雷·克洛克（Ray Kroc）却因此发现了特许经营方式成功的秘密……

雷·克洛克是一个卖牛奶混合器的销售员。1954年，他从销售报告看到在加利福尼亚州圣贝纳迪诺的一家小汽车餐厅在购买大量做奶昔用的牛奶混合器。他对此十分好奇，于是拜访了餐厅老板麦当劳兄弟，想搞清楚为什么一个小小的汽车餐厅需要用这么多牛奶混合器。在麦当劳兄弟那里看到的一切令他大开眼界，克洛克马上意识到如能在全国范围内扩大麦当劳兄弟的业务，其潜力非常之大。作为一个销售员，他四处旅行，因此他完全能想象出麦当劳在全美大大小小的城镇为各种各样的顾客提供服务的盛况。每一家麦当劳都将售出很多很多的奶昔，多得超过任何冷饮店老板的想象。结束对麦当劳兄弟的拜访后，克洛克回到芝加哥，一周内他又返回西海岸，同麦当劳兄弟签订了一个合同，得到了麦当劳兄弟在全美的独家特许经营权。协议的有关条款规定，只能卖特许经营权给开麦当劳店的经营者，而不许把特许经营权分区出售，每卖一个特许经营权麦当劳兄弟收费 950 美元。克洛克向每位购买特许经营权的商家收取餐厅销售额的 1.9% 作为服务费，其中的 0.5% 用来支付给麦当劳兄弟，作为使用他们名字和运营模式的费用。

克洛克接受了这一交易，最早是因为他想通过这种合作方法来销售更多的牛奶混合器，可在回芝加哥的路上，他左思右想，得出结论，销售牛奶混合器不能成为这个新生意的核心业务。合同已经签下了，必须要让它运作起来。克洛克很快就将重心转移到汉堡包业务上来了。作为销售员，他曾经向许多特许经营连锁店销售过牛奶混合器，所以他非常熟悉地区特许经营中可能出现的问题。他确信目前所有的特许经营方式都行不通，必须要找到一种全新的方式来建立自己的特许经营模式。就在 1955 年 3 月 2 日，克洛克创建麦当劳营运模式的时候，快餐连锁市场已店满为患，有肯德基、汉堡王、Taco Bell、Burger Chef（汉堡厨师）、Burger Queen（汉堡女王）、Carol's和Sandy's。许多连锁店都不能立足，很多都被大型食品加工公司和设备公司收购。

在与麦当劳合作前的几个月，克洛克度过了他的52岁生日。他是一个永远的乐观者，从不为将来要卖什么东西发愁，他一生中经历过的许多挫折使他更加无所畏惧。虽然年过半百，但他却拥有30多岁年轻人的精力和毅力。他出售特许经营权的方法和人们卖食品的方法没有差别，他的成功是因为发现了一种与别人共同成功的途径，即顾客通过购买他的特许经营权能够获得自身生意上的成功。这个简单的创意在以前的食品特许经营业是闻所未闻的。

克洛克将特许经营费定得很低（比麦当劳兄弟收的950美元高一些），当其他的特许经营授权者纷纷抬高价格把产品卖给特许经营者以谋取高额利润时，克洛克却拒绝了这一诱惑。克洛克用麦当劳特许经营费赚钱的唯一途径是收取服务费（净销售额的1.4%）。克洛克的特许经营哲学是：授予特许经营权的公司不应该榨干特许经营者的血汗钱，而应该通过帮助他们成功来使自己获得成功。克洛克制定的特许经营政策和实践方法为麦当劳的经营者提供了很好的激励。

为了亲身体验一下麦当劳兄弟的快速服务系统，克洛克在伊利诺伊州的德斯普兰斯开办了自己的麦当劳餐厅，取得了成功。克洛克把它作为样板来吸引中西部的投资者，一开始他在对餐饮业有经验的人中推广，接着又在乡村俱乐部的富人中寻找投资者，但这样开办的特许经营店都没有获得成功。

桑迪 · 阿加特（Sandy Agate）是一个46岁的芝加哥资深记者，他梦想着有朝一日能拥有一家属于自己的小公司。他在夜校攻读了验光配镜的学位，并在晚上和周末去实践，希望能找到一种赚钱的买卖，这样他就不用当记者了。他的妻子贝蒂则挨家挨户推销天主教《圣经》来贴补家用。1955年春，贝蒂恰巧到麦当劳餐厅所在的那栋楼里去推销《圣经》，和一个叫琼 · 马蒂诺（June Martino）的人聊了起来，此人正是克洛克的秘书，她有魄力、雄心勃勃而且乐观开朗。“你是一个犹太人，怎么会去卖天主教《圣经》呢？”琼问道。“谋生嘛。”贝蒂回答。“那你还不如来做麦当劳呢！”琼建议她。“但是我们不会做汉堡包。”贝蒂说，琼马上回答：“不用怕，我们会教你。”“但是我们不知道如何才能找到适合的地区及装修餐店。”贝蒂说，琼马上回答：“没问题，我们会替你做。”“但是我们没有钱开业。”贝蒂说。琼马上回答：“没问题，我们可做担保帮你向银行借款。”贝蒂再也找不出不做的理由了，只好说：“待我回家与我丈夫商量商量。”

回到家中，夫妻俩商量之后，1955年秋天，他们就决定买下一个麦当劳特许经营执照。克洛克帮助他们找到了一个在沃基根的铺面，帮他们设计及建立麦当劳店，并且用他与银行的关系说服银行给他们贷款。沃基根距离芝加哥50英里远，有6万人口。桑迪辞去了工作，在店铺后面租了一间小屋，夫妻俩都在店里工作。餐厅是1956年开业的，第一天就卖了450美元。第二天是800美元，第三天销售额更是高达1 000美元。开业第一天，他们并没有做广告，但一个小汽车餐厅的汉堡包只卖15美分一个，而且味道好得出人意料，这简直成了街头巷尾人人谈论的沃基根主要社会新闻了。很快顾客就在柜台前排起了长龙，阿加特夫妇发现他们把所有的存货都卖完了，但是当他们告诉顾客要等半小时，供应商才能把做汉堡的肉送来，顾客们也都心甘情愿地等。阿加特夫妇的麦当劳餐厅大获成功。桑迪每天早上 7 点准时第一个上班，而午夜才最后一个离开。他精心挑选和培训店员，使他们让麦当劳的生产过程日臻完善。他根据顾客的汽车开进和离开停车场的时间来判断柜台上的服务速度。阿加特夫妇是第一个大获成功的麦当劳特许经营者。

一夜之间，阿加特夫妇就赚到了比克洛克多 4 倍的钱，但克洛克并没有嫉妒，而是把它看成一个好兆头。他认识到自己已经发现了特许经营方式成功的秘密，那就要寻找更多的像阿加特夫妇那样的合作者，他要去发现更多的愿意用自己 100%的精力来换取成功的商家。阿加特成功的故事一下就传开了，当然克洛克本人也决不放过任何向潜在的特许经营者宣传阿加特的机会，这些人和阿加特夫妇有着许多相似之处，他们都是独立的经理人，愿意抓住机会倾其所有来开创自己的生意。接下来的三年时间里，桑迪 · 阿加特的餐厅帮助克洛克招到了 20 多个特许经营者。这些特许经营者的成功又吸引了更多类似的投资者前来加入麦当劳。很快麦当劳就成为食品服务行业发展最快的特许经营授权者。

既然不能从特许经营授权中获利，麦当劳的经营者们想到了新主意——“剃刀—刀片”战略使得麦当劳的生态系统产生了有趣的新变化……

克洛克特许经营方式的唯一缺陷，就是他不能从单纯的特许经营授权生意中获利。他向特许经营者收取1.9%的销售额作为服务费，这点收入甚至不能抵补他的成本。麦当劳没有从汉堡包上赚到钱，而是从房地产上赚到了钱。麦当劳找来了哈利·索恩本（Harry Sonneborn）来为其新开的餐厅选址。克洛克找到了让麦当劳成功的新模式——帮助新的麦当劳店主选址和筹措资金，这已成为麦当劳扩张战略不可分割的一部分。索恩本是一个严谨的财务人员，不像克洛克，他对汉堡包、牛奶混合器或快速服务系统不感兴趣，他所想的就是赚钱。对于麦当劳的成功，索恩本在很多方面都扮演了相当关键的角色。他制定了一个房地产战略，说服克洛克同意不靠特许经营者的血汗钱发财，而通过收取麦当劳店的租金来赢利。

索恩本的战略简单得令人难以置信。麦当劳将成立一个独立的房地产公司（Franchise Realty Corporation），它的业务是先选择适合的地点，然后从所有者手里租来土地，再转租给麦当劳的特许经营者。麦当劳房地产公司和土地所有者签订一个20年的租约，根据租约规定，麦当劳只需付基本月租，而转租给特许经营者时，收取的租金就比付给土地所有者的租金高出许多，还包括5%的餐厅总销售额。这一战略的绝妙之处就在于，它能获得可以预测的盈利。对麦当劳而言，一个特许经营餐厅像一把“剃刀”，而它每月的租金就像剃刀的“刀片”，这就是克洛克和索恩本二人创造的“剃刀—刀片”战略。1965年，麦当劳成为一家上市公司。一年后，它的股票在纽约证券交易所上市交易。

现在麦当劳已经有了合适的动力来推动它的增长，当特许经营者开始赢利时，“剃刀—刀片”战略保证了可预测的利润源源不断地流入麦当劳。当签约的特许经营者越来越多时，为了保持积极的动力源泉，就必须保证每个餐厅的服务和运作模式都是一致的。克洛克要做的第一件事，就是制定麦当劳操作程序的标准。第一部操作手册诞生于1958年，所有的特许经营者都必须遵守麦当劳特定的食品质量标准、清洁标准和服务标准。如果一个特许经营者不遵守这些标准，克洛克就不会再授权让他开办另一家麦当劳。1961年，克洛克创办了汉堡包大学。在那里，特许经营者们受到了专门的培训，培训的内容不仅包括食品的生产程序，还包括麦当劳的运营理论和哲学。汉堡包大学不仅在麦当劳的高速增长期使其每一家特许经营店的服务保持了一致性，而且使麦当劳的声誉与日俱增。

一边将供应商“麦当劳化”，一边联合全国的特许经营者实行联合广告计划，麦当劳借助着不断强大再强大的生态系统，在1970年将自己真正变成一家大公司……

麦当劳希望通过增加更多的新产品来增加麦当劳餐厅的收入，为此麦当劳对供应商进行了所谓的“麦当劳化”（McDonaldizing）。从20世纪60年代开始，供应商就已经成为麦当劳新产品项目的忠实伙伴。大多数麦当劳新产品在供应商的支持下都实现了。供应商愿意冒险对新的生产技术或更高效的加工方法进行投资，他们知道，如果新产品或新方法开发成功了，麦当劳将把所有新产品的生意全部拿给新产品或新方法的开发者——只要开发者能够承担如此大的订单。Gorton（戈顿）集团得到了麦当劳80%的鱼类业务，因为1960

年Gorton帮助麦当劳开发出了鱼汉堡。Stemplot公司投资帮助麦当劳开发出了冷冻薯条，1972年，Stemplot获得了麦当劳75%的冷冻薯条业务。后来，Stemplot改进了加工方法，并向其他的快餐连锁店供应冷冻薯条。到1986年，Stemplot控制了超过30%的土豆加工市场。三个企业家Al Justin（贾斯廷）、Jack（杰克）和Herb Lotman（赫布·洛特曼）共同创办了Equity肉类公司，专门开发生产设备和冷冻、绞肉和做馅饼技术，这种设备和技术能生产出符合麦当劳测试标准的冷冻汉堡包。1973年，所有的麦当劳餐厅都转向购买用Equity肉类公司发明的设备和技术加工出的冻肉。然而Equity肉类公司没有足够的能力去满足全部的需求，所以必须同意接受一个所有麦当劳的供应商都接受的标准条件，那就是：如果一个供应商专门为麦当劳开发出了一项新产品或新方法，它必须将这一技术无偿地提供给其他的麦当劳指定供应商。即便如此，Equity肉类公司仍占有冻肉业务最大的市场份额。Equity肉类公司就是现在的Keystone食品公司，1973年以来，它已成为世界上最大的汉堡包制造商。冻肉技术的成功将制约麦当劳发展的关键障碍一扫而光。

20世纪70年代中期，美国人对牛肉的消费量相对减少了，增长最快的替代品是鸡肉，所以麦当劳开始研究开发鸡肉菜式。麦当劳组合Gorton、Keystone和麦当劳内部的食品研究人员，由Gorton提供油炸食品拖面技术，Keystone提供剔骨和冷冻技术，而麦当劳的人员提供市场信息，合力开发出了麦乐鸡。麦当劳的麦乐鸡在1980年推出后迅速占领了市场，而肯德基3年以后才有类似的产品。

麦当劳连锁店的迅速扩张与供应商的快速成长是相辅相成的。

如果供应商能为进一步促进麦当劳的增长和发展贡献自己的专业知识和能力，那么麦当劳就能确保供应商得到很好的回报，这一政策使麦当劳获得了极大的声誉，不仅降低了它的研发成本，而且使麦当劳没有投入多少资金，就开发出了一个完整的供应链基础设施来支持它的高速发展。

麦当劳于1965年上市后，索恩本被任命为CEO来经营麦当劳在东部和中西部的生意，克洛克则到西海岸去开发市场。刚开始，索恩本像经营传统公司一样来管理麦当劳，他获取利润的方法就是控制开支。20世纪60年代中期，麦当劳赢利的时候，索恩本更加关心减少负债、保护利润和规避过分膨胀的风险，因而控制着麦当劳连锁店每年增加的数量。1965年到1967年间，索恩本上任后，麦当劳的增长速度开始放慢。

当索恩本在东部遏止麦当劳的迅速膨胀时，克洛克则在西海岸实验一些新的概念，特别是一些新设计和新建筑。克洛克在西部新开的一家连锁店看上去不是传统的汽车餐厅式麦当劳，倒像一个正式的餐厅，有宽敞的座位。虽然在土地上的投资增加了，但收入也增加了。索恩本和克洛克两个人因观点不同开始产生矛盾，随着矛盾的升级，公司发生了分裂。由于克洛克仍是大股东，最后索恩本于1967年提出了辞职。索恩本离开后，弗雷德·特纳（Fred Turner）被任命为总裁，特纳是麦当劳的开朝元老之一，接受任命时年仅35岁，但没人比他更了解麦当劳的运营体系。特纳承袭克洛克的商业哲学，认为麦当劳的成功是建立在其特许经营者的成功之上的，他还进一步发展了克洛克的商业哲学，坚信麦当劳的成功靠的是三大伙伴：员工、供应商和特许经营者。如果麦当劳成功了，作为伙伴的这些企业家能够分享麦当劳的成功，那么他们就会成为麦当劳的忠实伙伴，并源源不断地、创造性地为麦当劳的成长提供动力。为了建立这一良性循环，特纳认为必须做三件事情：第一，必须迅速扩张麦当劳，以吸引合作伙伴为麦当劳做出创造性的贡献；第二，如果合作伙伴们以企业家的聪明才智为麦当劳做出了贡献，那么麦当劳就必须保证这些企业家得到应得的利益；第三，必须使现有的麦当劳餐厅销售量上升，以刺激将来进一步的扩张。

为此，特纳实行了一项雄心勃勃的扩张计划，他计划在 1967 年新开 500 家，随后 5 年中每年新开 100 家。特纳采用出售债权和股权的方式来为他的扩张计划融资，并且设置了地区办事处，让地区经理全权负责经营新餐厅和授予特许经营权等事宜。克洛克在西部开设了更多的正式餐厅式麦当劳而不是汽车餐厅，而正式餐厅的投资回收期比汽车餐厅要短。特纳因此掀起了一场餐厅改造运动，1968 年麦当劳新建了一家有 50 个餐位的快餐店，并且要求它的特许经营者将他们的汽车餐厅式麦当劳全部改为新的设计样式。特纳告诉特许经营者们，餐厅改造后至少可以增加 20% 的销售额，3 年之内他们就能收回改造餐厅的投资。麦当劳在这次餐厅改造运动中率先将所有新建的餐厅都建造成了新的设计样式，还从一些特许经营者那里买下他们的店，改装为新的设计样式。一些原来的特许经营者也冒着风险根据特纳的要求扩大了他们的餐厅营业面积，结果正如特纳所言，餐厅改造后销售额上升了 20%。这一消息不胫而走，到了 20 世纪 60 年代后期，大多数麦当劳餐厅都完成了改造，麦当劳因此从一个做外卖的汽车餐厅连锁店发展成了一个真正的餐厅连锁店。在这一时期，麦当劳的扩张体现在两个方面，一个是餐厅数量的增加，一个是每个餐厅销售额的增长。迅速的扩张极大地鼓舞了供应商的投资热情，他们纷纷斥巨资进行新产品开发，这反过来又进一步加快了麦当劳王国的壮大。为了赢得供应商的忠诚，特纳从不裁减或取缔麦当劳的供应商，他还制订了一个利润分享计划，所有的员工，无论是全职的还是兼职的，都可以参加。

从创办之初开始，麦当劳的主要精力自始至终都放在对特许经营者的销售上，但在美国各地拥有了众多的麦当劳餐厅后，特纳认为应该将麦当劳的经营重点转向美国家庭销售。在 20 世纪 60 年代，每个特许经营者各自在自己的经营地区做广告和推销，随着特许经营者的增多，特许经营者们发现，如果大家联合起来做全国电视广告也许会更有利，所以他们决定拿出收入的 1% 来做全国电视广告。1968 年，他们成立了麦当劳经营者全国广告基金来推动这一想法的实施，这是麦当劳前所未有的尝试，实际上对整个食品服务业来说也是头一遭。

麦当劳实行联合广告计划后，许多后来者纷纷效仿，由此掀起了一场食品服务业广告新浪潮。通过消费者调查，麦当劳发现了一个巨大的细分市场。在这个细分市场中，顾客把麦当劳看作是家庭娱乐聚会的去处；有趣、刺激的手抓食品是孩子们的最爱，物美价廉的食品则为家长所热衷；餐厅整洁卫生，服务快捷，交通方便。麦当劳专门请了一个广告公司大做广告，以强化麦当劳在顾客心目中的这种家庭形象。他们花了两年的时间来准备全国电视广告，1970 年，麦当劳成为第一家做全国电视广告的快餐连锁店。广告歌中唱道：“你理应得到放松的一天，快来麦当劳，告别紧张的生活。”这首歌一时传遍美国，经久不衰，在以后的每一个麦当劳广告中你都可以听到它标志性的旋律。麦当劳还创造了麦当劳叔叔的形象，以及在麦当劳天地中的众多卡通形象（比如汉堡儿、麦吉士市长、大麦可船长等），这些卡通人物俘获了全美儿童的心。麦当劳的电视广告赢得了儿童和成人的共同喜爱。

几年里，特纳就将索恩本放慢脚步的战略改为加快步伐，同时将索恩本集中式的管理转变为美国最为民主的分散式管理，这种分散式的结构使得麦当劳在高速扩张期能够很好地控制它的运营。由于身处一线拥有权限，经理们能对当地的具体情况做出更快更好的反应。加强和供应商之间的联系、推行全员利润共享计划，这些举措使麦当劳建立起了稳固的基础来支持它打造百年老店的扩张计划。有了这些基础后，麦当劳迈出了最关键的一步，即通过全国电视网向美国所有的家庭宣传麦当劳。在 20 世纪 70 年代，特纳成功地将麦当劳转变成一家真正的大公司。

特纳还借鉴了索恩本在房地产方面的策略。自 1967 年以来，麦当劳一直是从所有者手中租用土地，然后再转租给自己的连锁店，但到特纳时代资金雄厚，所以他决定要给新餐厅买地，而不是租地。特纳认为，即使在短期看来，买地比租地要贵得多，但随着土地价格和租金的上涨，从长远看，买地不失为上策。收购土地的策略对大多数更关心每季度利润的食品服务企业来说是不多见的。随着麦当劳的发展，它继续执行着收购土地的政策。当时一些土地拥有者愿意送一小部分他们拥有的土地给麦当劳来建连锁店，如果麦当劳接受的话，这便可以带动其他部分的土地升值，于是麦当劳买地的成本也得以降低。到 1986 年，麦当劳已经拥有 65%国内连锁店的土地了，其他的连锁店则继续租赁土地。如今，麦当劳不仅是美国（也许是全球）最大的食品服务公司，而且还可能是世界上最大的零售物业的拥有者。

1986 年，麦当劳的市值是 90 亿美元，到 1994 年则增加到了 230 亿美元。据《商业周刊》报道，麦当劳在 1994 年名列美国最有价值公司第 33 位。现在，你可以在世界上任何一个国家看到麦当劳餐厅，无论是在美国、日本、英国、泰国、中国还是墨西哥，每个餐厅供应的食品都有同样标准的质量和口味，这就是麦当劳成功的关键。成功的背后是麦当劳三类合作者（特许经营者、供应商和经理）共同拥有的理念，麦当劳依靠成千上万企业的共同努力，建立了它的核心竞争力，使它的事业有了坚实的基础，使它的事业得以持续发展。

案例复盘及启示

麦当劳因何成功?

麦当劳兄弟合力经营饮食服务店，他们采取传统的流创新战略增加服务店的竞争能力，在这个过程中，他们创造了一种全新的“快速服务系统”。新系统使他们可增加一天的营业数量，但他们的单日生产量限制了服务店生意的规模。快餐店连锁的创意是通过出售特许经营权，复制同样的快餐店在全国各地来制造规模经济。这个创意不是快餐店经营者想出来的，而是投机商人想出来的。他们四处找独特的快餐店，然后说服店主与他合伙，他把快餐店的这些独特之处包装为奇货可居的产品“秘方”或“独特烹调流程”，然后以加盟的方式，吸引全国各地店商来买这种“秘方”或“独特烹调流程”的特许经营权，并由店商独自经营。这些投机商人都是在想尽办法利用这所谓的“奇货”来为自己赚钱，所以他们不会考虑买到经营权的个体店的赢利模式，他只求在推销特许经营权的过程中先赚一笔钱。为求快速覆盖全国各地区，这些投机商建立的快餐连锁店都采用统一的价值链商业模型：它卖的是“秘方”或“独特烹调流程”的特许经营权，它的销售渠道是通过投资者，以“批发商—零售商”模式把特许权卖到个体店（如图4–2），图中下方的箭头代表他们认为在价值链中各成员所提供的价值。

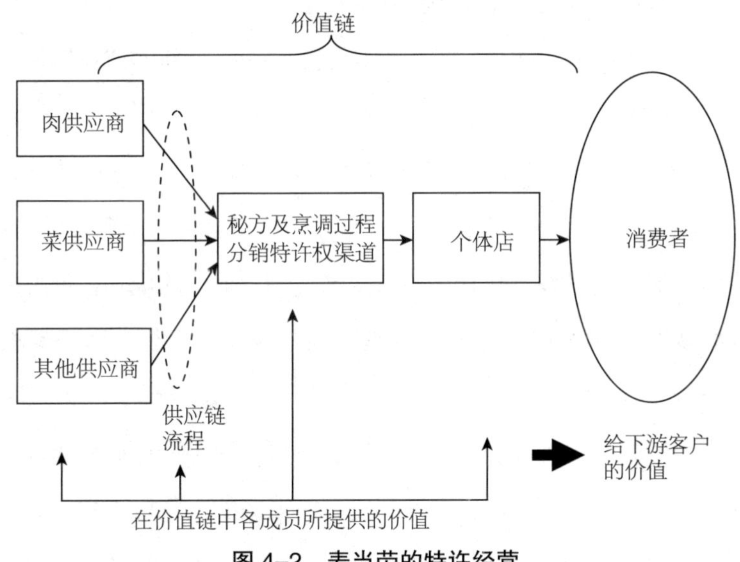

图 4–2　麦当劳的特许经营

这个商业模型的最大问题在于，还没有一家连锁店真正开业，出售特许权及早期购买地区使用特许权的投资者已赚了钱，但他们完全没有创造价值，而最后个体店用了过高的价格买入特许权，个体店店主辛苦经营，却收益甚少。直到很多个体店的收益都每况愈下时，卖特许权越来越难，特许权的价格也随之下降，这种依靠出售特许经营权赢利的连锁店系统发展模式虽然开始时市场发展很快，但多年之后都面临危机。

麦当劳兄弟也想过发展麦当劳连锁店，但作为个体店的他们完全理解其他连锁店店主的苦处，所以他们坚决不以其他连锁店的商业模型来发展他们的连锁店。当雷·克洛克要求麦当劳兄弟把全美的独家特许经营权卖给他时，麦当劳兄弟在合约中指明雷·克洛克只能卖特许经营权给具体的某个麦当劳店的经营者，而不许把特许经营权分区出售，这个限制也迫使雷·克洛克创立了一个全新的商业模型，以源创新发展麦当劳连锁店。

在故事中，我们看到麦当劳在源创新的第一阶段一直在寻找适合的基本成员，经过多番尝试，因一次偶然机会，遇上阿加特夫妇，说服他们买下特许经营权开了一家麦当劳店。他们的成功告诉雷·克洛克，麦当劳的源创新生态系统基本结构成员包括想自己当老板的人、未开发土地所有者、银行、餐店设计师及建筑师。在第二阶段中，麦当劳先组合未开发土地所有者、银行、餐店设计师和建筑师以及麦当劳大学培训等资源，帮助想自己做老板的人获得成功。这吸引了很多想自己做老板的人加盟麦当劳连锁店，当越来越多麦当劳店成功后，麦当劳便组合连锁店的购买力引导肉食供应商为它开发冷冻技术，使麦当劳店可获得高质量的肉供应；组合供应商来始创新食品，为麦当劳菜单提供新产品；组合供应商建立最先进的配送系统。这一切都帮助连锁店赚到更多的钱，所以已加盟的店老板对麦当劳更忠诚，更服从麦当劳管理体制，这些老板的成功也吸引了更多想做老板的人争相加盟麦当劳连锁店。麦当劳加盟店越多、越成功，麦当劳就越能够组合它们的购买力来提供价值给银行、餐店设计师及建筑师、肉食供应商、科技肉类公司、运输公司及未开发土地的所有者，使他们愿意成为麦当劳的合作伙伴，各自运用自身优势，以流创新向麦当劳连锁店主提供更高价值。

麦当劳是一个平台，内有麦当劳大学及房地产服务公司，平台右面是加盟麦当劳连锁店的想自己做老板的人，平台的左面是可提供价值给连锁店主的经济实体。麦当劳平台的主要战略是通过平台组合左面的经济实体资源和能力来提供更高价值给右面的麦当劳连锁店主，使他们商业成功。这也吸引更多想自己做老板的人加盟麦当劳连锁店。这两面的互动造成的网络效应使得麦当劳连锁店的生态系统以指数级增长。我称这种商业模型为两面市场，因为这个商业模型平台不只关注给右面的经济实体提供价值，同时也关注给左面的经济实体提供价值。在传统的企业概念中，企业是为自己的客户提供价值的；而在两面市场中，麦当劳平台面对的是两面市场的客户。麦当劳的企业战略最关注的是，组合一面市场成员的资源及能力来为另一面市场的客户提供价值，从而创造积极的、相互的网络效应而使生态系统以指数级增长。图 4–3 代表麦当劳的两面市场商业模型。

麦当劳连锁店用的商业模型与传统连锁店的商业模型最大的不同之处是麦当劳不先取大利，而是当多个麦当劳店都赢利后，麦当劳才得大利。传统连锁店是分区推销，所以开始时发展得很快，但麦当劳的推销是卖一家一家的店，所以开始时发展得很慢，但当它的生态系统发展到某一程度，其网络效应可使麦当劳的加盟店总数以指数级上升，而且因为其生态系统能提供给加盟者的价值越来越高，它卖给加盟店的特许权价格便越来越高。

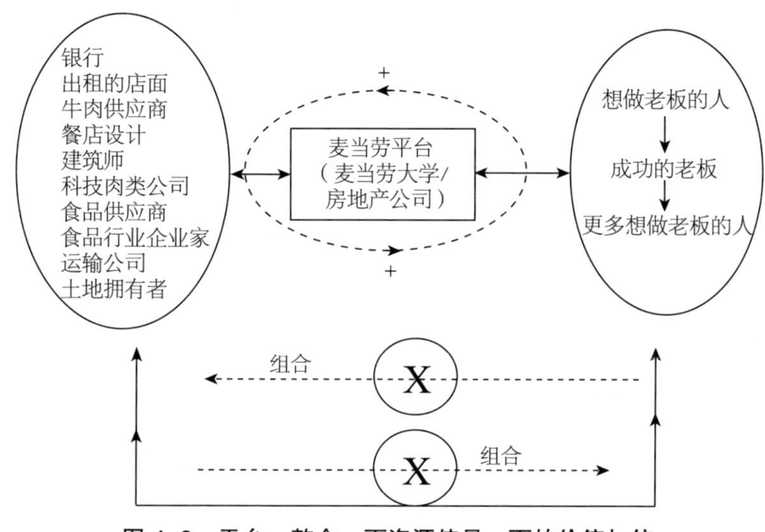

图 4–3　平台：整合一面资源使另一面的价值加倍

麦当劳从汽车餐厅发展为家庭就餐场所，进而走向世界的过程，我们在第七章再进行分析。

本章小结

价值链模型与两面市场模型的比较

采用价值链模型与两面市场模型的企业对客户的认识程度是不

一样的。在价值链模型中，企业最关注的是如何拓展它的产品市场，因此它要了解每一个市场分段的客户对它的产品的需求。如果某一市场分段的客户对它现有的产品需求不高，那么它就会“揣测”客户的需求并通过提供服务或增加其他配件以使客户得到更满意的产品，所以它对客户的认识局限于客户对企业出售的产品的需求。但在两面市场商业模型中，企业最关注的是组合一面市场成员的资源及能力来为另一面市场的客户提供价值，因此它需要认识及了解每一面客户在生活与工作上的习惯、需求、欲望以及他们的资源及能力。所以，两面市场模型对客户认识及了解的程度远远超过价值链模型对客户的认识及了解。

在第一章，我强调创新是创造新价值。一个企业的理念价值是创新的前提，价值链模型的新理念价值有关产品的质量及功能、生产流程、市场推销、仓库及供应链管理，价值链模型是流创新的基础；而两面市场的新理念有关启发及满足其中一面客户的需求及欲望，这往往需要超越客户现在的需求，要建立一个新的生态系统才能实现这样的新理念，而这个生态系统最少有两条价值链互动而形成网络效应，所以两面市场模型是源创新的基础。

这两个商业模型可以说是对立的，因此支持这两个商业模型的生态系统也是不同并且对立的。支持价值链的生态系统很快便会静止，而支持两面市场的生态系统以指数级上升。因此如果两个竞争企业，一个是采用价值链商业模型来建立流创新战略，而另一个是采用两面市场商业模型来建立源创新战略，那么胜利者必然是采用两面市场商业模型的企业。如果先入者采用价值链商业模型，那么后来者一定可以采取两面市场商业模型来取代先入者的地位。

价值链商业模型核心竞争力的根源是产品设计、生产成本、市场份额、满足客户需求的效率，这些活动都以产品为核心，所以采用价值链商业模型的企业实施的是产品中心化战略。两面市场商业模型竞争能力的根源是了解两面客户的欲望及能力，组合自身及一面客户的资源及能力来满足另一面的欲望。这些活动都是以两面客户为核心，所以采用两面市场商业模型的企业实施的是客户中心化战略。

在第一章中，我提到流创新只能在短期内增加企业在现有市场中的竞争力，但流创新形成的优势不可持续。在同一市场持续进行流创新虽能维持企业在该市场的竞争地位，但持续流创新会造成报酬递减而使公司在该市场进入阻滞局面，因此价值链商业模型限制了企业在现有市场的发展，最后企业必然阻滞在原有市场；而源创新可使企业摆脱阻滞，使它有更大的空间来发展，因此两面市场商业模型除了可用于开拓市场外，也可用于企业转型。这个观点我们将在下一章深入讨论。

思考时间

1. 刚开始，一家麦当劳店的特许经营费很低（比 950 美元高一些），但现在一家麦当劳店的特许经营费是几十万，为什么麦当劳的特许经营费能增加几百倍？

2. 麦当劳卖的是汉堡包吗？

3. 两面市场商业模型中的平台的差异化是什么？产品，服务，或其他？麦当劳的差异化是什么？

第五章　企业转型的方法

- 中国大部分企业尚处于价值链的制造环节，因此从低到高的转型方式并不能引导他们突破阻滞，也不能解决中国经济发展面临的根本问题。
- 一个企业想突破它的困境，不能只是改善现有的情况，因为报酬递减规律决定了这样做并不能给企业带来突破，转型是唯一的办法。
- 一个企业之所以会面临危机，主要是因为它的核心资源及能力在原有理念上已经难以起到增加价值的作用，所以再推动它的核心资源及能力也不会改善企业的情况。
- 现在中国制造业都在采用价值链商业模型来建立流创新战略，我认为这些企业都可以转而采用两面市场商业模型，通过建立源创新战略来完成转型。
- 要加速转型，最好是能趁势——当他人正在推动一个源创新时，你最好能善用你的核心能力，加入帮助推动这一源创新。

我在中国常与地方官员及企业家交谈，大家都认为中国经济要持续增长，企业转型是当务之急。在很多人心目中，企业转型是指从低回报的行业转到高回报的行业。当前最普遍的想法是进入高新科技行业，例如很多地方政府鼓励当地企业进入新能源产业。问题是，中国企业的发展往往由当地政府引导，当某一产业成为热门时，很多地区的政府都鼓励发展这个产业，导致大批企业同时进入相同产业。然而这些新兴市场还没有强大的生态系统来支持它的需求，由于很多企业抢着进入，很快便导致产能过剩，利润率也随之下降，于是产业失去了最初的高回报率。再者，新科技的市场主要还是在美、欧和日本，中国大部分企业尚且位于价值链的制造环节，因此这样的转型方式并不能解决中国经济发展面临的根本问题。

大企业如海尔、联想、TCL等做了许多尝试以求突破它们的停滞状态，他们常用的方法包括重组、收购、开发新产品线、多元化，但都不成功。可以说转型与突破是异曲同工，一个企业转型的目的是以此突破它的停滞，而一个企业要想突破它的困境，不能只是改善现有的情况，因为报酬递减规律决定了这样做不能给企业带来突破，转型是唯一的办法。

在第四章，我提出价值链模型是流创新的基础，两面市场模型是源创新的基础。现在中国大部分企业，尤其是制造业，都在采用价值链商业模型来建立流创新战略。我认为这些企业都可以转而采用两面市场商业模型，通过建立源创新战略来完成它的转型。本章就重点描述这种转型模式的方法和流程。

触发转变的前提是企业意识到自身正面临危机。危机情况分为几个不同阶段：最严重的情况是该企业已被竞争对手抢夺了很多客户，并且它虽然做出很多流创新的尝试，试图夺回失去的客户，但都不能改变市场份额减小的趋势，于是企业面临倒闭的危险。相对没有那么严重的情况是企业刚开始在市场失利，收入每况愈下，净利润也随之下降，虽然还未面临倒闭的危险，但如果不立即转型，企业将岌岌可危。在这种情形下，企业内大部分人都会比较积极地找寻能帮助企业突破的方案，如果此时领导者能找到一个两面市场商业模型作为转型的方案，他就能相对容易地说服企业内大部分人合力促成转型。

另外，两种情况预示着企业面临失利的危险：一是每年的收入增长不大，而且净利润率停滞在 1%~3%间，如果该企业迟迟未能找到突破口，那它很可能会走向失利；二是尽管企业的财务状况还算健康，但市场上有一股暗潮，可能会使整个市场发生转变，而对企业不利。在这两种情况下，虽然部分人在企业内看到危机的预兆而积极寻找能帮助企业突破的方案，但也有很多人仍旧指望流创新可以帮助企业保持地位，所以不愿意改变。在这两种情形下，领导者需要制造危机感，引导一个比较有远见的部门，悄悄地采用两面市场商业模型来促成转型，这个部门的成功将会带领其他部门效仿，从而完成整个企业的转型。

接着我们来考虑如何找寻合适的两面市场商业模型。一个企业之所以会面临危机，主要是因为它的核心资源及能力在原有理念上已经难以起到增加价值的作用，所以继续发展它的核心资源及能力不会从根本上改善企业的情况。但它可以将核心资源及能力作为支点，通过两面市场模型来推动参与者共同实现源创新理念。接下来企业需要鉴定能使新理念得到实现的所有成员，把他们分为市场的两面，一面是理念价值的直接得益者（右面），而另一面是所有可为这理念提供价值的经济成员（左面）。这些都是执行转型战略前的准备工作。下一步是策划转型战略，在策划过程中一个很重要的判断是，在公司的核心资源及能力中，哪些能够支持这个两面市场的发展，哪些是建立这个两面市场的负担。在策划转型战略时，要注意去除负担，强化那些能支持这个两面市场发展的资源及能力。转型战略基于对两面客户的了解，包括他们的欲望及能力，战略的目标在于整合左面的资源和能力来实现右面的欲望，同时使左面的成员从中得益。为增加成功的概率，企业最好从认识比较深刻的一面开始。如果对两面客户的了解还不够，那么战略的第一步是深入了解两面的客户，这可能需要时间，但不可省略，因为对市场的了解是两面市场商业模型取得成功的先决条件。

下面我用多个案例来进一步阐明转型的过程，其中有高科技行业，也有传统行业。它们在不同背景及情况下，采取不同的转型方法，但它们都有一个共同点，那便是从单向价值链模型转为双向的两面市场模型。其中一个案例是一家卖廉价物品的美国百货公司，我将比较详细地讲述它如何转变为在时尚和品位方面拥有国际声誉的百货公司。它用的转型方法很值得中国企业借鉴，读者在看这个案例时，请关注它在转变每一个部门时的手法，大家可尝试从中提炼出一个通用方法帮助你们的企业转型。

›› 案例 5–1　布鲁明戴尔：一家廉价商店的新生

一个卖廉价商品的次等百货公司如何以风险最低的方式，成功转型为高格调的、深受纽约富人青睐的百货商店。这个案例中的转型方法尤其值得中国企业借鉴。

1872 年，布鲁明戴尔兄弟莱曼和约瑟夫成立了布鲁明戴尔（Bloomingdale's）。到了 1879 年，布鲁明戴尔已成为一家百货公司，销售范围从小说、衣服到各种设备。大约在 1900 年，百货公司搬到了位于第 59 街和第 60 街之间、列克星敦和第三大街之间的街区。商店早期成功的关键是它位于便捷的公交线路上。地铁站就在商店的下面，有轨电车把 59 街作为交通枢纽，这给布鲁明戴尔带来了大量的中低收入消费者。通过提供价廉物美的商品，即使在 1932 年经济大萧条时期，布鲁明戴尔也保持了赢利。

这期间，布鲁明戴尔是很多产品的销售渠道，也就是说它是很多价值链的一个环节。（见图 5–1）早期因位于地铁出口，方便中低收入消费者购买日常用品，布鲁明戴尔自然成为出售中低档物品的百货商店，商品大多没有经过差异化。当时布鲁明戴尔把楼下的廉价商店作为“实验室”，通过气氛与商品展示来实现差异化，这个流创新使得布鲁明戴尔在经济不景气时还能自保，也成为布鲁明戴尔的核心能力。

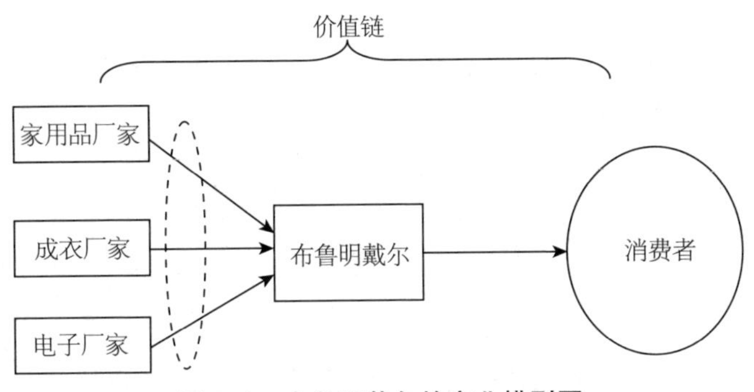

图 5–1　布鲁明戴尔的商业模型图

廉价商店的重新定位

20 世纪 50 年代，布鲁明戴尔的邻居发生着变化，第五大道位于它的西边，萨顿广场位于它的东边，这里汇聚着全世界收入最高的人群。尽管布鲁明戴尔地理位置突出，它却不能够吸引高收入阶层的消费者。布鲁明戴尔的建筑和内部陈设也反映出它所迎合的顾客的阶层。罗德与泰勒百货（Lord & Taylor）和萨克斯第五大道百货店（Saks Fifth Avenue）的格调是高雅的，而布鲁明戴尔的格调是单调的。当高消费者在附近的罗德与泰勒百货和萨克斯第五大道百货商店购物时（这些商店位于赫赫有名的第五大道旁边），他们都找不到要去布鲁明戴尔商店的理由。布鲁明戴尔如果不尽快改变形象，就将面临危机。布鲁明戴尔有几个选择：第一个选择是把物业卖给那时有名的高档百货公司，因为布鲁明戴尔店的位置好，可卖个好价钱，然后另选地点重新开张；第二个选择是公司暂停营业，把全店内外重新装修提高格调，更改店名重新开张，定位为高档百货商店；第三个选择是逐步由低格调转为高格调，店名保留不变。

第一个选择风险最低，但回报也不大；第二个选择风险最大，如果成功回报也比较大，但它重开后将与附近的高档百货商店（先入者）直接竞争，所以成功概率不高；第三个选择风险不高，如果成功，回报也比较大，而它成功的概率取决于它是否能找到一个避免与先入者直接竞争的战略来实现逐步转型。布鲁明戴尔选取了第三个选择，它以后来者战略采用两面市场商业模型来实现逐步转型。

马文 · 特劳布（Marvin Traub）在 1950 年加入布鲁明戴尔，当时他被安排到楼下商店做协助工作。他的首要任务是监视交易情况，在那儿他学会了怎样激发消费者的热情和吸引人群。1953 年 1 月初，马文升任为地毯、阔幅地毯、油毯产品的采购员。当时，布鲁明戴尔销售相同风格的地毯已有 25 年。马文对地毯了解很少，因此，他到地毯加工厂去参观了解地毯的生产工艺。他发现国内的地毯业将有一次新的浪潮：在阔幅地毯中加入一种新的材料能经济地产生更好看的颜色。他几次到北卡罗来纳州和佐治亚州地毯制造商那里去了解技术的发展，并与制造商一起为布鲁明戴尔开发新产品。一旦他们带回了新产品，马文就请电台和新闻媒体来宣传这种新地毯。这些报道产生了巨大的效果，激起了人们的消费热情，吸引了众多的顾客。

在几个月时间里，地毯部门就开发出一系列具有新的色彩和图案的地毯，不再经营油毯、质量差的阔幅地毯和价格低廉的地毯。这完全改变了地毯部门的形象。这一系列新地毯有更能打动消费者的时尚色彩。销售量上升了，商店也吸引了一批新顾客，他们更关心质量和款式而不是价格。之后马文将他的地毯计划加以扩展，包括从欧洲进口地毯。马文游历了丹麦、瑞典、西班牙等国，拜访了这些国家的地毯制造商并与他们合作，为布鲁明戴尔开发出独具特色的、色彩绚丽的装饰性地毯。他也制订出一套计划来逐渐改变支付销售人员报酬的方式，对他们实行委托销售。新的货物到达后，很快销售一空。地毯部门的成功为布鲁明戴尔在家庭设施和家具方面的重新定位奠定了基础。

这是布鲁明戴尔第一次把一条价值链转为两面市场，此时它的新商业模型是混合价值链与两面市场模型：除了地毯部门是两面市场模型外，其他部门仍然是以前的价值链模型。我用图 5–2 来表现这混合价值链与两面市场模型。图中的箭头指向提供价值的对象，如图，价值链模型只向消费者提供价值，但两面市场平台模型则通过整合合

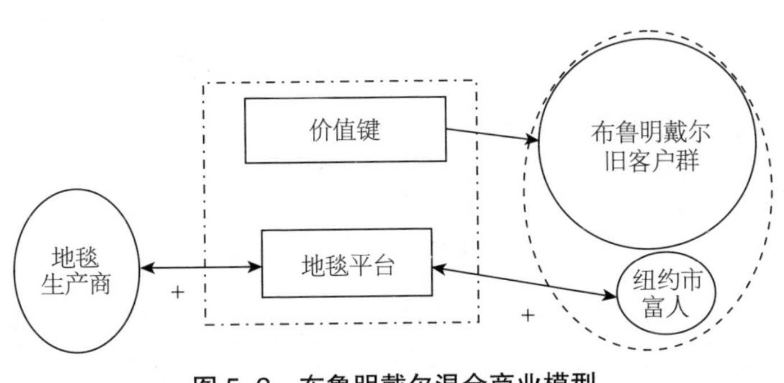

图 5–2 布鲁明戴尔混合商业模型

作商家的资源更好地满足消费者的需求，既向消费者提供价值，又令合作商家从中获益。

变革先从一个部门开始

1956年，马文接管了家具部门，作为部门的分区商务经理。当时，布鲁明戴尔的家具陈列非常保守，旨在吸引大家庭中年纪较大的成员。1955年，布鲁明戴尔周围的整个地区一片繁荣景象。巨大的公寓大楼、饭馆、酒吧、专卖流行衣服的小商店如雨后春笋般涌现。广告代理商、设计和装潢公司争先恐后地搬进沿街的新办公室。新生代正在进入附近的地区，这些人或者是想从他们父辈的房子里搬出来的富家子弟，或者是收入丰厚的年轻职员。过去，年轻的夫妇结婚成家时，会继承他们父辈的小提琴、地毯、闪亮的银制品。1950年左右，战后的美国经济繁荣起来，成长起来的新生代渴望拥有比他们父辈更自由的生活方式，并且更注重生活质量。年轻的夫妇购买他们喜欢的房子和家具以配合他们的生活格调。许多人乐意尝试新的商品，他们有冒险的精神和幽默感。这就是马文试图抓住的顾客群。

马文在短时间里组建了一支由设计师和采购员构成的管理团队。设计师了解马文的目标消费群体的品位和愿望。他们具有城市人特有的对潮流的敏感。采购员是第三代家具商人，他们研究了17、18世纪的家具，知道怎样区别不同种类的木材。第一步是寻找独特的、高质量的家具。基于市场研究，他们发现纽约室内设计师的样板房较多，使用了法国的古董或者昂贵的替代品。然而，他们认为这些东西不适合纽约的家庭：这些家具的原件在城堡和乡间别墅看起来很好，但不适合纽约的公寓。他们的想法是使布鲁明戴尔提供比其他百货公司更时尚的产品，价格卖得比装饰商更低。为寻找新的样式和新的观点，他们访问了欧洲，研究美术书籍，参观博物馆和乡间别墅以寻找灵感。他们在意大利和法国发现了一些喜欢的桌子椅子，将设计稍加修改，让意大利人或法国人专门为布鲁明戴尔定制商品。设计师能发掘出老产品的新用途，并且能够想象出怎样将一件旧古董经过适当的修改后，在纽约家庭体现新的价值。

找到商品仅仅是个开始，下一步是怎样展示它。大部分家具公司在一个地方展示他们所有的床、沙发、椅子，在另一个地方放置灯，等等，他们的陈列趋向于宣传单件的商品。对于消费者来说，所有的家具公司看起来几乎一样，而且，消费者在同样的房间看不见家具的差异。布鲁明戴尔决定采取完全不同的方法，目的是构建属于他们的新风格。他们设计家具地板，决定展示较少的东西，使整体空间看起来更吸引人。他们完善了地板的布局和色彩，使每一部分色彩相同。每一个房间装饰成一间起居室、书房或客厅的样子，比如，把沙发与地毯、靠墙的桌子、灯、书架和衣橱一起展出。当顾客看这样的家具展示时，更容易找到并购买想要的东西。他们开始时销售低价位的产品，然后逐渐用更高价位的商品来替代。

这次转型成功后，布鲁明戴尔的商业模型仍是混合价值链与两面市场模型：除了家具（包括地毯）部门是两面市场模型外，所有其他部门仍然采用以前的价值链模型。两面市场模型部门的纽约富人消费群快速增长，而价值链模型的消费群仍然是它以前的客户。我们可以用“布鲁明戴尔混合商业模型”表示这一情形，但图中的“地毯平台”应换成“家具平台”，而且纽约富人消费群也大很多。家具部门的成功使布鲁明戴尔被纽约富人视为家具潮流的领导者，布鲁明戴尔每年都在各国举办的家具展销会上大受欢迎，这使其进一步确立了这一新形象。在1967年，为了巩固公司的新形象，布鲁明戴尔关闭了廉价商店。这是一个大胆的决定：楼下商店是一家价值约2 000万美元的赢利部门。

1962年，马文荣升为执行副总裁和整个公司的商务经理。在那时，美国的百货公司经营服装有两种模式：一是出售美国设计师的衣服，二是完全抄袭法国设计师的作品。布鲁明戴尔努力寻找自己在服装行业的一席之地，凭借其在家具方面的经验，布鲁明戴尔需要开发自己的产品。在家具方面的成功给它带来的年轻而且富裕的顾客，同样会欣赏有创意的服装。因此，办法之一是在欧洲找到一个年轻向上的设计师，设计出适合年轻而富裕的消费者的样式。这样，布鲁明戴尔就能给自己在时装行业里创造一个新的生存空间。

与此同时，20世纪60年代中期，一次新的浪潮席卷了法国的服装工业。从1947年起，巴黎就是时装的中心，法国设计师激发了世界服装设计和编辑的灵感。20世纪60年代，生活方式的改变加大了人们对休闲服的需求，许多年轻向上的设计师开始设计休闲服。布鲁明戴尔的服装开发小组到欧洲参加休闲服表演，在此期间他们认识了欧洲的设计师和生产商，这些设计师和生产商也很快知道了布鲁明戴尔。他们是美国百货公司唯一的代表。

渐渐地，欧洲设计界很多人知道了布鲁明戴尔公司。他们也结识了许多欧洲设计师。布鲁明戴尔通过在百货店内开设小店的方式，陈列及销售这些欧洲设计师独特的成衣产品。这一“店中精品店”的独特设计开始建立起布鲁明戴尔的新形象。到 20 世纪 60 年代末，布鲁明戴尔成为著名的服装实验室，新的设计师梦想着在那儿展示他们的最新设计。世界各地许多初出茅庐的设计师都寻找布鲁明戴尔展示他们的创作。布鲁明戴尔也帮助许多设计师在这方面取得了成功。布鲁明戴尔是展示拉尔夫 · 劳伦（Ralph Lauren）设计的男性衬衣的第一家商店，这是它男装设计生涯的开端。后来，它帮助拉尔夫 · 劳伦从男性服装设计转向女性服装设计；它也曾帮助卡文 · 克莱因（Calvin Klein）从女装设计转向男装设计；它还帮助佩里 · 埃利斯（Perry Ellis）、米索尼（Missoni）和芬迪（Fendi）从服装设计转到浴巾和被单设计等等。

廉价商店彻底变身

到 1970 年，家具和服装方面的成功使布鲁明戴尔被认为是一家关注质量、风格、样式的商店，而马文也因此升为布鲁明戴尔的总裁。此后，马文继续一步一步把所有其他部门都从以产品为中心的价值链商业模型转变为以客户为中心的两面市场商业模型。布鲁明戴尔的纽约市富人消费者人数也随之以指数级上升。现在，布鲁明戴尔是在时尚和品位方面拥有国际声誉的百货公司。在整个转型的过程中，布鲁明戴尔一直保持每年都有营业利润。由图 5–3 可见布鲁明戴尔转型后的两面市场商业模型。

转型前，布鲁明戴尔是一家被动的百货商店，卖的是生产商已制成的产品，这些生产商已有目标客户，只有当布鲁明戴尔原本的廉价消费群与之相符时，生产商才愿意用它作为产品的销售渠道，因此布鲁明戴尔很难改变它已经建立的廉价商店形象。布鲁明戴尔的转型，是从被动转为主动，而这转变成功的关键是用两面市场商业模型整合一面的资源及能力来满足另一面的欲望。

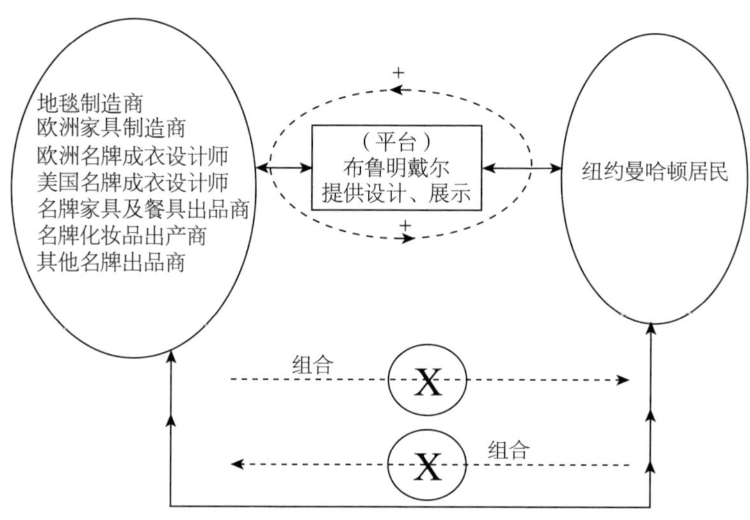

图 5–3 平台：组合一面资源提供另一面新价值

›› 案例 5–2 新浪的突破

新浪从 2004 年便开始面临停滞，直到它利用自己的优势取代饭否主宰了中国的“微博”传播平台，才扭转了趋势。

成立于 1999 年的新浪是最大的中文门户网站，它的商业模型是以丰富多彩的内容吸引眼球，然后在网页上卖广告。当时正值互联网热潮，因此虽然新浪尚未赢利，但因为华尔街看好中国互联网，新浪于 2000 年 4 月在纳斯达克上市。但好景不长，随着不久后互联网泡沫破灭，新浪立即面临危机。2001 年，中国移动开始推行短信增值服务以及手机与互联网相互信息传播的服务，这使新浪可以通过移动增值服务增加收入，其情况也大有好转。但新浪从 2004 年开始便陷入停滞，虽然新浪一直都有新产品、新服务推出，但这些都是流创新，未能使新浪获得突破。

2006 年推特（Twitter）开展社交网络与微博客业务，利用无线网络、互联网、通信技术进行即时通信，使用者可把自己的近况和想法以短信形式发送给手机和个性化网站群，这一模式很快便取得成功。2007 年，中国便有六七家类似推特的中文网站出现，其中饭否的功能最完备，也因此在中国最为成功。到 2009 年上半年，饭否的用户已过百万，这些中国推特克隆都与推特一样，是完全开放的。但饭否上传播的内容与中国政府的宣传政策有冲突，2009 年，饭否及中国推特克隆网站都被关闭。新浪抓住这个机会，在 2009 年 8 月领先推动新浪微博，之后腾讯、网易、搜狐也各自推出微博服务。新浪微博不只有先发优势，而且它善用本身核心能力，以源创新开拓一个两面市场。之前新浪已有新浪博客业务，当时的推广策略是邀请明星及名人加入，以此来吸引网民的眼球而拉动广告业务，这是流创新，对新浪的广告业务有些帮助，但不能帮助它突破一直停滞的情况。但博客使新浪与明星、体育界及企业家名人建立了良好关系，因此当新浪以新浪微博建立平台时，它很容易说服这些明星和名人加入开设微博，并对他们进行实名认证。他们可以拉动普通用户加入，这也反过来产生网络效应使更多明星和名人加入，这种相互网络效应使新浪微博成为发展最快的一家，很多以前的饭否用户都转移到了新浪微博（见图 5–4）。

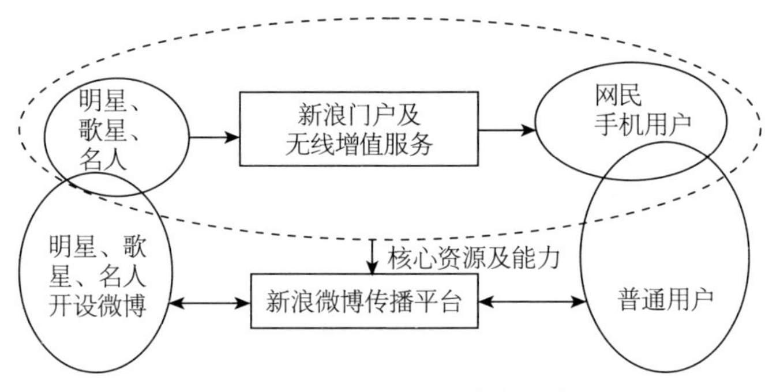

图 5–4　新浪微博发展的商业模型

新浪一直是中国互联网媒体传播的引领者，它对中国互联网的监管有较深认识，能判断哪些是监管层认为不合适的内容，因此它也担起监管内容的工作，做到平衡用户与政府的要求，这也是新浪微博在中国严厉的互联网管理政策下，能以指数级增长的重要原因。为增强这个两面市场生态系统，它邀请知名媒体加入，加强两面相互网络效应。因为微博服务的用户有只挑选单平台的倾向，新浪微博若能抢先建立足够规模的两面市场，便有机会成为市场的龙头。到 2010 年 10 月，新浪微博便有了接近 1 亿用户。在艾瑞（iResearch）2010 年的中国微博市场调查中，新浪微博在活跃用户数据上以 56.6%的优势位于首位，在浏览时间数据表中更是以 86.6%的巨大优势独占鳌头，而国内的微博市场，似乎也正趋向于承认新浪微博的领导地位，从图 5–5 中我们可看到新浪微博改变了华尔街对新浪的看法。

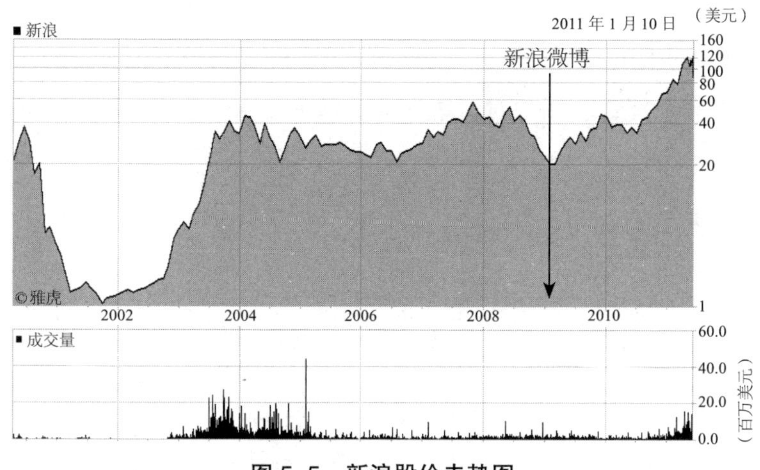

图 5–5　新浪股价走势图

资料来源：雅虎财经

人们对新浪微博的评论不同，一部分人认为新浪微博对新浪来说是革命性的改变，是成功的转型，但也有一部分人认为这样说可能言之过早，主要是因为在财务上新浪一直没有大改变。2010 年，新浪的总收入是 4 亿美元，毛利是 2.3 亿美元，而 2009 年总收入是 3.58 亿美元，毛利是 2 亿美元，也就是说新浪微博的成功未能显著地增强新浪的财务表现。新浪微博与推特都面临相同问题，那便是如何从庞大的活跃用户中获利。现在新浪的最大挑战是，如何善用它的核心资源及能力，从新浪微博的活跃用户中获利。它比推特的情况好些，因为新浪有两块收入稳定的业务，可以在财务上支持微博寻找适合的获利方法，而且它与推特的核心资源及能力不同，它们的获利方法也可能不同。

随着用户对微博使用时间的增加，一些潜在的需求慢慢浮出水面，这样让微博在商业上的可能性逐渐增加。根据DCCI的调查（见图5–6），使用年限越长的用户越希望增加电子邮件、音乐、电子商务和视频功能，老用户对这些功能的需求比重普遍高于微博的新用户。可见随着对微博接触时间的增加，微博用户对微博商务、娱乐方面的需求已日益凸显。

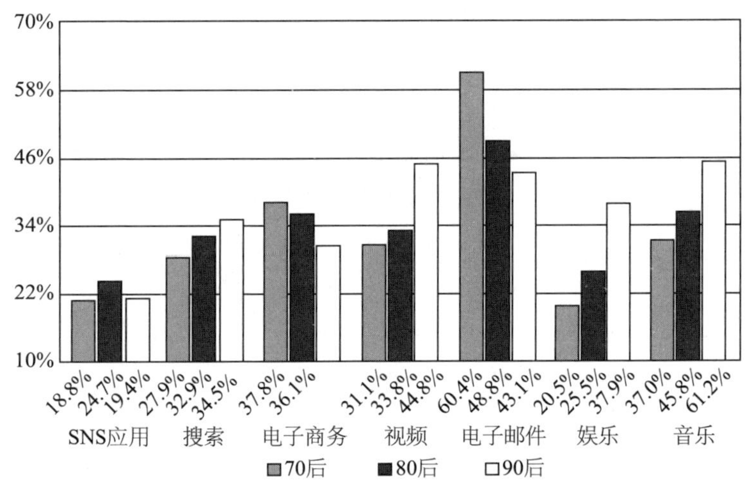

图 5–6　微博用户期待微博新增功能的年龄差异统计

数据来源：DCCI 2010 中国互联网微博与社区调查研究报告

很多企业也发现了其中的机遇，他们逐渐开始在微博上进行有针对性的营销活动。截至本书第一次出版时，有2 500家企业获得新浪认证，覆盖了汽车、餐饮休闲、影视娱乐、购物商城、房产、家居、航空公司、体育竞技、交通服务、快消品、金融服务、IT数码、影音游戏等30多个行业。包括伊利、中粮、招商银行等在内的大型企业都在尝试最新的营销方式——微博营销，且取得了不错的效果。

微博从一开始就是一个天然的两面市场平台，但在初期，平台参与者的诉求并不清晰，他们更多是在做内容的发布与传播，在这种情况下谈商业模式显然为时过早。但当使用一段时间微博以后，平台参与者的诉求开始分化，企业、名人对于自己要传播的内容更具选择性，而规模日渐庞大的草根用户对于希望在微博上获得什么也更加清晰，所以各种基于微博平台的商业模式开始应运而生。

我认为，只要新浪微博能一直增加活跃的用户，多做各种尝试，最后一定能找出自己特有的获利方法。不论新浪微博最终是否能使新浪在财务上取得突破，至少它已经使新浪在思路上取得突破，从信息传播的单向市场走向互动的两面市场。只要新浪的领导层能加深理解源创新理论，进一步认识两面市场商业模型，它就有机会真正脱胎换骨，成为一个不靠模仿发展的创新企业。

» 案例 5-3　万达：从住宅地产到订单地产

当住宅地产已经成为一片红海，万达集团转而开发商业地产，它要做的事情是，构建一个由商户、政府和消费者共同参与的生态系统。

大连万达集团成立于 1988 年，早期主要是在大连开发住宅房地产。自 1998 年底起，万达住宅开发已开始跨区域发展，陆续进入北京、昆明、成都、长春、南京、南昌等城市。在 2000 年以前，万达每年开发的住宅面积只有几十万平方米，经营水平只能算得上国内中等规模的房地产开发公司。万达集团在前十年的企业经营中，虽然是以地产为主，但也涉足了其他领域，如酒业、药业、酒店业等行业，企业的经营目标一直不够明确，导致部分地产项目出现经营问题。

王健林董事长的理念是万达要做百年企业，而要做百年企业，就必须有稳定的收入来源。住宅地产的现金流很不稳定，受政策和市场的影响很大，所以王健林董事长于1999年决定进入商业地产，但他采用了与传统商业地产不同的商业模型。传统商业地产的商业模型是，在建时或建好后招商店入租或卖店位。那时在中国，大多数商业地产商都卖店位，而万达则采用一种商业和地产开发相结合的全新模式，王健林推动的源创新理念是先与跨国企业签订框架性协议后才开始商业地产发展，他称之为“订单地产”。

万达与十多家世界500强企业和跨国企业签订框架性协议。万达投资建设经营的每一个连锁商业广场在项目确定前，都与合作伙伴共同进行市场调研，以不同的身份，从地产和商业经营两个不同角度来进行科学、严密的分析和论证。在得出一致结论后，由万达商业公司购地开发，竣工后由商业企业负责经营。与这些跨国公司谈判合作事宜，需要很长时间，也相当艰难，但万达总是先耐心地建立这一战略合作关系后才推动商业地产发展。万达此举造成了一个两面市场的平台（见图5–7）。平台的右面是这些国际知名品牌的主力店，左面是地方政府。主力店会制造人气，这也有助于单店出售或出租（这是价值链模型）。

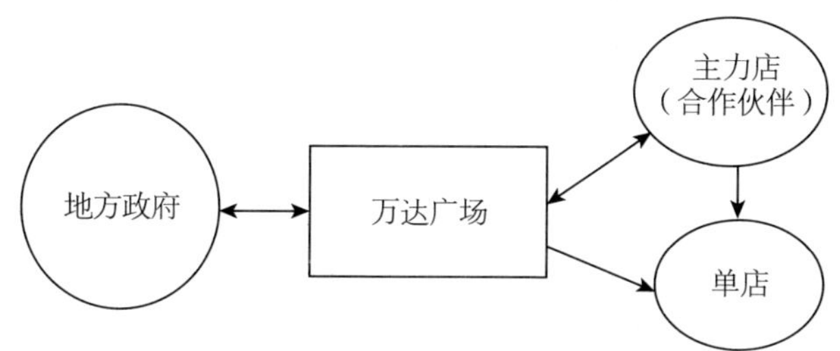

图 5–7　万达商业地产的两面市场模型

正因如此，万达开发的商业地产项目可以最大限度地满足国际知名品牌主力店的经营发展需求。这些国际知名品牌主力店都有长期租约，这也使万达获得了稳定的收入。而且，在大规模城市新区的开发建设中，建造和经营商业广场可以说形成了一种生产力，可以快速、有效地带动该地区发展成居住、办公、购物、休闲、娱乐功能齐全的成熟地区，导致相关地区物业开发的急剧升值和高额赢利，地方政府不仅取得了好业绩，而且也增加了税收，所以各地政府都欢迎万达的到来。这有助于万达在发展中的城市的得到好地段，也有助于万达与国际知名品牌的合作谈判，这便做成了两面的正向网络效应。

万达从 1999 年开始发展商业广场，都是以出售单店为主，与此同时也不断与多家世界 500 强企业和跨国企业如沃尔玛、欧倍德、百盛百货等谈判，达成长期战略伙伴合作关系。在与几个国际知名品牌主力店签订好协议后，万达于 2002 年把商业地产发展转为购物中心（Mall）的形式，由主力店和单店构成。因为万达以较低的价格将大部分商铺租给了主力店，导致资金压力过大，万达不得不出售单店给小商户以回收部分资金。由于商业项目前期需要大力进行营销推广，刚刚起步的业绩不足以支持营销成本，在项目前期小商户的经营压力很大、经营状况并不理想，这反过来也影响了万达广场的整体形象。小商户的困难也引起了很多业主与万达的纠纷，这使得万达不得不重新调整经营方式。

基于这些问题，从 2004 年起万达的购物中心原则上只租不售，这样一来万达面就临着更大的资金压力，于是万达只好放慢商业地产的扩张速度，同时加快寻求其他资金渠道。经过多方面的考虑后，万达经营方式的调整主要包括了以下两个方面：一是加强整体营销，对部分已经售出的商铺进行大力包装与宣传，目的是解决与小商户业主的纠纷问题；二是进行股份制改革与重组，商业公司与战略合作伙伴的关系将转变为股东关系，其目的是减轻资金压力，并且通过战略股东，万达可打通融资渠道，使商业地产发展得更快，这也使得万达能与不同行业的领袖建立战略合作关系，而通过这些关系，万达可以进入与人生活相关的多种服务行业，比如五星酒店、连锁百货、影院及度假区。

一个例子是，万达和时代华纳在 2004 年合资成立华纳万达影城公司，该公司在万达集团新建的购物中心建立起了最先进的、世界级的复合电影院。万达集团出资建立电影院，而时代华纳旗下的华纳兄弟国际影院在设计和建造上提供全面的技术支持，影院将使用华纳品牌并主要由时代华纳进行管理。华纳万达影城公司租用万达商业的购物广场，合同规定华纳可在 5 年内以认购股份的方式，入股华纳万达影城。在 2003 年下半年，国家广电总局首次允许国外投资者对合资影院控股 51%，并计划于 2004 年下半年进一步允许国外投资者在上海、北京等 7 个试点城市持有合资影院 75%的股份。华纳早在 2003

年已进入上海与当地企业合资开发电影院线，它与万达的合作是公司在中国市场战略的一步棋，为减少风险，影院成立后万达先以物业出租的形式将影院交由华纳运营管理，待政策出现松动，双方的合作方式将即刻转为合资，并由时代华纳控股。但在2005年底，华纳与万达的合作分解，一下子所有华纳万达电影院变为万达电影院。分解的原因有不同说法，一种说法是华纳管理不当，也有一种说法是因为中国政府对外资控股影院政策有所改变，在2005年末宣布，外资不可控股影院，因此华纳在2006年宣布退出中国影院。不论什么原因，万达通过合作关系，成为拥有最多最先进院线的企业。

万达广场历经十余年的发展，从第一代的单店、第二代的组合店，发展到第三代的城市综合体。万达城市综合体是汇集大型商业中心、高级酒店、写字楼、公寓、住宅和公共空间等多种建筑功能、业态的大型综合性建筑群，通过建筑功能分区实现综合体中不同业态的划分与互动。其中，以全新理念打造的商业室内步行街使商业中心内的各主力店和中小店铺有机相连，引导商业中心顾客合理流动，满足消费者集休闲、购物、娱乐于一体的“一站式消费”需求，成为商业中心的灵魂与纽带。这也带给万达带来了长期稳定的租金回报，为万达集团进一步的发展打下了坚实的基础。万达因此形成了自身独特的商业开发模式和治理体系，为品牌输出提供了广泛的商机。截至2010年底，万达集团已经在全国45个重点城市投资建设了59个万达广场，其中已开业的有33个，此外还有14家五星级或超五星级酒店正在运营。

案例 5-4 郭士纳重塑IBM

郭士纳认为，IBM的最有价值的资源是它与企业客户的关系，以及它集成信息技术产品来解决企业管理问题的能力，因此IBM应当从以产品为中心向以客户为中心转变。

20 世纪 80 年代，电脑行业出现了一次重大改变，个人电脑、计算机工作站及网络计算慢慢取代了主机成为电脑行业的主流。当时，IBM在个人电脑、工作站等领域都败下阵来，到 80 年代后期，IBM的产品销量每年都在下降，它的财务也开始进入困境。1992 年，IBM亏损了 50 亿美元。当时很多专家都认为IBM的问题在于它规模太大、产品线太多，因此决策不够快而失去先机，他们都认为解决方法是把IBM分拆为几家公司，每家公司营运不同的产品线组合。

1993 年董事会从外面聘请卢·郭士纳（Lou Gerstner）为新总裁，希望他把IBM划分成为几家小的独立公司。郭士纳完全不懂信息技术，但当在运通公司做总裁时，他是信息技术使用的决策者。从客户的角度来看IBM，他认为IBM不应该分为几家公司，经过调查，他认为IBM最有价值的资源是它与企业客户的关系，以及它集成信息技术产品来解决企业管理问题的能力，而如果把IBM划分成为几家独立的小公司，这些资源将会流失。所以他决定违反董事会的命令，不把IBM分为几家公司，而是把IBM从产品中心化逐步转为客户中心化，把IBM的价值链商业模型转为混合价值链与两面市场商业模型（见图 5-8）。

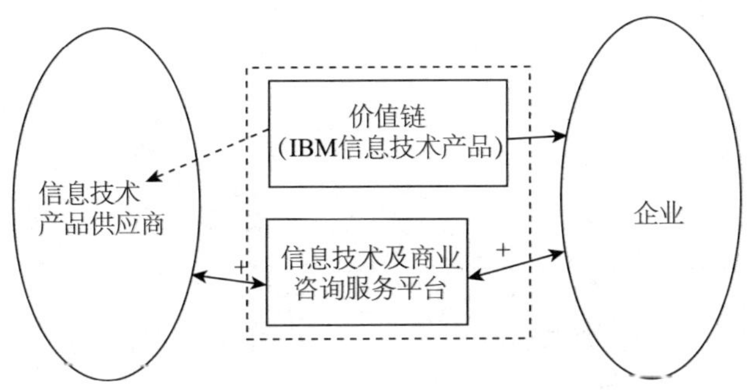

图 5–8　IBM混合价值链与两面市场商业模型

在这个图中，价值链模型代表IBM未转型前所有硬件软件信息技术产品，主要的客户是企业，他们是服务平台右边的客户群，而这平台的左面客户是所有信息技术产品的供应商，这也包括IBM自己（由虚线箭头代表）。服务平台组合最好、最合适的信息技术产品来解决企业在业务上的问题。所以，对信息技术产品的供应商来说，IBM服务平台便成为它们产品的销售渠道。越多企业用IBM的服务平台，越多信息技术产品的供应商愿意成为平台的左面“客户”，这也使平台可为右面的“客户”提供更多价值，进而增加客户数量。因为IBM在未转型时还有很多企业客户，当它以这些客户群为支点来发动它的信息技术服务平台，这平台的正向网络效应使IBM的服务业务快速上升，而且这服务平台也控制了IBM产品销量下降的趋势。从郭士纳上任后，在短短两年间，IBM从亏损转为赢利，而且过后利润一直上升，股价也重拾升势（见图 5–9）。

从 1994 年开始，郭士纳致力于增长服务平台的业务，逐渐减少并重组价值链业务：退出一些毛利率低的硬件业务（例如 2004 年把个人电脑业务卖给联想），进入毛利率高的软件业务。

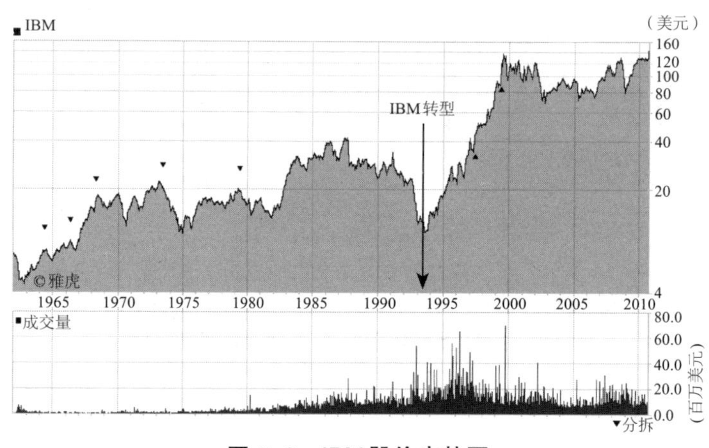

图 5–9 IBM股价走势图

数据来源：雅虎财经

›› 案例 5–5 苹果转型

在第一章我讲述过苹果转型的案例，如果用商业模型来描述，那么苹果电脑公司是从价值链商业模型（Macintosh）转为混合价值链与两面市场商业模型（见图 5–10）。

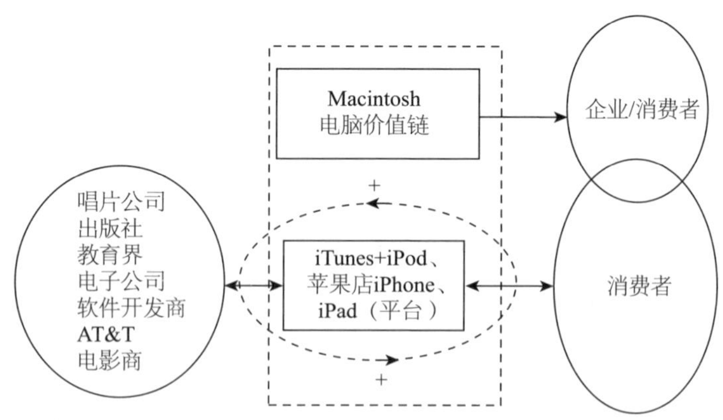

图 5–10 苹果的混合价值链与两面市场商业模型

这个平台是分个三时段建立的：在最初时段，平台是iTunes、iPod及苹果店，左面是唱片公司、出版社、教育界及电子公司；在第二时段，平台加上了iPhone，而左面加上了软件开发商及AT&T；在第三时段，平台再加上iPad，而左面加上电影商。在这个过程中，右面的消费者越来越多，而且越来越忠诚。

» 案例 5–6　英特尔的转型

在第二章我讲述过，英特尔在1980年前的主业是内存芯片，这是主机及微机价值链的上游，英特尔也生产微处理器，但是基于市场的需求来生产，英特尔是以价值链商业模型来看待这两种产品的。从1980年开始，日本半导体公司以价格优势侵蚀了英特尔的内存芯片市场，致使英特尔面临财务危机。从1982年到1985年，英特尔努力在内存芯片市场挣扎，最后在1985年忍痛逐步放弃内存芯片行业，而把精力转移到微处理器。刚巧IBM改变战略从源创新转为流创新，英特尔趁机与微软及康柏同盟，把它的微处理器（80386）、微软的图形操作系统（Windows）及个人电脑的组装看作一个两面市场的平台，右面是使用个人电脑的企业及消费者，而左面是个人电脑硬件配套产品生产商及应用软件开发商。通过这个平台，“微软—英特尔—康柏”三位一体主导个人电脑的发展。所以，英特尔的成功转型是通过微处理器产品把它的价值链商业模型转为两面市场商业模型来实现的。

案例复盘及启示

从以上讲述的案例可见，商业模型的改变是企业转型的关键——从价值链商业模型转为两面市场商业模型，或转为混合价值链与两面市场商业模型。触发转变的前提是企业的危机感。在危机感的迫使下，企业往往可以发起一个公司内部主要人员都向往的源创新理念。这个理念，对于布鲁明戴尔而言是“引领时尚潮流以迎合高收入消费者的需求”，对于新浪而言是“信息互动传播”，对于万达而言是“订单地产”，对于IBM而言是“组合最好、最合适的信息技术产品来解决企业的业务问题”，对苹果而言是“随时随地享受所有你喜爱的音乐及读物”，对英特尔而言是“每人都有个人电脑”。

转型战略以了解两面客户的欲望及能力为基础，然后策划如何建立平台来整合自身及一面的资源和能力，以满足另一面的欲望。策划过程中很重要的一点是，如何善用本身的核心资源及能力来建立平台。对布鲁明戴尔而言，这包括店址、对附近居民的了解、创造气氛的能力；对新浪而言，这包括监管内容能力以及与明星、体育界及企业家名人的良好关系；对万达而言，这包括建筑能力、在中国各城市的房地产开发经验、与中国各地政府的关系；对IBM而言，这包括信息科技集成能力、与大企业的密切关系；对苹果而言，这包括对年轻人的深刻认识、对最新信息科技的认识、设计能力、创意能力；对英特尔而言，这包括芯片产能、芯片设计、与个人电脑商及微软的关系。

企业并未面临严重危机时，要注意逐步转型，不能操之过急，因为要使大家认同转型方案需要时间以及印证。建议企业通过投入资源做些研究和实验来增加转型成功概率。布鲁明戴尔选择地毯部来作为先行者，这一做法不影响布鲁明戴尔其他部门，至少不会引起其他部门经理的反对，这使得这一部门的主管得以放手去做。在未启动计划前花时间去地毯加工厂参观，了解地毯的生产工艺，地毯部取得成功后再将同样的模式推广到家具及服饰上。新浪先说服明星、歌星和名人开通微博，成功后才邀请知名媒体加入，来加强两面相互网络效应。万达选择沃尔玛为起步点，花费一年时间了解沃尔玛在中国的发展战略，以达成有利于双方的长期合作协议，成功后再将这个模式推广到其他国际知名主力店。苹果先以iPod进行转型，成功后再延伸到iPhone及iPad。但如果企业已经面临严重危机，就要当机立断，采取快速转型行动。所幸在这样的非常时期，只要能找到好的转型方向，便很容易说服企业内部人员投入。IBM与英特尔都是在几个月内便快速完成转型。最后，转型可以通过新服务、新产品或新战略合作来实现。在以上案例中，布鲁明戴尔、新浪及IBM是通过新服务，苹果与英特尔是通过新产品，万达是通过新战略合作。在下列表，我们可见在每一案例中，对客户的认识及关系，是企业转型的基础。

表5–1　六家企业的转型基础

案例	新理念	核心能力
布鲁明戴尔	引领时尚潮流	店址、了解居民、创造气氛
新浪	信息互动传播	监管内容、与名人良好关系
万达	订单地产	建筑能力、与中国地方政府关系
IBM	信息技术服务	信息科技集成、与大企业关系
苹果	随时享受音乐	对年轻人、科技认识、设计能力
英特尔	每人有个人电脑	芯片产能及与康柏、微软关系

要加速转型，最好能趁势而行——当他人正在推动一个源创新时，善用你的核心能力，加入帮助推动这个源创新。当欧洲成衣设计

师在法国的服装工业发动新浪潮时，布鲁明戴尔趁势帮这些设计师开拓了纽约市场；当一群创业家推动个人电脑浪潮时，英特尔趁势推出 80386 主导了这一源创新。当整个信息行业推动互联网源创新浪潮时，IBM趁势提供信息技术及商业咨询服务平台。

另一种机会是，当他人急于发展或走出困境时，善用你的核心能力，帮他达到他的目的。当外国跨国企业急于在中国发展，但对中国的情况不大了解时，万达提出的方案使他们能够快速进入中国市场；当美国唱片公司遇到网上音乐盗版行为后，通过法律制止这些行为都只有开支、没有回报，所以它们急于解决这个问题，苹果趁势给它们一个圆满的方案：通过iTunes–iPod，帮助它们把互联网变为它们的合法渠道。这也就是说，在策划转型时，对宏观的趋势及他人欲望的了解，尤其是对与你不直接相关的行业的了解，会帮助你策划转型方案。

思考时间

1. 联想已停滞多年，一直没法突破，主要原因是什么？你可否策划一个源创新战略，促使它转型而突破现在的局面？

2. 现在中国很多房地产公司都意识到需要转型，它们应该如何着手？

3. 收购竞争对手是流创新还是源创新？在一个市场成熟时，收购竞争对手是否能取得突破？为什么？在一个市场的什么发展阶段（早期、发展期、成熟期）收购竞争对手是一个好战略？为什么？

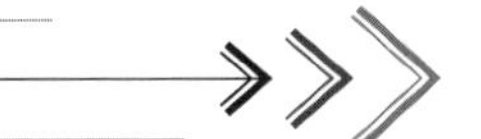

第六章 两面市场模型

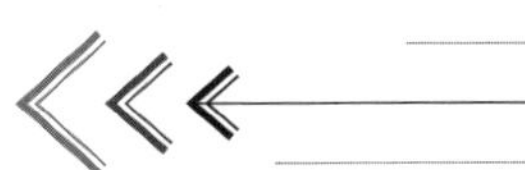

- 如果说两面市场比价值链模型更有竞争力,那为什么我们在历史上见的大多数企业都是采用价值链模型?
- 价值链商业模型是工业革命时代企业的商业模型，该模型注重产品，所以也使企业变得产品中心化。
- 两面市场模型是源创新的基础，而信息组织和传播技术的水平决定了这一模型可令企业达到的规模，因此是信息革命时代企业的商业模型，该模型注重客户，所以也使企业变得客户中心化。
- 由于历史原因，很多成功的大企业都形成了采用价值链模型来帮助它们做战略决策的惯性，但却往往败给采用两面市场模型的弱小新进者。
- 现在信息组织和传播技术的水平正在快速发展，中国的经济发展不必重复西方国家在工业革命走过的路，而应该跨越式地走信息革命之路，采用两面市场模型来推动源创新。

两面市场从学术上来讲是一个很新的概念，两位经济学家罗歇与梯若尔（Rochet and Tirole）于2003年研究网络经济时首先介绍这个模型，他们指出现代很多网站都使用两面市场的模型。这个模型马上成为经济学家研究现代网络经济的工具，而且被看成网络时代的独特模型，但在商业界中，大多数人都对这模型不大熟悉。

我与我的一位博士生在2004年研究信用卡行业的竞争战略，发觉信用卡便是一个标准的两面市场商业模型。信用卡本身没有价值，就消费者而言，越多商户承认某一信用卡可代替现金用于付账，消费者便越觉得它有方便消费的价值；同样，对商户来说，越多消费者携带某一信用卡，商户便越觉得信用卡可以促成交易。因此，信用卡一旦有足够的消费群与商户群，其用户便以指数级增长。我们于2005年在商业杂志上发表研究成果时，很多商学院教授都很感兴趣，觉得这是一个新东西，但是我认为这个商业模式并不新，至少从信用卡案例可以看出，两面市场在美国最短也有60多年的历史了，但为什么一直未引起商业界的重视？通过深入研究，我发现很多日常接触的行业都可以作为两面市场模型来看待，但一直没有引起关注。

我在历史中找到多个有关企业采用两面市场商业模型而取得成功的案例：在第四章中，我讲述了麦当劳的连锁快餐店如何采用两面市场模型来开拓市场，在第五章中，我描述了布鲁明戴尔、IBM、苹果电脑如何在面临危机时采用两面市场商业模型来进行成功转型，但在这之前没有学者以此来分析它们成功的原因。在第二章，我也描述了苹果电脑公司与IBM如何采用两面市场商业模型来取得Apple Ⅱ与IBM PC的成功，但却因成功后改用价值链商业模型，而最终败于“微软—英特尔—康柏”三位一体的两面市场商业模型。在第四章，我比较及分析了这两个不同的商业模型，从而得出结论：从发展的角度来讲，两面市场模型的发展空间比价值链模型大，因为价值链模型只关注运用自身的资源及能力，而两面市场模型关注整合自身及两面成员的资源及能力，从长远来讲，两面市场比价值链更有竞争力。很多学员问我：“如果你说得对，那为什么历史上大多数企业都用价值链模型？”这是一个很好的问题，而且对中国转变之途径而言，是一个很关键的问题。

其实很久以前，国际贸易是一个两面市场。一个商人在两国之间走动，发觉有些东西在A国很普遍但在B国没有，于是便在A国买入这些东西然后拿到B国卖，同样，有些东西在B国很普遍但在A国没有，他于是也在B国买入这些东西然后拿到A国卖。这个商人便是这两国之间的平台，整合一国的资源来向另一国提供价值，所以采用的是两面市场商业模型。但过了一段时间，他发觉其中一些在A国出产的东西在B国很好卖而且价钱好，于是他便在A国自己设厂，自己生产该产品后卖到B国。慢慢地，他减少了参与两国间的交易活动而致力于生产及销售，因为生产及销售可以做大规模，而产品交易很难做大规模，他于是从两面市场变为价值链模式。

必须注意的是，信息组织和传播技术的水平会大大影响两面市场模型在规模扩展上的能力及速度。在工业革命时代，因信息管理和传播技术的水平低，企业采用两面市场商业模型不能做大规模，即使以两面市场模型进行了源创新，在发展时也只能把注意力集中于一个成功的产品上，转而采用价值链商业模型才能做成规模经济。因此，西方的管理学者（如波特）都研究及提倡价值链商业模型，这也是为什么我们在商业案例中多见价值链商业模型而少见两面市场商业模型。价值链商业模型是工业革命时代企业的商业模型，该模型注重产品，所以也使企业变得产品中心化。

第二次世界大战后，随着电脑的问世，我们开始进入信息革命时代，并且意识到产品能为消费者提供价值，信息也能为消费者提供价值，于是零星地有企业采用两面市场模型，而且成功地做成规模经济，信用卡便是最好的例子。但当时大家都认为这是一个特例，没有对它成功的原因进行理论化研究，因而未能归纳出一个可供其他企业借鉴的商业模型。

由于历史原因，很多成功的大企业都形成了采用价值链模型来帮助它们做战略决策的惯性，但往往败给采用两面市场模型的比较弱小的新进者，例如索尼败给JVC、IBM败给“微软—英特尔—康柏”三位一体。到后来随着互联网的盛行，所获得的价值都是从信息而来，网站公司都采用两面市场模型，这也使得上述两位经济学家开始研究两面市场，将它视为网络经济的基础。但我认为两面市场不只是网络经济的基础，还是所有源创新的基础，而信息组织和传播技术的水平决定了该模型可令企业达到的规模。

现在，信息组织和传播技术正在快速发展，中国的经济发展不必重复西方国家工业革命时走过的路，而应该跨越式地走信息革命之路、采用两面市场模型来推动源创新。中国的制造业转型的途径应以本行业的生态系统为基础，通过建立两面市场商业模型来推动源创新理念价值，并且利用最新信息组织和传播技术来做成规模经济。两面市场注重的是客户的欲望与能力，所以是客户中心化的模式，这也为很多服务行业所用。以下是我整理的各种能建立两面市场的方法。

以中介产品增值

中介产品和中介机构天生面对两面市场,但很多中介机构仅仅把自己视为渠道,很多生产商仅仅把中介产品看作产品，这样就阻碍了他们对自身真正价值的挖掘,看看信用卡和iPod是如何成功的吧。

›› 案例 6-1　信用卡带来的改变

在没有信用卡时，我们到商店买东西或去餐馆吃饭之前先要去银行取钱放在口袋中，再与商店或餐馆交易。我们可以用下图来表示一位消费者如何花钱吃饭、购买日用品、旅行。

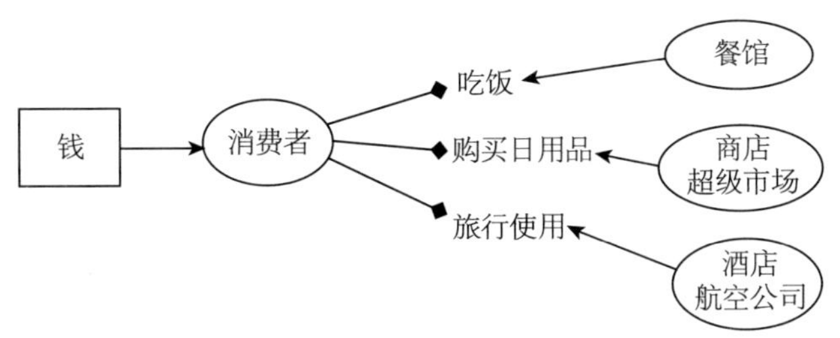

图 6–1　信用卡产生前的消费行为

消费者需要与餐馆、商店、超级市场、酒店、航空公司等直接进行交易，而钱是交易的中介。但常到银行取钱很不方便，而且放很多钱在口袋中也不安全，所以如果能创造一张方便携带的卡片，只要持有这卡的消费者有足够的钱，他的卡就会被餐馆、商店、超级市场、酒店、航空公司等承认，代替现金进行交易，那么就有很多消费者想拥有这张卡，因为它可带给消费者方便及安全，这便是信用卡的起源。

于是，信用卡很自然地代替钱成为消费者与餐馆、商店、超级市场、酒店、航空公司交易的中介。这个中介与钱相比有不同的价值：钱在什么情况下都可用，而信用卡只限于在承认它的商户处使用。然而，因为携带信用卡比钱更方便及安全，所以如果越多商户承认信用卡，那信用卡就越有可能成为比钱更有价值的中介，想要拥有信用卡的消费者也越多，而这又会使更多商店承认信用卡，从而形成

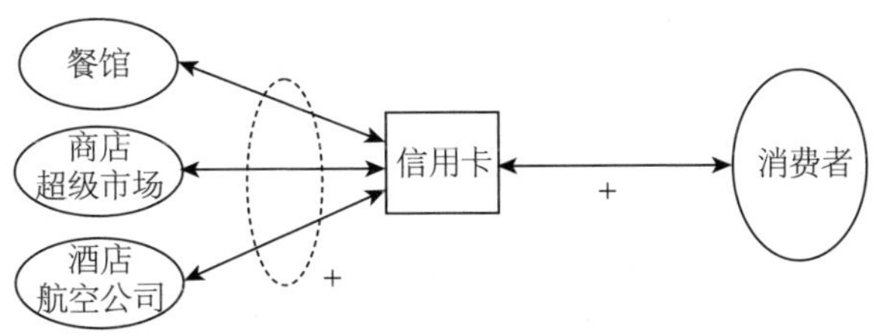

图 6–2　信用卡的两面市场模型

以下有正向网络效应的两面市场。

当持有信用卡的消费者越来越多时，很多其他机构，如大百货公司、学校、政府收费部门等都加入左面进而加速了两面市场的发展。美国最早的信用卡大来卡（Diners Club）在1949年由两位企业家联合创办，左面的商户是纽约的知名餐馆，而右面是纽约成功人士，这张卡是成功人士身份的象征。当这一信用卡在纽约取得成功后，两位企业家便把这个商业模型推广到美国各大城市，而拥有大来卡的消费者也越来越多。但大来卡两面市场的发展只限于左面是美国的知名餐馆、酒店以及一些比较高级的零售店，而右面是收入高的成功人士。

距此9年后，美国运通公司（American Express）于1958年也发行了信用卡，它左面的商户群为国际餐馆、酒店、航空公司及高级零售店，而右面是活跃的富人。值得注意的是大来卡与运通都不是银行，而信用卡是钱的代替品，所以银行界自然应该介入。同年，银行集团发行了BankAmericard（美国银行卡，后来改名VISA）与万事达信用卡，它们左面的商户主要是餐馆、商店及超级市场，而它们右面的是中上层客户。到现在美国运通、VISA及万事达仍是占市场份额最多的信用卡，它们左面的商户都差不多，只是有些小商店接受VISA及万事达卡，但有个别大卖场只接受美国运通。美国运通偏向上层客户，而VISA、万事达卡则偏向中层大众客户。

我们可以看到，每一种不同的信用卡都是由两面市场的一个市场分段开始，成功之后利用网络效应来扩展到其他分段。所以，它们的成功之处在于初步成功后有能力扩大规模。当客户与商户数量增加，信用卡公司需要跟踪客户与商户的交易情况，并且通过电脑对这些交易进行分析，因此信息技术的发展成为信用卡扩大规模的关键。

» 案例 6-2　MP3 为何失败?

我们再看另一个案例：MP3。试问MP3 本身有没有价值？没有，因为它只不过是一个带有内存的数字音频播放器，可存放音乐及读物供人享受，但如果消费者不能得到音乐及读物，那么MP3 是没有价值的。我们可用下图来表示用户如何使用MP3。

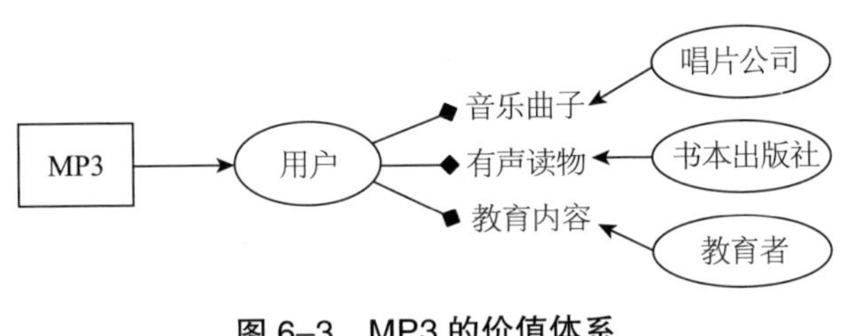

图 6–3　MP3 的价值体系

其实，MP3 的真正价值不在于其本身，而在于为用户提供中介服务，令其可以很容易、方便且便宜地享受他喜爱的音乐与读物。所以，成功的中介需要把内容供应商通过一个平台与客户连接从而建立两面市场，这正是苹果iPod成功的主要因素。苹果先建立iTunes使用户可以很方便地下载各种内容，如文件、音频、视频等，然后与几家美国主要唱片公司签订合约，使iTunes成为唱片公司的网上销售渠道，消费者可在iTunes付费 99 美分后合法地下载他喜爱的歌曲，从而与苹果推出的iPod一起推动了一个源创新理念——随时随地享受所有你喜爱的音乐及读物。iPod的巨大成功吸引了很多生产商及服务商加入支持它的新理念，不仅所有唱片公司都与苹果签合约，一些出版社也与苹果签合约提供有声书下载，共同帮助苹果达成新理念。最终，苹果以iTunes及iPod为平台来建立了有正向网络效应的两面市场。

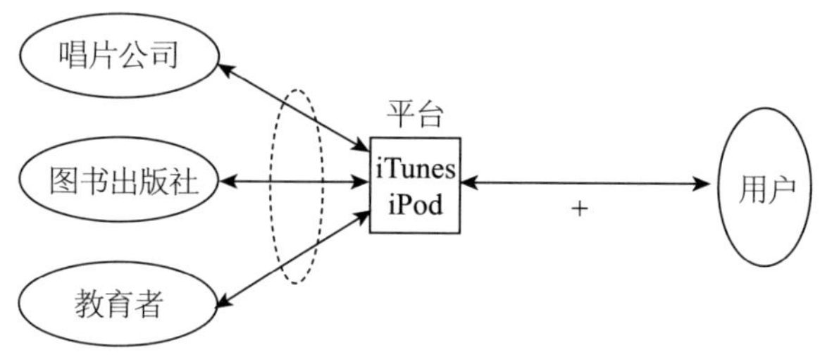

图 6–4 iPod的两面市场商业模型

当拥有iPod的用户越来越多，很多高保真音响系统生产商便设计出可与iPod对接的音响系统，很多消费类电子产品生产商也设计出可与iPod对接的车载音响系统，很多小商店也开始出售与iPod配套的附件，这些都成为左面市场的新成员，它们的加入使这一两面市场得以加速发展。

苹果推行的理念“随时随地享受你所有喜爱的音乐及读物”是一个旧理念的更新。20 多年前索尼推出“随身听”（Walkman），它是一个可放在口袋中的小巧的磁带播放器，与一个小耳机连接，用户可购买录好的磁带或自己录制喜爱的音乐，把它放在随身听里“随时随地享受他喜爱的音乐”。随身听一出现便大受欢迎，可以说是索尼有史来最成功的产品。以当时的技术，一盘磁带只可录 10~15 首歌曲，而年轻人喜欢听的“流行歌曲”常常变，并且他们喜欢的流行歌曲在一段时间内往往在 10 首左右。所以，这些年轻人常听收音机播放的流行歌曲，听过以后，从中挑选自己喜爱的流行歌曲，录制在盒式磁带中供以后享受。因此，对他们来说，随身听正是最好的“中介”，随身听由此大获成功。

之后所有电子用品生产商都把它看作“产品”，致力于增加功能及提高质量，但这对“中介”提供的价值没有增加多少。即便MP3可让使用者录制上千首的歌曲，但这千首歌曲从哪里来？试问谁有耐心及时间去寻找及录制一千多首喜爱的曲子？所以，这些流创新都不成功。苹果iPod的成功在于，它不仅把iPod视为“产品”，也把它视为“中介”，而用最先进而且成熟的互联网技术及产品来把有20年历史的旧理念翻新，从而创造更大的新价值。

案例复盘及启示

中介产品不仅是产品

以上两个案例有一个共同点，那便是例子中的“产品”本身没有什么价值，这些“产品”的价值在于它与很多生产商或服务商有直接连接，使消费者通过它能方便有效地得到他们想要的产品或服务，我称这些为“中介产品”。世界上很多信息技术产品都是“中介产品”，例如电脑、电视、电子游戏机、录像机等；同样，我们有“中介机构”，如商店、贸易商、地产中介、招聘中介等。所有这些中介产品及中介机构都面对两面市场，一面是消费者而另一面是生产商及服务商，所以这些中介产品及中介机构建立平台时，最适合采用两面市场商业模型。

但很多生产商把中介产品看作产品，只关注它的功能、质量及成本，而忽略了它与其他产品及服务连接的重要性。例如创新科技

（Creative Technology）在MP3、索尼在录像机、苹果在图形操作系统、IBM在个人电脑上犯的错误，都是因为采用价值链模型而败给了采用两面市场模型的对手。很多中介机构把自己看作产品的销售渠道，因此注重增加货源、物流及推销，但忽略了通过积极组合一面的资源及能力来为另一面提供新价值。它们的发展只是单向推动，缺乏两面互相推动而产生的正向网络效应，所以规模都很快定型，而且停滞。

所以，当信息技术公司及中介机构遇到停滞时，采用适当的两面市场商业模型来进行突破是最好的方法：通过积极组合一面的资源及能力，提供新价值给另一面，以此造成正向网络效应，吸收更多成员加入生态系统。在第五章，我们看到布鲁明戴尔、IBM、英特尔、苹果都是采用这种方法来转型的。

从现有客户身上发掘财富

我们需要殚精竭虑地去发掘新客户吗？未必。只要你能给他们带来真正的价值，你会发现，很多客户都是现成的。

›› 案例 6-3　GE掘金增值服务

通用电气（General Electric，简称GE）是美国最成功的多元化公司，在1981年GE便有150多个业务单位。当年杰克 · 韦尔奇担任总裁后着力减少这些业务单位，但GE仍然参与很多不同的行业。它的客户群中有很多消费者，也有很多商户。很早他们便发现，为消费者提供分期贷款能增加GE家用产品的销量，而且很多客户都愿意购买家用产品的延长保修服务。于是GE在1932年便设立了金融公司（GE Finance）来提供分期付款及产品保修服务，但这一服务只提供给购买GE产品的客户。慢慢地，它发现客户需要更多金融服务，于是成立了消费者金融服务平台，右面是消费者，而左面是银行。GE有最好的信用评级（AAA），可以向银行低息贷款，然后通过这个平台向消费者（不一定是GE的客户）提供贷款、保险、信用卡、理财等服务。后来，GE发现它的商户群也有金融服务方面的需求，于是成立商务金融服务平台，提供商业贷款、商业保险、设备租赁、飞机租赁、零售融资等服务。

这两个平台利用GE的工程师及经理人资源来提供增值金融中介服务，例如设备租赁服务。GE建立信息系统，使它的设备租赁客户在设备出问题时能做在线诊断，并且就近派遣工程师去解决问题。如果客户租赁的是汽车，GE在找到问题之后，指导客户到附近修车房，并且用GE的影响力，帮他获得最低维修成本。因为GE资本雄厚，而且拥有大量工程师及经理人资源，它可轻易地进入高风险但高回报的资本密集型设备租赁行业。GE是世界最大的飞机租赁公司，同时也提供设备融资服务，其中包括设备维修及工程支持服务。现在的通用由图6–5中的两个平台构成：

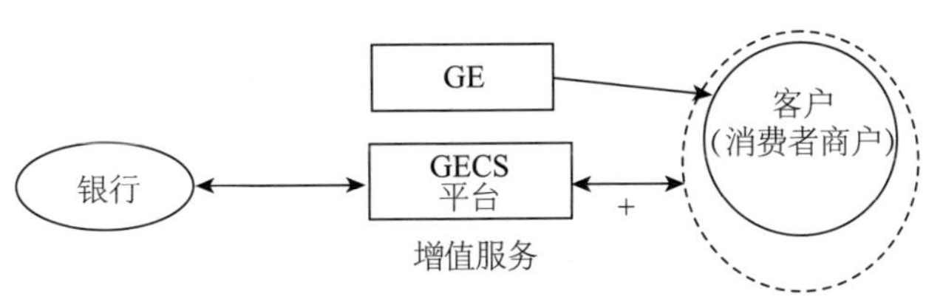

图6–5　GE的两大平台

其中，通用电气资本服务（GE Capital Service，简称GECS）包括以前的通用金融。现在GECS是GE所有业务中最重要的一部分，GECS的收入大约占GE总收入的1/3。在金融风暴之前，GECS的营运利润大约是GE总营运利润的40%，在金融风暴时期（2008,2009），GECS仍没有亏损，营运利润大约是GE总营运利润的32%（2008）及12%（2009）。

›› 案例6-4　黄页成为摇钱树

电话在1876年试行成功，贝尔电话公司（Bell Telephone Company）在1877年成立，到1878年已有过万客户。为使电话增加价值，电话公司把用户电话号码印在小册子中免费送给每个用户，每年客户增长很快，这本小册子也逐年加厚。几年后小册子变为电话簿，而且各个地区都有它的电话簿。到1986年，有电话的用户越来越多，而且很多商户也都安装电话以方便顾客与它们联络。

当时一位企业家鲁本·唐纳利（Reuben Donnelly）发现了一个商机，他与电话公司合作，印了一本包括所有商业公司电话号码的电话簿，把公司分类排列使用户能够容易地找到想找的公司，而公司如要将电话号码印在电话簿上，则要付基本费用。除此之外，他派人到各公司去招集广告，也印在这电话簿中。如果一家餐馆要做广告，它必须先付广告费用，费用多少取决于广告所占的页面面积，然后它的广告便会印在这电话簿的餐馆分类中。电话簿印好后免费送给所有电话用户。因为当时的电话簿用黄色的纸印刷，所以被称为黄页（Yellow Page）。

黄页是一个两面市场的中介平台，右面是电话用户，左面是商户群；用黄页的电话用户越多，便有越多商户愿意把电话号码印在黄页上，在黄页上登广告的公司也越多，黄页上收录的公司也就越多，而这又进一步增加使用黄页的人数，这便成为两面市场的正向网络效应（见图 6–6），很快地黄页广告便给唐纳利与电话公司带来新财富。那时电话行业在美国是受管制的垄断行业，而黄页是不受管制的垄断行业，成为唐纳利与电话公司的摇钱树。其实电视台、电台以及很多网站用的都是相似的商业模型，先以免费内容来争取众多客户，然后用这些客户来吸引商户在它们的平台上做广告，它们的收入全都来自广告费。随着信息传播技术的演进，它们的规模大幅扩展，广告收入也随之增加。

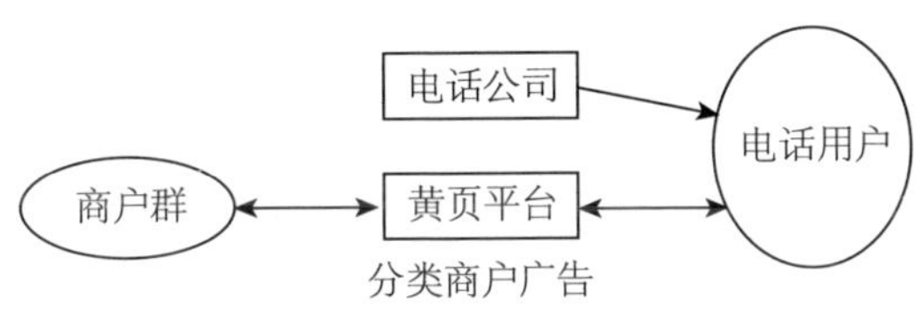

图 6–6　黄页的两面市场商业模型

先利人后利己

先用自己的资源使他人获利，引导他们加入来建立两面市场模型，之后通过两面市场的正向网络效应使自身得到更大利益，亚马逊和中移动就是这么做的。

»案例 6–5　亚马逊变身平台得翻身

亚马逊（Amazon.com）网上书店成立于 1994 年，当时正是互联网泡沫早期，因为书价便宜而且货源充足，到亚马逊网上买书的人越来越多，它也成为互联网泡沫早期的明星。当时大书店都纷纷建立网站在网上卖书，而且与亚马逊进行价格竞争，这使亚马逊虽然客户增多，但还是每年亏损。

后来，亚马逊扩充了商品种类，不只卖书，也卖日用品。它在 1996 年推广了一个项目，使其他网站可以与亚马逊网站建立链接，通过链接引导网民到亚马逊网站。如果这些网民最后在亚马逊购物，那亚马逊会向引导网民过来的网站支付佣金。这一来加入这个项目的网站便成了亚马逊的推销员，越多网站加入这个项目，亚马逊的网民也越多。但问题是，卖的货多了，亚马逊便要扩大仓库，从而增加成本，加上一些大商店也建立网站与亚马逊展开价格竞争，这使亚马逊虽然收入增加，但仍亏损。很快地亚马逊的资金也渐渐短缺。所幸亚马逊趁着互联网的高潮在 1997 年上市，不仅解决了资金短缺问题，而且筹集了足够的资金开拓市场。但亚马逊仍未走出卖的东西越多亏损越严重的怪圈，2000 年亚马逊的亏损高达 14 亿美元。

1999 年，亚马逊推出了另一个项目，这一次亚马逊将它的网站变成一个平台，让所有商户或个体都可利用这平台来出售产品，也就是说亚马逊将与加入这个项目的商户和个体共同分享它数以千万计的网民（见图 6–7）。经常在亚马逊卖产品的商户要交月费及交易成功的手续费，而偶尔在亚马逊卖二手货的个体只需付手续费。手续费按一定比例从每笔成交金额中提取，个体卖家的比例比商户的高，而商户的比例则高于给其他网站的佣金。接到订单后，商户或个人直接把产品寄给客户，亚马逊会替它们向买家收费，扣除手续费后把钱汇到它们的银行账户。这为中小型商户提供了商机，因为它们凭自己的力量，永远没有机会让那么多网民看到它们的产品。而且它们不用进行任何投资，便能享受这些好处。

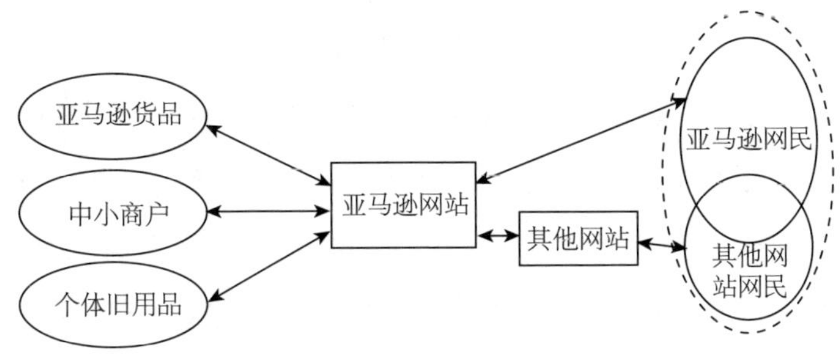

图 6–7　亚马逊的商业平台

通过这个项目，亚马逊网站从网上商店的价值链商业模型转变为网上平台的两面市场模型，右面是网民（直接到亚马逊网站或间接通过其他网站登录亚马逊网站），左面是亚马逊、中小商户群及个体卖家群，网民越多加入平台的中小商户就越多，这又丰富了网站出售的产品，从而吸引更多网民到亚马逊网站。正向网络效应使两面的客户群增加，亚马逊却不用为此扩大仓库，它的净利润也因此提升。

2000 年 3 月，互联网泡沫破灭，所有还未赢利的互联网公司股价大跌，亚马逊也不例外。这使所有互联网公司都面临倒闭的危机：它们无法再获得融资，如果不能在现金储备用完之前扭亏为盈，那么只能宣布破产。幸好亚马逊的平台战略在 1999 年已经启动，到 2001 年底亚马逊便宣布开始赢利，它的股价也随之上升。现在，亚马逊从中小商户、个体群及相连网站获得的收入是总收入的 40%。

亚马逊在 1999 年推行的项目，与布鲁明戴尔的“店中有店”及麦当劳帮助想做老板的人成功有异曲同工之妙，那便是先用自己的资源来使他人获利，引导他们加入来建立两面市场模型，之后通过两面市场的正向网络效应从中得到更大利益。

›› 案例 6–6　中移动让无数网站重获生机

中国也有相似的案例。2000 年，中国很多门户网站如新浪、搜狐等都尚未找到增加公司收入的好办法；与此同时，互联网泡沫破灭，这些还未赢利的互联网公司都面临倒闭的危机。那时，中国移动正要开拓手机短信业务，已经建立了推广手机短信服务所需的基本架构，正在推出 0.1 元的基本手机短信业务。为快速发展市场，中国移动与门户网站签约，让他们为手机短信提供增值服务，从中收取基本手机短信费。尽管中国移动在通信行业几乎享有垄断地位，但增值收入的分配却根据双方的投入比例：增值服务所得收入 85%归供应方，15%归中移动。

那时中国移动手机已有过亿用户，面临困境的门户网站看准了这个机会，纷纷加盟，致力于通过短信连接手机用户与网络资讯，这就创造了一个两面市场模型：以中国移动短信业务部门为平台，右面是手机用户，左面是网络增值服务商。（见图 6–8）手机用户越多，便吸引越多企业申请成为中国移动的网络增值服务商。到 2002 年，中国移动已有 400 多家网络增值服务商，其短信业务量上升也很快，2001 年共发出了 160 亿条手机短信，2002 年则达到了 800 亿条。

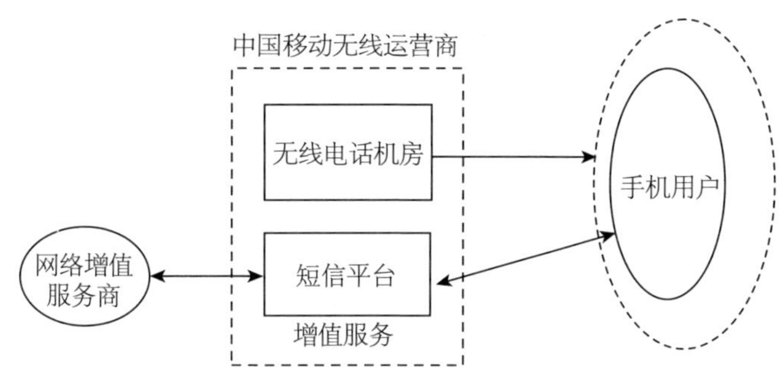

图 6–8　中国移动的两面市场商业模型

高质量的网络增值服务商的加入会提高中国移动的服务价值，但低质量的网络增值服务商的加入反而会降低中国移动的服务价值。开始的时候，加入的都是当时的大型门户网站，它们都有足够的资源来提供高质量服务，所以它们的加入也增加了中国移动的服务价值。但之后越来越多网络增值服务商加入，其质量良莠不齐，再加上网络增值服务只给中国移动现有的用户增加价值，主要能为中国移动增加用户的是无线电话服务，因此几年后中国移动对申请成为网络增值服务商的企业提高了在资本及能力方面的要求，而且增值收入的分配也慢慢改变：中国移动的份额从 18% 提升到超过 50%。

这是一个两面市场，其中右面对左面的网络效应远远超过左面对右面的网络效应，而且当左面的网络增值服务商过多时，左面对右面的网络效应从正向转为负向，很自然地，网络增值服务商开始时增加，但很快便停止增加。随着右面的手机用户越来越多，对已加入的网络增值服务商来说，平台提供给它的价值也越来越高，所以中国移动理应分得较高的增值收入。中国移动用同样的商业模型来建立其他的增值服务，包括手机游戏软件、彩铃等。

组合制造业的资源

产品公司都可以联合上游生产商来建立两面市场商业模型，但要建立这个模型，关键是了解客户的欲望，并积极地组合上游资源来满足客户的欲望。

›› 案例 6-7　利丰做强采购平台

利丰是香港历史悠久的贸易商。1906 年，冯柏燎与李道明在广州创立了利丰贸易公司，冯柏燎因为懂英文而成为中国厂家和西方买家的中介，外贸生意也日渐兴旺。那时利丰贸易公司的业务主要由冯柏燎打理，而李道明虽是合伙人，但从来不参与业务。因为香港有利于外贸生意发展，冯柏燎的儿子冯汉柱便在 1937 年被派去香港创立利丰有限公司，从事外贸业务。

1943 年，冯柏燎去世，利丰所有业务归儿子冯汉柱管理。1946 年，李道明又将他在利丰的全部股权卖给冯氏家族，之后利丰就成为冯氏的家族企业。1949 年以前，很多内地人涌入香港，劳动人口突增，香港因而发展制造经济，生产及出口劳动密集型的消费品。利丰也把握机遇扩展它的业务，除了原有的出口产品线外，又增加了服装、玩具、电子及塑料花等产品，从而成为香港的大出口商。为培养接班人，冯汉柱把两个儿子送去美国留学。弟弟冯国纶于 1972 年在哈佛商学院取得工商管理硕士学位后便回香港协助父亲管理利丰业务，哥哥冯国经获得哈佛商业经济博士学位后留在哈佛任教，之后也于 1976 年回香港加入利丰业务。

两兄弟在美学习多年，对专业管理方式有很深的认识，而且很了解美欧企业在产品制造方面的要求。于是，在代理美国公司采购的业务上，他们利用对当时先进生产管理的认识，挑选了合适的厂家，并且协助工厂生产管理，力求制造出达到国际水准的产品。在这个过程中，他们为中介服务增加了新价值：对采购的买家而言，利丰的角色是代表买家找到最合适的生产厂家，而且替买家做监工，控制质量及确保准时交货；对厂家而言，利丰不仅带来了订单，而且帮助它们提高了生产质量。于是利丰采购代理便成了一个两面市场的平台：右面是国际上需要产品外包的企业，左面是生产厂家。利丰一方面组合及优化厂家资源来满足国际企业的需求，这使利丰赢得了国际企业的信任；另一方面也组合国际企业客户资源给厂家带来收入，这使利丰成为了这些厂家的好客户（见图 6–9）。

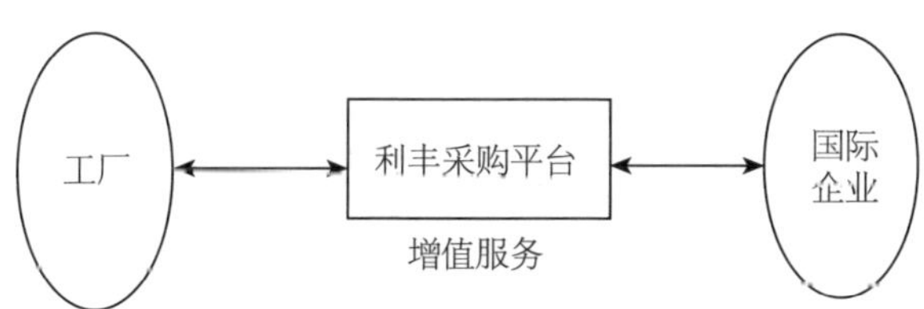

图 6–9　利丰的两面市场商业模型

1979 年，中国转型，采取开放政策来鼓励经济发展。先是香港制造商把工厂迁入中国南部，随后外商在中国投资设厂，从事产品制造及加工而供应外国（主要是美、欧、日）市场，于是中国的货品供应商越来越多。这对国际上需要产品外包的企业是好消息，但也带来一个很大的问题，那便是它们不知道哪一家供应商可靠，哪一家工厂能保持高质量。利丰把握住这个商机，在中国各地投资建立采购网络，把它的增值中介平台延伸到中国各地工厂，这一来便解决了国际企业产品外包到中国制造的问题，因为它们信任利丰能替它们在中国找到最合适的供应商，而且能保证产品质量及准时交货。

随着采购网络的扩展，信息组织和传播技术的进步，利丰可采购的产品种类更丰富，质量也更好，找它代理采购的国际企业也更多。这使它网络内的厂家收入提高，也使更多厂家愿意加入利丰的采购网络，于是形成两面市场的正向网络效应。随后，利丰把采购网络延伸到发展比较落后的亚洲国家，为服务全球客户打下了基础，然后收购了当时香港最大的竞争对手，使利丰的采购规模扩大了一倍。同时，利丰又把采购网络延伸到印度、加勒比海及地中海一带，加强了对美欧客户需求的及时服务能力。利丰不断通过收购来增加采购的客源，同时扩展采购网络来相应地增加采购容量，形成持续性的正向网络效应。

在第五章，我们看到布鲁明戴尔在转型初期（地毯、家具）也积极地通过组合生产商资源来建立两面市场。它与利丰的不同之处在于，它积极地组合生产商资源来创造新产品，以刺激消费者的需求，利丰则积极地组合生产商资源来满足企业的采购需求。两者都是生产商与客户的积极中介，但它们提供的增值服务不一样。布鲁明戴尔提供的价值在于产品设计及销售渠道，而利丰提供的价值在于协助生产管理以满足企业的采购需求。很多分销商、商店、采购商都是被动中介，用的是价值链商业模型，但如果它们能把重点从现成的产品转移到了解两面市场客户之上，它们都可以很自然地转为两面市场商业模型。

用自己的资源引导其他资源进入

用自己的资源引导其他的资源进入某个市场，大家一同把这个市场培育成两面市场，最后实现共赢。

» 案例 6–8　安然创造天然气期货平台

安然（Enron）最初是一个天然气管道公司。1978 年之前，天然气是受管制的，所以很多公司进入该领域。那时候，有些公司做天然气开采，有些做天然气输送，安然两个业务都有。1978 年，美国政府开始解除对天然气市场的管制，主要是解除市场的价格管制，于是天然气市场竞争变得非常激烈，很多公司倒闭或者合并。天然气的价格在自由市场的环境下波动很大，很多发电厂及各种制造业因此减少了对天然气的使用,导致市场发展缓慢。

这时候，安然有了一个创新的想法：由于当时天然气价格很不稳定，如果可以稳住天然气的价格，就可以创造一个市场，于是产生了天然气期货。安然先和一些天然气开采商签订长期合约，答应以一个固定价钱买入他们开采的天然气，比方说是 10 元钱。天然气开采商用这个合约向银行贷款来开采天然气，这样安然的天然气储备量便得以增加。然后，安然又与发电厂签约，以 12 元的价格将天然气卖给发电厂。发电厂有了稳定的天然气价格，对安然的天然气需求量也增加了，安然就把它的管道开放给其他天然气供应公司，以市价向它们采购，经过安然的管道送到发电厂，并且向它们收取运费，这样安然就创造了一个天然气期货平台（见图 6–10）。

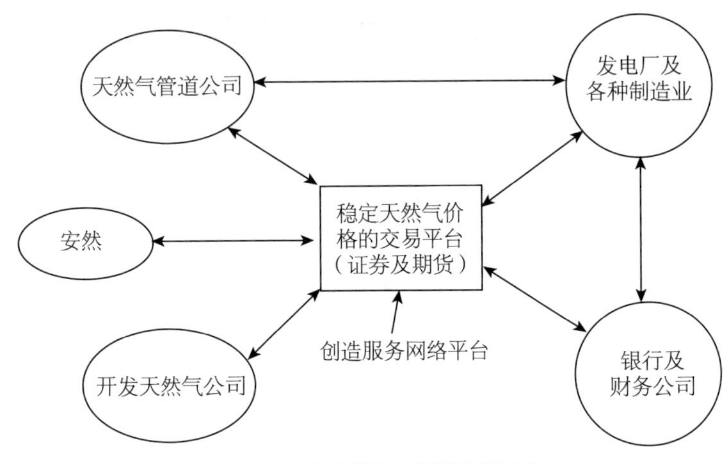

图 6–10　安然的天然气期货平台

当合约到期时，如果市场价超过 10 元钱，安然便以 10 元从已签约的天然气开采商买入而以 12 元卖给发电厂。因为安然有固定的天然气需求，所以很多天然气供应商加入了这个平台。越多天然气供应商加入这个平台，便有越多发电厂能得到稳定的天然气价格。这使更多发电厂加入，而这也带动更多天然气供应商加入并增大开采量。后来安然发现它的主要利润来源不是买卖天然气，而是天然气期货平台。这个案例成功的关键是：安然用自己的资源引导了其他的资源进入它的天然气期货交易平台，从而促成两面市场的形成。

产融结合

制造业和金融业都有各自的风险，但如果把这两类企业适当地组合，就可能建立一个稳健发展的企业，这就是巴菲特赖以成功的产融结合战略。

» 案例 6–9　巴菲特的成功秘诀

金融行业主要以运用杠杆为主，金融杠杆可以放大投资的结果，无论最终的结果是获利还是损失，都会以一个固定的比例放大，因此杠杆越大越危险。制造业也一样，由于利润微薄，所以要把量做大才有可观的利润，但是量越大风险越大，一旦现金流断裂，企业就垮了。然而如果能把这两类企业适当地组合，就可能建立一个稳健发展的企业，我称之为产融结合战略。

沃伦·巴菲特被喻为“当代最成功的投资者”。他成功在哪里？有人说巴菲特是投资股神，我说其实他是个企业家。我们来看看他公司每年的投资回报（见表 6–1）。

表 6–1　巴菲特公司近来投资回报

时间段	伯克希尔平均每年回报	标准普尔 500 指数平均每年回报	平均每年回报的双差
1964~1967	18.10%	8.20%	9.90%
1968~1972	17.10%	7.60%	9.50%
1973~1977	23.13%	–0.30%	23.43%
1978~1999	26.94%	17.30%	9.64%
2000~2003	7.38%	–5.34%	12.72%

从这些数据可以发现，股市好的时候巴菲特公司的回报比标准普尔 500 指数基金的回报高大约 9.5%，但在股市不好的时候巴菲特公司的回报比标准普尔 500 指数基金的回报要高出超过 12%。那巴菲特是股神吗？

其实巴菲特选股的方法不是秘密，他告诉过别人，并且也有书讲解。我们都知道他的投资方法不同于一般的基金经理，他不依靠短期股价的浮动，而是依靠公司的持续增长能力来取得投资回报，因此他首先一定要对公司的总裁有深刻认识，并对它的整个管理团队的能力有信心，才会去看它的财务状况来考虑是否要投它。巴菲特买下的多是消费用品公司的股票，这些公司每年有稳定利润，公司现金流可为巴菲特做将来投资使用。

我们可以看到，巴菲特的投资方法是比较保守的，那他公司的持续高增长率从哪里来呢？这就要看看他公司的总结构及发展战略。巴菲特公司在 1967 年买了第一家保险公司，之后相继收购多家保险公司。保险行业有一个特点，那便是每年都有保险浮存金（Floats），简单来说，浮存金是保险费减去损失事件的赔偿金。保险公司每年都有浮存金产生，这主要有两大原因：一是保险公司每年收取保费，二是损失事件往往在发生多年之后才会经过谈判得到解决，这样保险浮存金便可用来投资。以下是巴菲特公司浮存金增长的历史（图 6–11），以及巴菲特公司一美元投资的价值图（图 6–12，根据巴菲特

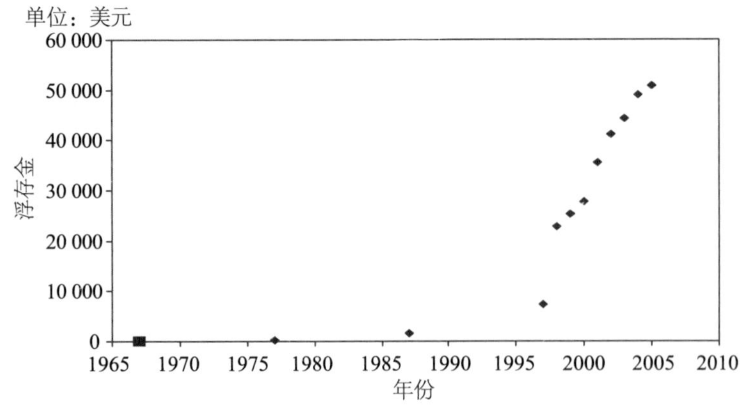

图 6–11　巴菲特公司每年浮存金

公司年报），我们可以看到它的一元投资升值与浮存金的增长有密切关系。

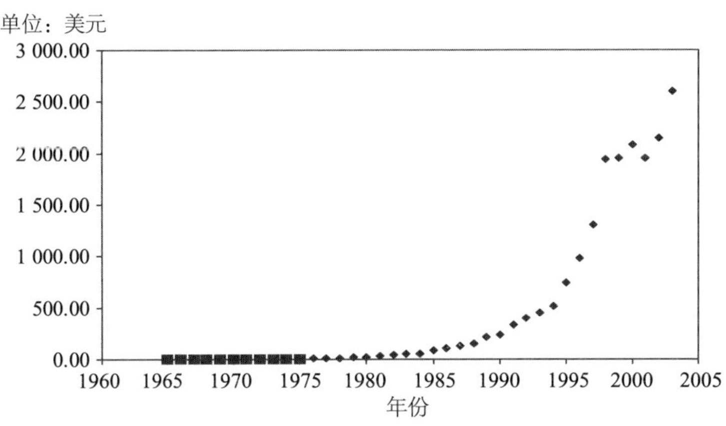

图 6–12　巴菲特公司一美元投资的价值图

巴菲特公司的商业模型可用图 6–13 表示，它的结构由两个行业组成：一个是保险行业，一个是投资行业。巴菲特用保险浮存金进行投资组合：包括市场股票、政府债券、私募投资。他用上述方法来挑选市场股票及私募投资，私募投资大多用于收购拥有好的管理团队和稳定收入的私人公司，收购后再加以财力支持使其利润率增长，这些公司的利润会给巴菲特公司带来现金流，这些现金流也可供巴菲特进行投资组合。

牛市时巴菲特不跟风，把钱投入债券，并卖出一些股价过高的股票；当其他资金经理人在股市做大买卖时，巴菲特积累等值现金，研究哪些是好的投资对象，等熊市时，他便拥有很多选择对象和机会。因为巴菲特公司有浮存金及子公司的利润作为投资流动金，所以它不用杠杆。因此，巴菲特公司的浮存金及子公司的利润越多，它的投资业务越稳固。很多保险公司将浮存金投入对冲基金，如果不用杠杆回报率就不高，但如果杠杆高则风险大。

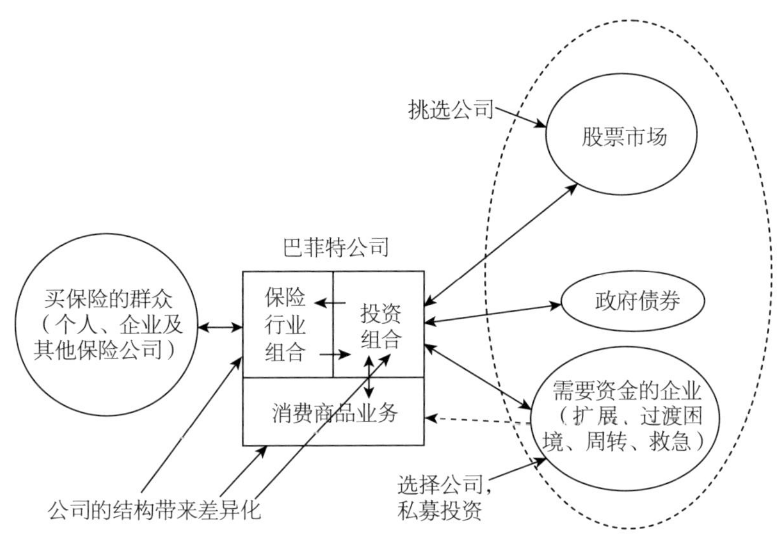

图 6–13　巴菲特公司的商业模型

随着保险公司的增加，价格竞争愈加激烈，这也使一些缺乏财政支持的保险公司不能承受危机风险：一旦有不能预测的事情发生（如“9 · 11”事件、大地震等），整个公司可能面临倒闭。当这些公司倒下时，巴菲特的保险公司依然巍然屹立，因为他不仅没有债务而且后面还有一个强大的投资公司作为支撑，那时候巴菲特就可以挑选管理团队比较好的保险公司以低价买入，这就增加了它以后可用于投资的浮存金，亦即增强了它的投资能力。这便形成了保险业与投资业之间的相互正向网络效应，而导致浮存金的快速上升。牛市时巴菲特公司拥有的股票也随之升值，而且因为它拥有的股票都是经过挑选的，在同行中比较超前，而且都是在市况不好时买下的，所以它的公司市值比标准普尔500指数的增长还要高。熊市时巴菲特公司拥有的市场股票也随着下降，但比标准普尔500指数的下降慢，而且它的子公司仍旧提供利润，所以总体来说，股市起伏对巴菲特公司的市值影响不大。

巴菲特成功的关键是什么呢？就是找到某些行业，使他的公司有一个固定的现金流，然后建立一个系统化的投资组合方案，取得稳定增长的回报率，这使他得以做成庞大的金融结构，从而收购更多可产生现金流的企业来增强投资能力，使产业与金融互相产生正向网络效应，这是两面市场的延伸概念。

本章小结

我们看到以上的各种方法，都不以产品为出发点，而是以了解两面市场的成员为出发点。其重点是如何把了解转化为价值，创造成员间的正向网络效应，而使两面市场有机地相互推动。这就是说主要价值来自信息而非产品，产品只不过是价值的载体。

例如，信用卡本身没有价值，真正有价值的是信用卡所代表的、有金融信用的消费者。另一个例子是iPod，它的主要价值不在于小巧而且酷的设计，而在于通过iPod的生态系统，消费者可以很容易、很便宜地把他喜爱的音乐及读物录在可随身携带的小巧电子设备里，享受“随时随地听他所有喜爱的音乐及读物”的理念价值。黄页、电视、电台以及很多互联网网站都用相似的商业模型，先通过提供免费内容来争取很多客户，然后用这些客户来吸引商户在它们的平台上做广告。它们的收入都来自广告费，随着信息传播技术的演进，它们的规模愈加扩大，而广告收入越发增长。其他案例如利丰、安然、亚马逊都通过组织信息，加以分析，然后通过组合资源来满足欲望，从而创造价值。金融是虚拟产品，其基础是信息传播技术，产融结合是把虚拟产业与实物产业组合，形成互相推动的正向网络效应。既然价值来自信息，那么信息组织、分析及传播技术的水平便会直接影响到把大量信息转化为价值的能力，因此善用最新的信息组织和传播技术可帮助两面市场快速做大规模。

先研发新科技，然后以新科技的新功能为支点，研发新产品或新生产流程，应用于流创新或源创新来创造新价值，这是工业革命时代思路。在工业革命时代，价值主要来自产品，所以推动新产品是主要的竞争战略，先进信息科技只是用于支持这个战略。先搜集、整理和分析两面市场成员的信息，然后用自身的核心能力来组合一面市场成员的资源及能力，提供新价值来满足另一面成员的欲望，这是信息革命时代的思路。在信息革命时代，价值主要来自善用信息了解生态系统成员，所以采用两面市场模型来推动源创新是这一时代的主要发展战略，新产品只用于支持这个战略。

现在世界已进入信息革命时代，中国的经济发展应该跨越式地走信息革命之路。中国企业的创新及转型的途径，不一定是一味比拼新科技或新产品，也可以以自身的核心能力为基础，先了解生态系统成员的欲望及能力，然后建立两面市场商业模型，组合他人的新科技及新产品来推动实现源创新理念的价值。

思考时间

1. 阿里巴巴与利丰有什么相似？有什么不同？哪一家公司会有更持久的能力，为什么？

2. 如果你在原材料的物流行业，你如何建立两面市场？

3. 如果你在价值链的上游或中游环节，你如何建立两面市场？

第七章　平台竞争战略

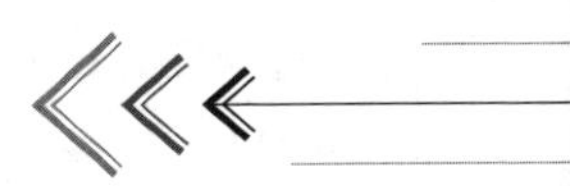

- 当我们进行平台竞争，首先要关注的是平台的分类，即到底是一个平台雄霸市场，还是多个平台共享市场，这会影响进入时机的战略选择。
- 在建立平台的早期，定价战略是速成平台规模的关键，是生死之战，一着不慎，便全盘皆输。在平台建立后，定价策略的作用是在维护各成员利益的情况下，优化平台的利润。
- 在消费者倾向多平台的情况下，开始时的战略是快速建立规模，但到规模形成之后，战略应转为增加平台在客户心中的分量。
- 当一个两面市场的网络效应越来越小而导致发展停滞时，突破的方法不是在原来的理念上增加价值，而是以其中一面或整个系统为支点，建立另外一个商业平台，推动一个全新的理念价值来建立新的两面市场。

第四章中指出，如果两个相互竞争的企业，一个采用价值链商业模型来建立流创新战略，另一个采用两面市场商业模型来建立源创新战略，那么胜利者必然是采用两面市场商业模型的企业。但如果两个企业都采用两面市场商业模型，而且两面的客户都在同一市场分段，那么这就形成了两面市场平台的竞争。在价值链商业模型的竞争中，我们注重的是产品功能、外观、质量、生产成本、市场渠道等；在两面市场平台竞争中，要注重什么呢？

在平台竞争中，主要战略是如何以自身的核心能力及资源有效地组合一面的能力及资源，来满足另一面的欲望，以此产生两面正向的网络效应，而推动平台以指数级快速发展。所以，首先发展成足够规模的两面市场的平台，虽理应能雄霸市场，然而在商业历史中，有些案例中只有一个平台雄霸市场，但更多的案例是有多个平台共享市场，表 7–1 是不同案例的分类。

表 7–1　不同案例的平台分类

单平台雄霸市场案例	多平台共享市场案例
个人电脑操作系统	信用卡
录像机	黄页
打字机键盘	视频游戏
电视系统	网上拍卖
网页浏览器	大商场
	电视台
	报纸杂志
	网上广告
	男女交友俱乐部

为什么会有这两类情况？是什么决定一个两面市场是一个平台雄霸市场还是多个平台共享市场？这是很重要的问题。平台战略在不同时段的目标也不同。在未进入市场之前、在建立平台的早期、在发展时期、在两面市场开始停滞时，需要采取不同的战略选择。成功的平台永远不与其他的平台直接竞争，它不会毕其功于一役，而是通过每个战役，不断建立并提炼出特殊的、其他企业难以复制的资源或能力，使它将来在建立新平台来推动新的源创新时拥有更强大的能力。它不在红海直接竞争，而着意创造蓝海。下面我将讲述高科技和低科技行业在不同时段的平台战略。

未进入市场之前：搞清平台是哪种类型

让我们先通过分析前几章提过的几个案例来解答平台分类的问题。第一个是录像机案例，这是典型的技术标准竞争。在这个案例中录像机的技术标准是平台，当时在美国录像机市场有两个不相容的平台：Beta与VHS。如果录像机是应用于实现“在家看电影”诉求的话，那它们都面对同样的两面市场，右面是消费者用户而左面是租借店老板。用户一旦选择了一个平台标准，就不会选择另一平台标准，除非另一平台标准给他带来的新价值超过他选择这个平台的成本，我们称之为“用户只选单一平台”。租借店老板完全根据预期回报来做选择，他有三个选择：全店都存Beta的电影录像带、全店都存VHS的电影录像带、同部电影既存Beta又存VHS的录像带。他的决策依据哪一个选择能给他带来最高预期回报，所以当租借店附近的居民都拥有同一标准录像机时，租借店一定全部选择保存该标准的录像带。这使已拥有该标准录像机的用户不会再购买其他标准录像机，同时，也促使尚未拥有录像机的居民也去购买该标准的录像机。这种正向反馈的市场动态很自然地便使该标准能够雄霸市场。

历史事实是VHS雄霸了美国录像机家用市场，索尼将Beta录像机从美国家用市场退出，而致力于建立电视台及拍摄电视片的商用录像机市场，而同时它也购买下VHS标准使用权，出产索尼品牌的VHS家用录像机。在第二章我用逻辑分析得了出同样的结论。

让我们再看看信用卡案例。每次我在课上讲到这个课题时，我一定会问在座的老板及高级经理，他们各自拥有多少张不同机构发行的信用卡，他们大多数都有两张以上不同银行发行的信用卡，随后我便问为什么那么多人都拥有多张不同机构发行的信用卡。有人说因为不同机构发行的信用卡提供不同的优惠服务，有人说他们用不同机构发行的信用卡来帮助他们跟踪开支，但大多数人拥有多张不同银行发行的信用卡是因为每张卡有信用限额，多张卡可增加总限额。这意味着当消费者加入某个信用卡平台后，他仍然会有意再加入另外一个信用卡平台，因为加入另一平台能给他带来新价值，我们称之为“用户倾向多平台”。既然客户都拥有多张不同银行发行的信用卡，商家们也承认不同银行发行的信用卡，这就促使多个银行信用卡平台共享市场。

运通公司也发行信用卡，但它与银行信用卡有几点不同：运通信用卡没有信用限额，但客户必须在30天内完全付清余额；运通信用卡平台的左面商户群为餐馆、酒店、航空公司，而银行信用卡平台的左面商户主要是餐馆、商店及超级市场。这些区别使拥有银行信用卡的人觉得再拥有运通信用卡会带来新价值，同样地，拥有运通信用卡的人觉得再拥有银行信用卡会带来新价值。所以，在信用卡市场，我们可以说“用户倾向多平台”，商家们也因此承认不同机构发行的信用卡，这也促成多信用卡平台共享市场。

读者可仔细分析上表内的每一个案例，你们会发觉所有雄霸市场的案例都是“用户只选单一平台”，而所有共享市场的案例都是“用户倾向多平台”。在建立一个平台前，只要细心分析一下用户的欲望及需求、现存相似平台及以后有可能加入的平台所能提供的价值，我们便可分辨该平台的用户是选单一平台还是倾向多平台，这可以帮助我们预测这个市场将是单一平台雄霸还是多平台共享市场。如果是前者，那么战略重点是如何尽自己最大的能力抢先建立足够规模的两面市场，一旦发觉另一平台已建立规模，便应立即以己所长开拓并建立在不同市场分段的地位，以求雄霸那一分段。如果是用户倾向多平台，那么战略重点是寻找时机建立足够规模的两面市场。

建立平台早期：尽快建立足够规模的两面市场

不论是单平台雄霸市场还是多平台共享市场，首要重点是建立足够规模的两面市场。要建立足够规模的两面市场，最主要的是关注两面市场成员的能力和资源以及欲望和需求，组合一面的能力和资源来实现另一面的欲望和需求，从而建立两面正向网络效应。但所有两面市场商业模型都有“鸡与蛋”问题，先有“鸡”还是先有“蛋”？我们要先建立右面还是先建立左面?

让我们来看一些历史案例。布鲁明戴尔很了解纽约市的居民，尤其是它邻近的富有居民在日常生活中的需求及欲望。它主动去找有能力满足这些富人需求及欲望的生产商，如有需要，还帮他们设计这些富人渴望的产品。当生产商把产品做好后，它就把产品带回布鲁明戴尔店，通过颇具独特气氛的商品展示来营造差异化，如此把产品卖给纽约市的富人，通过地毯、家具、成衣的发展建立足够规模的两面市场。

大来俱乐部的创办人很了解纽约市成功人士的需求及心理。成功人士都喜欢请客人到知名餐馆就餐，因为这能满足这些人士的自豪感。于是，大来俱乐部想到创造一张餐馆可接受的客户信用卡，他们推动的理念是：大来是成功人士身份的象征。他们在第一年说服 285 家纽约知名餐馆加入，也同时发行了 35 000 张信用卡给纽约市的成功人士，从而形成正向反馈的网络效应。随着纽约市场慢慢饱和，很快他们把这种理念延伸到美国其他大城市。渐渐地，很多已持卡客户发现信用卡给他们带来了方便，尤其是出差到其他大城市时，不用为就餐而带很多现金，于是信用卡的需求也逐渐增加。在几年内，大来卡就建立了足够规模的两面市场，雄霸了整个市场 9 年。

这两个案例的共同点是企业以理解消费者的欲望、心理及需求为支点，致力于寻找合适的生产商及服务商，然后综合自己和它们的资源来满足消费者的欲望、心理及需求。当这些生产商及服务商加入后，又以它们为支点来开拓新消费群。重复这个过程便可做成足够规模的两面市场。

以上两个案例从两面都没有客户开始建立平台，所面临的最大挑战是这两面的成员都不认识这个平台，那他们凭什么信任它？平台的作用是连接两面市场并提供价值给两面的客户，在未证实平台真的能提供这个价值前，双方对平台的承诺都持怀疑的态度。在这种情况下，建立两面市场的第一步是建立两面市场对平台的信任。要建立信任，最好是从认识更深的那一面开始。布鲁明戴尔与大来卡俱乐部都是从认识右面消费者的欲望开始，然后找左面适当的生产商或服务商来组合它们的资源及能力，来满足右面消费者的欲望。因为开始时双方对平台有所怀疑，所以最好从小规模做起，先以事实证明平台可以组合一面资源及能力来满足另一面的欲望，然后以此为支点，用网络效应来加强新理念价值，重复两面互动的过程而促成足够规模的两面市场。

但如果企业与其中一面市场的成员已预先建立了关系，而且这些成员已经信任该企业，企业可以以这种关系为支点，大规模地建立另外一面以求快速建立足够规模的两面市场。美国运通刚进入信用卡行业时，它已从事旅游业多年，与很多旅游供应商及经常旅游的客户都有较好的关系，于是它买下美国酒店协会的旅游会员名单，一下子使 4 500 个商户及 160 000 个用户加入了它的新信用卡平台，大大加快了网络效应，在第一年共有 32 000 个商户及 475 000 个用户加入了它的信用卡平台。在运通进入信用卡行业的同年，美国银行（Bank of America）发行了BankAmericard信用卡，允许全美国很多小银行通过许可协议加盟，所有这些加盟银行的商户及客户都进入了BankAmericard平台，而第一张银行信用卡也成功面世。

在建立平台的早期，定价战略是决定速成平台规模的关键。在用户只挑选单一平台的情形下，早期的定价战略尤其重要，因为这是生死之战，一步走错便可能全盘皆输。让我们看看电子游戏机的案例。电子游戏机是个平台，右面是玩电子游戏的消费客户群，左面是游戏软件开发商，游戏软件开发商需要平台有很多消费客户群，才可减少它为该平台投资开发新电子游戏软件的风险；而相反地，喜欢玩电子游戏的客户一般常玩他喜爱的几个游戏产品，所以并不需要很多游戏软件开发商。这一情况下，左面市场对右面的需要超过了右面市场对左面的需要，也就是说右面对左面的网络效应，强于左面对右面的网络效应，因此正确的定价策略是以低价吸引更多右面的消费者，从而为左面的游戏软件开发商提供价值。这样左面的游戏软件开发商也将愿意付稍高但合理的价格来加入一个能提供很多消费者的电子游戏机平台。

让我们再看一下操作系统平台的案例，它看起来与电子游戏机平台很相似：右面是个人电脑用户，左面是应用软件及硬件开发商，但因两面的需求不同，导致定价策略也不同。早期用户都通过使用个人电脑来提高工作效率，因此需要各种功能的应用软件，对他们来说哪一个操作系统有更多的相容软件及硬件，它便有更高的价值，用户也愿意付稍高但合理的价格。而对应用软件及硬件开发商来说，哪一个平台能给他们提供商机，他们便会为哪个平台开发产品，所以右面对左面的需要高于左面对右面的需要，即左面对右面的网络效应强于右面对左面的网络效应。正确的定价策略是，用补贴来引导应用软件及硬件开发商，为平台开发多种能提高用户工作效率的产品，这可以使用户觉得平台能提供更高价值，从而愿意付稍高但合理的价格。

在信用卡案例中，商户对消费客户的需要高于客户对商户的需要，所以大来俱乐部开始时免费送卡给成功人士，却根据交易量向商户收取佣金，但到形成一定规模时也向用户收取会员费。

在建立平台初期，两面的客户群都很小，所以价格策略不应以追求利润最大化为目的，而应以尽快建立规模为主要目的，获利只是为了能支持平台的快速发展，因此用分析两面相对需求或相对的网络效应强弱来决定价格策略，是尽快建成足够规模的两面市场的关键。两面市场有一个特点，那便是越多成员加入一个平台，平台对两面客户的价值越大，因此当平台达到规模后，早期的价格策略有必要调整以达到最佳效果。对此我将在后面详述。

在消费者选择单一平台的情况下，一个成功的先入者如果在早期只顾追求利润而不考虑相对的需求，便很可能采用不适当的价格策略，这会给跟随者一个机会，用正确的价格策略抢先建立足够规模的两面市场，而取代先入者的市场地位。苹果的Macintosh即是一例。

发展时期：加强两面市场的生态系统

在建立了够规模的两面市场后，战略的重点要放在建立机制及流程上，使两面市场的成员能互相推动，不断加强两面市场的网络效应，并且使平台从中获利，从而进一步投资来扩大平台，以及提供新价值给两面的顾客，使两面市场成员都成为平台的忠实客户，最终使平台的生态系统越来越强大。早期，定价策略是以建立足够规模的平台为主要目的，而获利只为能支持快速发展；平台规模建立后，定价策略的目的是在维护各成员利益的情况下，优化平台的利润。

单一平台雄霸市场时如何定价？

麦当劳连锁店成功的原因，是它找到了一个与传统连锁店不同的新机制。它不通过出卖使用权获利，而让加盟小老板可以用很低的价格买到一家麦当劳店的经营权，而且麦当劳连锁店先付出无形价值帮助加盟小老板成功，它的利润不是来自尽可能多地抽取经营者的血汗钱，而是来自店租。这样，一来帮助小老板赚了钱，二来吸引了更多想做小老板的人加盟，三来使很多成功的小老板都想经营更多的连锁店。麦当劳连锁店与每一个加盟者签约，加盟者必须遵守麦当劳的管理要求，包括清洁、产品质量、顾客服务等，如果加盟者不能达到麦当劳的管理要求，麦当劳不会将更多的连锁店卖给该加盟者。这种直接与利益挂钩的管理方法，使麦当劳在规模扩大的同时，每一家分店都能保持质量水准，而且使加盟者对麦当劳保持忠诚。当麦当劳连锁店达到足够规模时，它以此为支点来建立忠诚于它的供应商，麦当劳对供应商许下诺言，如果供应商愿意冒险投资开发新的生产技术或更高效的加工方法，并取得成功，麦当劳将把因此而产生的新生意全部给开发者。这使麦当劳的供应商自愿投资为它开发新产品、新服务，因为从中获利而对麦当劳更加忠诚。随着麦当劳的生态系统不断增强，新加盟商愿意出更高的价格购买麦当劳的经营权。

从以上案例中我们看到，在两面市场平台的生态系统不断增大后，要以动态价格策略作为激励机制来优化平台的利润。在价值链商业模型中，所有的收入都是来自下游的客户，价格越高销量便越低；但两面市场商业模型中，收入不一定只是从右面的客户而来，也可从左面的商户而来，因此平台可以把其中一面的价格降低以求增加量，从而通过网络效应来提高另一面的量，然后从另一面获利。随着平台的扩展，两面的价格也可加以调整，以求增大和增强平台的生态系统。

当一个平台建立了正向网络效应及能提供价值给两面的客户后，最佳的定价战略是一方面确保平台能利用网络效应，来使生态系统不断增大，另一方面鼓励两面市场的客户与平台交易，来优化平台的利润而使平台更强。

那么，什么是最佳定价战略呢？这完全要根据实际情况而定，从逻辑上我们可以用以下分析思路来决定最佳定价战略。假设在某一时段我们把右面的价格调低，根据那时消费者对价格的敏感度，我们可预估调低价格可增加多少消费者，根据那时右面对左面的网络效应大小，我们可预估调低右面价钱可增加多少左面商户。如果在这个基础上把左面价格调高，根据那时左面商户对价格的敏感度，我们可预估右面降价及把左面涨价可在两边各增加或减少多少商户。因此，如果我们知道两面的交易边际成本、两面的扩散率及两面的现有客群，我们便可计算出如果把右面价格调低并把左面价格调高所能得的总利润，同样地我们也可估算出调高右面而调低左面价格时，平台获得的总利润。最佳的定价战略是不断调整两面市场的价格直至平台能得到最大的预算总利润。

虽然理论上看似很简单，但实际上这是很难做到的事，因为两面相互的网络效应大小及两面对价格的敏感度都会随着两面的规模而改变，而使它们难以被量化。只不过逻辑上的分析告诉我们，某一阶段的最佳定价战略受到当时两面市场之间的网络效应大小、对价格的敏感度、扩散率、交易边际成本及现有客户群的影响。理论上我们可以分析以上各个属性，从而估算出个别属性对最佳定价战略的影响。在实践中，我们可以以这个结论为基础，帮助我们尝试制定正确的定价策略。我与我的博士生做了这方面的研究，我们用数学模型及模拟方法，总结了各个属性对最佳定价战略的单方面影响（见表 7–2）。

表 7–2　市场对定价战略的影响

每一面的属性	相对低的一面	相对高的一面
另一面对这一面的网络效应数量	价格调低	价格调高
对价钱的敏感度	价格调高	价格调低
扩散率	价格调高	价格调低
交易边际成本	价格调低	价格调高
现有客户群	价格调低	价格调高

在开始建立两面市场时，我们通过分析两面相对的需求关系来决定价格策略，在平台建立的过程中，我们可从历史的数据中估计当

时两面的网络效应大小、对价格的敏感度、扩散率、交易边际成本及现有客户群。我们可以将这些信息应用于总结表来决定是否要调整两面的价格策略。随着平台的扩展，我们可保持价格在一个时段内不变，在这期间留意两面的网络效应、对价格的敏感度、扩散率、交易边际成本及现有客户群的改变，当我们觉得有较大改变时，再重新调整两面的价格策略。

随着平台的扩展，两面的网络效应大小及客户群相差也随之改变，开始时两面网络效应大小相差很大，随着平台发展，差距逐渐减小，但现有客户群的相差则刚刚相反，开始时差距很小，但随着平台发展，该差距逐渐扩大。其他三个属性的两面相差取决于右面提供的具体产品或服务，虽然每一种属性都会随着规模的增大而改变，但它们两面的相差不会有多大的改变。

我们可把价格策略的制定分为四个阶段：初期我们以分析两面相对的需求关系来决定价格策略，早期我们以网络效应大小的相差来决定价格策略，中期我们以分析右面提供的具体产品或服务来决定价格策略，而后期我们以两面客户群的相差量来决定价格策略。至于何时由早期转为中期、由中期转为后期取决于实际的扩展情况及建立规模的速度。

当平台扩张到足够规模后，要关注如何增加与右面客户交易的次数以及如何提高每次交易的金额，因为这会直接增加平台的收入及利润，使平台更强。所有航空公司及很多信用卡都用积分来鼓励消费者使用它的服务，航空公司通常规定，顾客每飞行一英里便得一分，信用卡通常规定，顾客每交易一元便得一分，他们在每年年尾根据当年客户的累积把客户分等级，不同等级的客户可在第二年享受不同的增值服务。每年客户所属的等级取决于上一年与平台交易的总金额，如果客户想经常享受最高的增值服务，他会想办法使他的大部分交易活动都通过这个平台进行。再者，他的总积分也可作为钱通过平台购买产品或服务，这也增加了平台与商户群的交易，从而加强了网络效应。另一方法是仿效亚马逊平台，除了通过平台卖自己的产品，也把平台开放，帮其他商店卖它们的产品，对每次交易收取佣金。此外，也可仿效航空公司在飞机上卖免税品，越多的产品或服务通过平台卖给消费者，消费者便越会觉得平台能提供他们所需要的价值，交易次数也自然会增加。

消费者倾向多平台时……

上述方法对一个已雄霸市场的平台来说很有用，但在客户倾向多平台的情况下，这些机制不一定能使客户与平台增加交易。例如虽然有很多消费者持有某种信用卡，但如果该信用卡平台不能激励持有它的消费者用它做交易，它是不会有收入及利润的。银行可用积分方法鼓励消费者常用它的信用卡，但如果所有银行都采取积分方法，那么用户会选择用哪个银行信用卡积分就是一个问题。

所有航空公司都有里程积分，我也是多家航空公司的会员，但在旅行时如果有选择的话，我都会选乘美联航或它的联盟公司的飞机，以获得飞行积分。我为何只集中在美联航积分，而不集中在美国航空、西北航空或其他航空公司积分？再者，如果我不乘美国航空公司的飞机，那我也没机会在他们公司的飞机上买免税品，那么即使有再多的免税品在美国航空公司的飞机上卖也对我没价值。其实所有航空公司的积分机制都大同小异，从会员上一年的积分来定他的等级，会员可用积分来要求升舱，但当多个客户要求升舱时，越高等级的会员越有优先权。我每年都从旧金山去内地及香港多次，飞行十个多小时，我一定要求升舱，我把飞行积分集中在美联航，不是因为它的服务好，而是因为它是唯一有直飞航班往来与北京、上海及香港的航空公司。自成为美联航的最高级会员后，我每次都能升舱，这也使我成为美联航的常客，即使在美国国内飞行，或是去欧洲，我的首选依然是美联航或它的联盟。

MBNA是美国一家发行信用卡的银行，它于1983年首先创造亲和信用卡（affinity credit card）的概念。很多工商界、学校及专业人士都有自己的行业组织，如电子工会、大学校友会、医生协会等，这些组织的经费通常都由会员赞助，如何筹集活动资金一直都是这些组织的难题。MBNA的亲和信用卡方案是与这些组织联合发行VISA或万事达信用卡给组织内的会员，当组织的会员用该卡做交易时，所得的佣金由MBNA分一部分给该组织。这是一个排他性的协议，这个联合发行的信用卡有组织、MBNA及信用卡平台（VISA或万事达）的商标，所以该卡可增加组织的知名度，但最主要的是会员可通过他们的日常交易增加组织的活动资金。很多会员为帮助组织筹集资金，都尽量有机会使用MBNA与组织发行的信用卡。

几年后MBNA便占据了最大的亲和信用卡市场。在2003年，MBNA的亲和信用卡持卡人包括72%的医生、53%的律师、68%的牙医、52%的工程师、59%的护士和超过33%的教育工作者，这些都是低风险、高消费的专业人士。到 2005 年，MBNA 成为美国最大的银行信用卡发行商，同年，美国银行以 350 亿美元收购了 MBNA。MBNA 的成功也引起很多银行和企业的仿效，联合发行企业—银行信用卡，一方面企业为客户提供现金流量管理服务，另一方面可把服务与它的主业挂钩，从而增加客户的忠诚度，同时，这也可以帮助企业增加收入。

从以上的案例我们可以看到，在消费者倾向多平台的情况下，一个平台能否吸引消费者的关键是该平台是否拥有一些其他平台难以复制的资源或能力，而这些资源或能力能为消费者提供差异化增值，并且这些资源或能力不与其他平台分享。

美联航的特殊资源或能力是它的航线，MBNA 的特殊资源或能力是亲和组织的生态系统及它与这些亲和组织签的排他性合约。这些特殊资源或能力可以来源于自身的资源及核心能力，也可以来源于组合自身与外界的资源及能力。

一个平台若拥有或可以控制某些特殊资源或能力，就有可能通过提供差异化增值来满足某些客户的需求。那么，这些客户便会特别注意在该平台积分。如果不同平台都拥有或可以控制不同的特殊资源或能力，那么，它们便会吸引不同的客户群在它们各自的平台积分。但很多时候，一个客户需要多个平台提供的差异化增值，那么，他就会分配他的注意力在多个平台积分。所以，在消费者倾向多平台的情况下，竞争的重点不是平台有多少客户，而是平台在客户心中的分量。在消费者倾向多平台的情况下，开始时的战略是快速建立规模，但到规模形成之后，战略应转为增加平台在客户心中的分量。在了解客户的欲望后，着手建立特殊且其他企业难以复制的资源或能力，来增加平台在客户心中的分量。

先入者如何保持雄霸地位？

在消费者只选单一平台的情况下，建立特殊且其他企业难以复制的资源或能力尤其重要。在这种情况下，我们知道将会有一个平台雄霸市场，谁把握先机建立够规模的两面市场，谁便有更大机会成为霸主。但重要的是，取得先机者在建立足够规模的两面市场时，便要开始着手建立特殊资源或能力，否则即使它成功地成为霸主，也有可能被某个预先与两面市场较大客户群发展了良好关系的强大后来者所取代。

大来卡就是最好的例子。大来卡雄霸信用卡市场 9 年，它的左面市场只是美国的名餐馆、酒店及一些比较高级的零售店，而右面是收入高的成功人士，但它没有建立任何特殊资源或能力。9 年后，运通进入信用卡市场，当时运通发行旅行支票，而且从事旅行服务，所以与国际著名的酒店、餐馆、高级零售店、银行及航空公司都有良好关系，而且很多富人都已经是它的客户。因此，运通信用卡逐渐取代了大来卡。到 1977 年，运通的规模已是大来俱乐部的 10 倍，最终，大来俱乐部在 1980 年被花旗集团收购。

在消费者只选单一平台的情况下，如果企业错过机会未能抢得先机，那它将会在主流市场败下阵来。明智之举是尽快以它的核心资源及能力为支点，建立与抢得先机者对立的特殊资源或能力，以此来提供完全不同的理念价值。这会促使右面的客户市场细分为主流及与之对立的利基市场，企业的平台便有机会获得这个利基市场。苹果

Macintosh图形操作系统在主流的企业应用市场败给微软的Windows，但它通过组合激光打印机、桌面出版软件而开拓了桌面出版市场，它致力于建立特殊资源及能力，为图形设计、录像带剪接、数码相片编辑提供了新价值，从而获得了与媒体、生活及娱乐有关的利基市场。这些特殊资源及能力也是苹果十多年后转型的根基。索尼的Beta录像机虽然被JVC的VHS抢先建立够规模的两面市场，但它不断加强Beta的录像质量，占领了美国的电视剧制作及电视台市场，从而也建立了有关高质量影像的资源及能力，这些能力成为十多年后它进军蓝光市场的根基。

停滞时期：推动另一个源创新

当两面市场的规模超过一定的水平，它的两面网络效应便会随着规模增加而减少，直至两面网络效应完全消失，而且有可能转为负向效应。

在大约20世纪60年代中期，麦当劳连锁店的发展便开始变得困难，麦当劳设计了有50个餐位的快餐店，它在这次餐厅改造运动中，将所有新建的餐厅都建造成了新的设计样式，而且从一些特许经营者手中买下他们的店，也改装为新的设计样式，并且要求其他特许经营者也进行同样的改变。结果餐厅改造后销售上升了20%多。这一消息不胫而走，于是到了60年代后期，大多数麦当劳餐厅都完成了改造。之后，麦当劳推行了一个新的理念：美国家庭在外就餐。家庭出外就餐时都是小孩说了算，于是麦当劳集合了所有特许经营者共同来做全国电视广告，每家店拿出收入的1%成立广告基金，在广告中创造了麦当劳叔叔的形象，以及麦当劳天地中的众多卡通形象（比如汉堡儿、麦吉士市长、大麦可船长等），这些卡通人物俘获了全美儿童的心。麦当劳的电视广告受到了儿童和成人的共同喜爱。

麦当劳以成功的特许经营者为支点，说服他们扩大经营店而成为一个新平台的左面，平台右面是美国的消费者。为了推动这次转型，它买下一些经营店，对其进行重新设计，并以此作为示范，以求用事实证明扩大经营店对店主的好处，然后以两面市场推动“美国家庭在外就餐”的新理念。在此之前，麦当劳平台推动的理念是“帮助想做老板的人获得成功”，但当这个理念的价值不再增加，甚至减少时，麦当劳突破的方法是建立新平台来推动另一理念，而麦当劳把已建立的资源，作为推行这个新理念的支点。我用图 7–1 来描述这个流程，虚线代表第一个两面市场成员向第二个平台转移的路径。

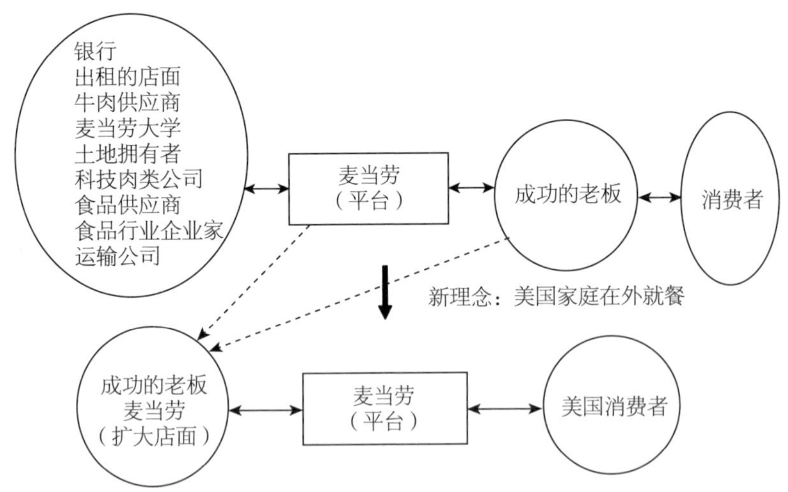

图 7–1　麦当劳的价值理念：帮助想做老板者成功

麦当劳在美国成功之后有了自己的消费者，美国麦当劳的生态系统形成了，但是发展也慢慢停滞了。麦当劳又以美国麦当劳的生态系统为支点，推动另一个新理念——美国家庭生活方式，将业务拓展到世界各地。美国的家庭喜欢在麦当劳为孩子举办生日聚会，孩子们开心，做母亲的也不用在事后忙着收拾。这个理念很受美国年轻母亲欢迎，很快家家户户都把小孩生日聚会“外包”，其他的连锁店也纷纷加入推动这个理念，这也成了美国的文化氛围。所以麦当劳在世界上卖的并不是汉堡，而是美国的生活方式。世界各地的人，尤其是小孩，都向往美国的生活方式，所以他们愿意到麦当劳去消费。这次的突破可用图 7–2 描述。

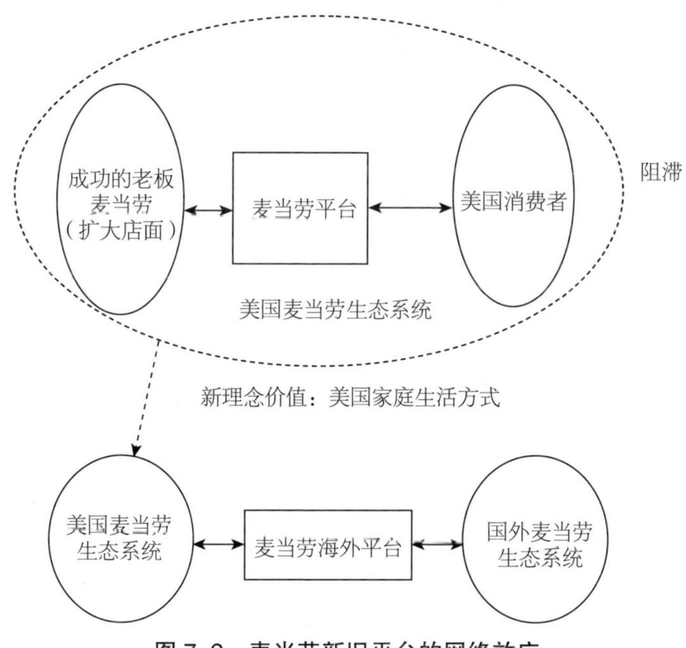

图 7–2　麦当劳新旧平台的网络效应

所以当一个两面市场的网络效应越来越小，而导致发展停滞时，突破的方法不是在原来的理念上增加价值，而是以其中一面或整个系统作为支点，建立另外一个商业平台，推动一个全新理念价值，来建立新的两面市场，这是源创新。这个新的平台与旧的平台之间也会形成网络效应，所以它不仅帮助新平台发展，也增加了旧平台的竞争能力。

另一个方法是通过合并另一相关而且潜力更大的两面市场平台突破阻滞。eBay（亿贝）是美国最大的网上拍卖公司，它在1995年成立，到2002年收入已达10亿美元，在三年内增加了超过200倍。但无论如何，拍卖不是主流的市场交易，充其量只是一个利基市场，因此它的增长率很快便下降，它的股价狂升一段时间后便开始慢慢下行。当时网上购物开始被大众接受，但很多人担心用自己的信用卡在网上付费不安全，怕黑客从网上窃取自己的信用卡号码，于是网上支付的新行业便诞生了。很多创业家得到风投的支持来开拓网上支付这个市场，其中比较成功的是PayPal（贝宝）。它的解决方案是客户把信用卡、借记卡的资料交给PayPal保存，也可在PayPal开一个账户把钱存入这个账户，如果PayPal取得商户承认及连接，那么网上购物者只需在网上提供他的电子邮箱地址，PayPal便会代它不通过互联网而直接付款给商户，而买家可指定是从他的信用卡、借记卡或PayPal的账户中支付。PayPal只收取商户交易量的几个百分点，如果客户用信用卡支付，PayPal也收取他的手续费。

网上支付是一个平台，这个平台的右面是消费者，左面是商户，这种服务对网上拍卖尤其重要，因为卖方都是个人或小商人，他们都没有能接收信用卡的设备，且交易量小，而VISA及万事达卡都会收他们很高的交易费。

PayPal在2002年4月上市，而在2002年10月，eBay以15亿美元把PayPal完全收购成为它的子公司。当时PayPal一年的收入只有两亿美元，稍微有些赢利。看起来似乎收购出价太高，但其实对eBay来说，这是很值的，因为eBay的网上拍卖平台与PayPal的网上支付平台有正向的网络效应，可使两个平台相互推动发展。而且eBay的网上拍卖只是一个利基市场，发展有所限制，但PayPal的网上支付可提供价值给所有在网上交易的买卖家，所以有机会像现金和信用卡一样，成为另一个主流的支付平台。因此，eBay在收购PayPal后股价也从下降转为上升。

» 案例7–1　美国运通的平台演进之路

美国运通名字听来应该是与快递、运输或物流有关的公司，但是我们认识的运通公司是一家发行信用卡的公司，而且还是目前美国最大的旅行社，但与快递、运输、物流全无关系。大家可能很奇怪，这样一家公司，为何取名运通呢？要解答这个问题，让我们先回顾运通的发展历史。

1850年刚成立时，运通的确从事快递服务，它的主要客户是银行，主要的业务是帮银行运送文件及金融产品。当某个银行客户出差到另一个城市，需要用钱时，他可以通知银行，银行会从他的账户取款，然后雇用运通把钱送给客户。很多时候，如果客户所在的城市有该银行的合作银行，那运通送的不是钱，而是可在当地银行取钱的支票。随着运通的快递事业的发展，它与美国各地银行及一些欧洲银行都建立了互相信任的关系，于是它向银行建议，由运通发行旅行支票，客户在外出前，可在他居住的城市购买运通发行的旅行支票，他把旅行支票带在身上，到了另一个城市需要钱时，去当地银行凭旅行支票取钱。旅行支票的好处是它等同于现金，如果支票丢了，还可以报失。旅行支票由承认它的银行卖给客户，所以银行不只省事，还可赚些手续费，对客户来说，这给他带来方便和安全。

在1891年，运通便成功地建立了一个旅行支票的平台。这个平台的一面是银行，而另一面是常出门的高消费者。相对来说，消费者需要银行比银行需要消费者更甚，所以这个平台从消费群赚钱，但向银行支付佣金和手续费。运通之所以能成功地建立这个平台是基于它与银行几十年的关系，平台建立后，运通构建了图7–3的商业模型。这是一个混合商业模型，快递服务是价值链商业模型，而旅行支票是两面市场商业模型，我用“+”的符号代表赚钱的一面。

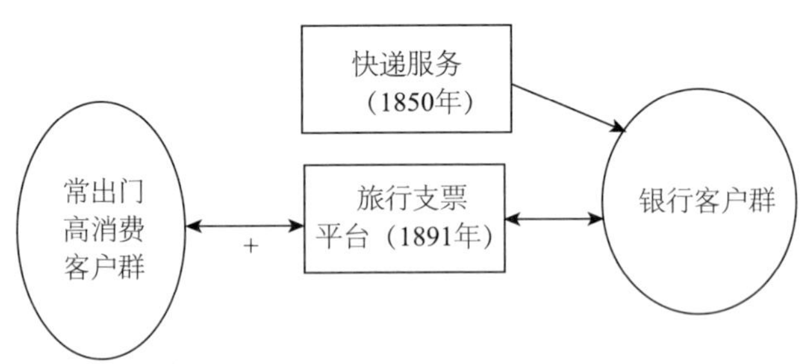

图7–3　1891年运通的混合商业模型

1914年，第一次世界大战爆发。很多到欧洲做生意的美国人都想尽快离开欧洲回到美国，他们其中很多人都是运通的客户，为解决客户面临的处境，运通就想办法跟很多航空公司、旅馆以及餐馆联系，帮助客户回到美国。运通因此跟航空公司、旅馆以及餐馆都建立了良好的关系，于是运通决定开拓旅行社业务。

1915 年，运通建立了一个旅游服务平台，这个平台的一面是常出差或旅游的高消费者，其中很多已经是旅行支票平台的客户，而另一面是旅游产品供应商，包括航空公司、旅馆及餐馆。运通之所以能快速地建立这个平台，是因为它的旅行支票平台已经可以带给它很多高消费而且常出门的客户，他们都很愿意基于交易量向运通支付佣金，这也是所有旅游供应商所需要的。这时运通的商业模型是如图 7–4 所示的混合模型。

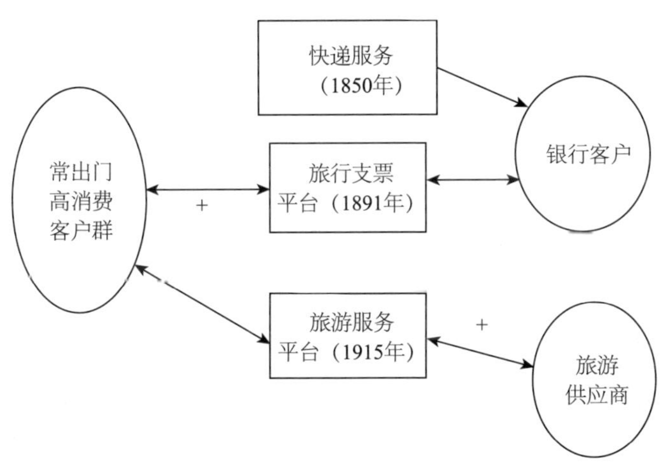

图 7–4　1915 年运通的混合商业模型

1918 年，美国把所有的快递公司合并为美国铁路快递公司（American Railway Express Agency）。运通的快递业务也因此消失了，但是它那时已经有不同的平台了，一个是旅行支票，另一个是旅游，而且这两个平台也有正向网络效应。旅游服务平台的生态系统越强大，旅行支票平台也越强大，而这也反过来促使旅游服务平台更强大。

1949 年，大来俱乐部成功地发行了信用卡，雄霸了美国信用卡市场 9 年。运通觉得它已有很多经常出门的高端消费客户，而且它与世界各地的航空公司、旅馆、餐馆都有较好的关系，那为什么不也发行信用卡来方便经常出门的高端消费者使用呢？于是，运通在 1958 年也进入了信用卡市场。正因为运通的两个平台的生态系统包括银行、常出门的高消费者、旅游产品供应商，它的信用卡生态系统很快便包括了大来卡的生态系统，于是大来卡就慢慢被挤出了市场，这时的运通有三个平台（见图 7–5）。

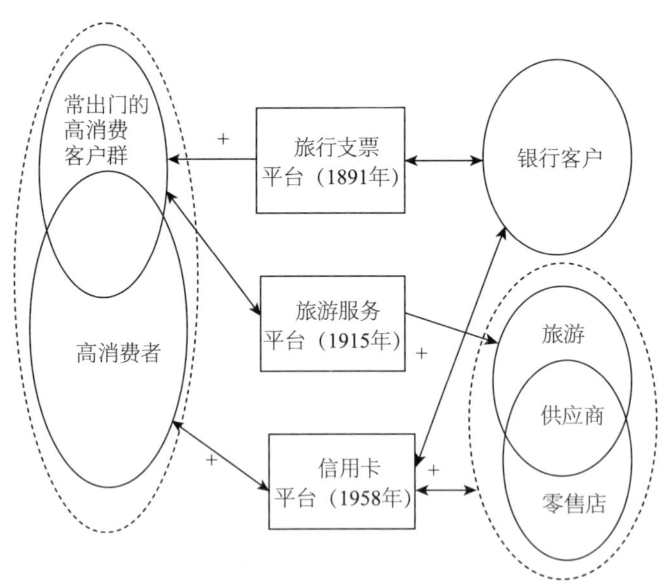

图 7–5　1958 年运通的三个平台

其中，旅行支票这个平台慢慢被信用卡平台取代，收入越来越少；旅游服务平台是美国最大的旅行社，2009年的收入大约16亿美元；信用卡平台最大，收入接近200亿美元，总利润21亿美元。旅游服务平台与信用卡平台的网络效应帮助旅游服务保持了它的竞争能力。

本章小结

平台竞争的五个战略重点

在两面市场平台竞争中，首先要注重的是两面客户的欲望、他们拥有的资源以及他们的能力。主要战略是如何以自身的核心能力及资源，建立一个激励机制，使其能有效地组合一面的能力及资源，来满足另一面的欲望，以此造成两面正向的网络效应。

有一点很重要，成功的平台永远不与其他的平台直接竞争。在消费者只挑选单一平台的情况下，一个平台如能抢先组合资源及能力来满足主流客户的欲望，它便可获得建立够规模的两面市场的先机，便有机会成为主流市场的霸主。但如果要巩固将来在这一市场的地位，取得先机者要在建立两面市场时着意加强这些资源，而且其中要有一些特殊并且其他企业难以复制的部分，要不然即便它成为霸主，也很可能会被强大的后来者取代。

那些未能抢得先机者，便不应与抢得先机者直接争夺主流市场，因为这只会事倍功半。明智之举是花少量精力与抢得先机者在主流市场上周旋，而把主要精力放在建立与抢得先机者对立的特殊的资源或能力上，以此来开拓及获取与主流对立的利基市场，增强它的特殊资源或能力，并寻找新机会，以此为根基来推动另一次源创新。

在消费者倾向多平台的情况下，重点不是谁能抢得先机建立足够规模的两面市场，而是谁能建立特殊的且其他企业难以复制的资源或能力，以此增加自己在客户心中的分量，从而增加客户通过平台进行的交易次数，不断增强这些特殊的资源或能力，寻找新机会，以此为根基来推动另一次源创新。

平台竞争战略不是毕其功于一役，而是从每个战役中不断建立及提炼特殊且其他企业难以复制的资源或能力，增强它将来建立新平台推动源创新的能力。所以，平台战略的重点分为五个部分：

第一是辨别这个市场的消费者是只选择单一平台还是倾向多平台，这可以帮助判定抢先建立足够规模的两面市场的重要性。

第二是尽快建立足够规模的两面市场的方法，这包括从哪一面着手，如何建立两面客户对平台的信任，如何用定价战略来激励两面的成员通过平台进行交易，以及如何通过建立特殊且其他企业难以复制的资源或能力来制造差异化。

第三是如何做到一方面以网络效应扩大两面市场，另一方面增加平台的收入，这包括制定适合的动态定价战略，以及增加客户通过平台的交易次数。

第四是如何在两面市场停滞时，以已经建立的特殊资源或能力为支点，创造另一个两面市场来推动另一个源创新的理念，以此取得突破。

第五是如何通过不断的突破来加强源创新能力，企业的发展会形成相关多元化的结构，而且平台之间有正向网络效应，这也使每个多元化的行业相互推动发展，从而使得企业做大而且增强特殊资源及能力，能在不确定的环境下不断找寻新的源创新机会，为社会创造最大总价值。

这样，如果一个企业的发展完全是以源创新与流创新的互动作为它的推动力，那它就是我所认为的真正意义上的创新企业。所以，创新企业不一定是高科技企业，很多传统企业也可成为创新企业，这完全取决于企业对“客户”的看法、对创新的看法。我想再强调一点：创新不是创造新技术、新产品、新服务，而是创造新价值，而这个价值不仅有益于企业的客户，而且也有益于这个生态系统中的所有成员，他们的共同参与也使新理念价值越来越大。一个地区如果有几家创新企业，那么它们的发展就会带动很多当地相关企业的发展，这些创新企业不断通过源创新和流创新互动来创造新价值，这种新价值也会成为该地区经济发展的推动力，我称这样的经济为创新经济。

思考时间

1. 为什么最先进入市场者不一定能最先建立足够规模的两面市场？为什么在很多两面市场案例中，后进者的成功概率比先入者的成功概率高？

2. 大来卡可采取什么方法来跳出危机？

3. 如果你身处制造业，你如何采用平台战略来发展你的企业？

第八章　创新生态系统：硅谷传奇

- 128 号公路的企业是倾向纵向一体化，而硅谷公司的规范是横向优化，硅谷的设备及零部件公司需要密切合作以创造新的价值，因此，技术知识往往在公司间传播并共享，而不是像在 128 号公路那样被当作个别公司的秘密。
- 一个地区的风投生态系统结构，是当地风投公司在一段时间内经过多次尝试，于帮助创业公司成长的过程中形成的，这种生态系统结构一旦构成后便成为一种文化，它会影响将来潜在的创新项目，也影响当地将来的发展。
- 对创业失败的包容孕育了具有冒险精神的独特的硅谷文化。
- 很多人认为硅谷的盛名是因为很多新科技都源于此地，其实硅谷之所以可以持续发展，是因为不论新高科技或新创意在哪里诞生，只要把它带入硅谷，硅谷的生态系统都可以促成它的商业化，这才是硅谷的独特优势。

世人都向往美国加州的硅谷，尤其是年轻有为的工程师及企业家，更认为硅谷是创业的圣地。世界各国都想建立它们自己的“硅谷”，它们派专员到硅谷考察、向专家请教、了解硅谷的大学及研究院与工商业的网络效应结构，并计划在它本土某地区复制“硅谷”，但直到现在我们都没有见到第二个硅谷。虽然，某些地区，如台湾的新竹及印度的班加罗尔都模仿硅谷的结构成功地建立了它们的高科技园区，但这些园区充其量不过是硅谷的延伸，而无法与硅谷抗衡。主要原因是，我们并没有看到硅谷的独特之处，它的独特之处是其生态系统成员的相互关系所形成的网络效应及硅谷的创业文化。这些都是在硅谷发展历史中慢慢建立起来的，也正因如此，硅谷不可能被复制。

1951 年，美国的高科技中心是波士顿地区麻省理工学院附近的 128 号公路，当时它是美国军事及大企业信息技术的领导者，因而被誉为“美国科技高速公路”。那时，现在人们所知道的硅谷只是一片果园。在接下来的 30 年间，这个北加州农业地区变成了世界闻名的高科技中心。作为高科技区域中心，相对于128号公路来说，硅谷是后来者。所以对一些想复制硅谷的人而言，了解硅谷现在的结构固然重要，但更重要的是要了解硅谷怎样作为一个后来者，能在30年之内，在资源短缺的情况下，从美国西部崛起并取代了128号公路，而建立起如今强大的硅谷生态系统。

128号公路的故事

128号公路于1951年建成，环绕马萨诸塞州波士顿和剑桥。公路沿线有许多始于美国麻省理工学院和哈佛大学的高科技公司。在第二次世界大战中，麻省理工学院成为美国从事军事应用的先进技术研究中心。在20世纪40年代和50年代，政府的资金大量涌入麻省理工学院、哈佛大学和波士顿地区的其他大学。麻省理工学院利用这些资金建立了各种实验室，进行最先进和最具创新性的战时系统研究：辐射实验室的设立是为了研究雷达和导航系统；林肯实验室的成立是为了开发远程雷达、防空警报系统和高速数字处理器；仪器实验室的设立是为了开发飞机、导弹导航设备和导弹制导系统。“二战”以后，大量的政府资金继续涌入大波士顿地区的科研机构和私营企业，以支持美国进行冷战、朝鲜战争以及与苏联的太空竞赛。这导致128号公路沿线在20世纪六七十年代急速发展。在这一时期，大波士顿地区拥有全美最好的知识型和技术型劳动力。

国防工程十分复杂，涉及很多系统组件的集成，为国防承包商工作的工程师的技能基础是系统集成。美国国防部重视那些能带来高性能的而非低成本的新技术。因此，国防承包商都对新兴技术的成本效益较为不敏感，而以如何推动前沿技术、满足军事需求为重点。公司的主要业务活动是项目规划分析和项目管理，而不是生产计划和管理。公司更注重于特殊产品的小批量生产，而不是发展大规模的生产能力。为了增加中标机会，承包商必须在竞投以前以及竞标时对其创新想法进行保密。当合同被授予后，国防部要求承包商建立安全程序，保护开发的成果。所以，一个国防承包商的文化规范是“建立一面墙”，将工程师与外界隔离。

这些大型军事系统的开发承包业务催生了为它提供支持的供应链系统。先进技术开发和军事应用的需要成为全行业的驱动力。在20世纪六七十年代，大波士顿地区的研究实验室成为先进技术的来源。新的先进技术引发了军事采购的新需求，也带动产生了对某些部件的新要求。供应商对国防承包商的要求做回应，而不是积极地开发新部件以推动市场需求。许多研究人员成立新公司，来将他们在研究实验室开发的技术商业化。当时，创业融资还处于萌芽阶段。最主要的资金来源，是富裕的当地人民提供资本支持新技术的商业化，这些新技术是在政府投资下发展起来的，并且没有技术风险。当时，许多新的科技公司是从大学、研究实验室以及一些私营公司分离出来的。所有这些公司都是纵向一体化，推动这些公司发展的是先进的技术。从产品开发的角度来看，重点是先进技术的系统整合，元件优化扮演着次要的角色。20世纪70年代初，军事开支在越南战争后被削减，与此同时，微型计算机和信息系统业务的增长吸收了由于军事拨款减少而造成的过剩生产能力。国防承包商及从事微型计算机和商业信息系统的公司有类似的企业文化，并且支持国防承包业务的地区产业基础设施与支持微型计算机和信息系统业务的地区产业基础设施也是协同的。这使得128号公路的增长一直持续到20世纪80年代初而没有中断。

硅谷前传：一个斯坦福教授的梦想

硅谷在加利福尼亚州的旧金山，位于半岛，由斯坦福大学向外辐射。它的东部包含旧金山湾，西到圣克鲁斯山脉，东南部到海岸范围。1920年，斯坦福大学是一个很好的地方大学，但还不是一个全国知名的大学。与128号公路相比，硅谷是区域技术中心的后来者；相比于麻省理工学院，斯坦福大学作为一个工程研究机构，也是后来者。后来被称为“硅谷之父”的弗雷德里克·特曼（Frederick Terman）教授在10岁的时候全家移居到了斯坦福地区。1927年他成为斯坦福电子工程系的助理教授，1937年成为该系的系主任。

在20世纪30年代，特曼开始关注斯坦福大学电子工程系毕业生缺乏就业机会的问题，因为最好的电子工程系毕业生都到东海岸找工作，他认为长久这样下去，斯坦福大学电子工程系将无法发展。特曼的解决办法是鼓励和帮助斯坦福大学的毕业生在斯坦福大学的周边地区成立自己的公司，并鼓励教师参与咨询、投资和在该地区成立新公司。1937年，他鼓励他的学生休利特（Hewlett）和帕卡德（Packard）在斯坦福大学附近成立公司。他借给他们一些钱（538美元），帮助他们获得银行贷款，并争取到一些资金来资助他们的项目。同年，以他们的名字命名的惠普（Hewett and Packard，简称HP）成立。

在 20 世纪 40 年代，特曼的博士生导师让特曼负责哈佛大学一个大型国防研究项目——雷达对抗的开发，这使他有机会与主流的政府电子研究资助机构建立联系。他回到斯坦福大学后，于 1946 年成为工程学院院长。特曼决定要推动他的理想，那便是将斯坦福大学工程学院发展成一个美国先进技术方面的主要研究和教学机构。他在东海岸的经验告诉他，即使在战后，政府将仍然是先进技术发展的主要资金来源。相比于麻省理工学院和哈佛大学，西海岸的机构在获得政府资金方面处于不利的地位，因为西海岸的工业和教育基础设施不够发达。斯坦福大学周围地区被认为是农地，农产品生产是这里的主要经济活动。特曼需要改变这个形象。

他实现这一目标的第一步是在斯坦福大学附近建立一个社区，本地企业可以与斯坦福大学有更进一步的互动。斯坦福大学工业园区的想法约于 1950 年初产生。斯坦福大学拥有 3 240 公顷的土地，由于利兰 · 斯坦福（Leland Stanford）成立大学基金的时候规定禁止任何土地买卖，但是没有任何有关租用的规定，因此，斯坦福工业园于 1951 年成立，旨在建立一个靠近大学的高科技中心。园区只能租赁给可能与斯坦福大学分享共同利益的高科技公司。通用电气、柯达和许多其他科技公司都在这个园区建立。这不仅造就了斯坦福大学的新形象，也为大学带来了财政收入。

1953 年，当地公司认为有必要培养他们的雇员跟上科技进步的步伐，他们要求特曼允许他们的工程师在斯坦福做兼职学生，但仍然在公司工作。在1954年秋季，荣誉合作计划（Honor Coop Program，简称HCP）开始实施。根据这项计划，四家公司（万年、惠普、SRI国际公司和通用电气公司）同意选择合格的雇员在斯坦福大学参加研究生学习。这些公司将为每个学生支付双倍的学费，这样获得的资金被转移到各个相关的系，用来雇用更多的教授，以应对增加的教学工作量。

1947年，贝尔电话实验室（Bell Laboratories）发明了晶体管。晶体管是一种半导体器件，特曼和帕卡德都看到了这一新发明的巨大潜力，认为它的应用将开拓电气工程最有前途的领域之一。晶体管是固态电子设备的一种，所以他们认为，如果斯坦福大学有一个固态项目，将会大大提高斯坦福作为先进研究和教学机构的形象。在当地企业和惠普公司的资金支持下，特曼于1955年雇用了约翰·林维尔（John Linvill）博士作为电子工程系的教授，致力于发展该系的固态项目。林维尔开设了晶体管电子课程，很快取得成功。通过HCP，当地的工程公司更新了工程师在电子晶体管方面的知识，这直接为公司的电子业务提供了帮助。林维尔还成立了固态实验室，致力于晶体管电路实验，并且发展新的技术以把晶体管用于新的电子系统设计。这时，斯坦福大学已经改变了自己的形象，并已发展了足够的基础设施来吸引国防科研机构和大型企业投资。林维尔也想在固体实验室进行器件物理和硅处理的研究，要做到这一点，实验室需要有半导体器件制造的知识，这种知识当时只在少数企业中存在，其中之一就是在东部的发明晶体管的贝尔实验室。

威廉·肖克利是晶体管的发明人之一，他也因此获得了诺贝尔奖。他是加利福尼亚州帕洛阿尔托人。1955 年，肖克利决定离开贝尔实验室，搬回帕洛阿尔托，开始自己固态器件的晶体管创业。帕洛阿尔托与斯坦福是两个相邻的小城市，肖克利的回归为林维尔提供了实现他愿景的好机会。林维尔和特曼与肖克利谈判达成了一项协议，他们将派遣一个固态物理学背景很强的年轻教师，从斯坦福来到肖克利的新公司，在肖克利的直接指导下工作。作为回报，这个青年教师将学习硅处理，然后把该技术应用于固态实验室，以加强斯坦福大学的固态项目。詹姆斯 · 吉本斯（James Gibbons），林维尔以前的一个学生，在 1957 年应聘了这个职位。吉本斯在 1958 年 3 月成功地完成了他的使命，固态实验室制造出了第一块硅器件，斯坦福大学也成为美国第一所拥有制造硅器件生产线的大学。由于这一成就，美国海军研究局大大增加了对该实验室的研究资助。

同时，斯坦福大学周围的半导体产业发生了一些变化。1956 年，肖克利在帕洛阿尔托成立了肖克利晶体管实验室，专门从事固态器件制造。肖克利的声誉吸引了 8 位优秀的物理学家和工程师加入公司，这 8 人对后来硅谷的半导体产业起了关键的作用。1957 年，这 8 名工作人员不同意肖克利对半导体材料的选择，离开了肖克利晶体管实验室，在仙童相机与仪器公司（Fairchild Camera and Instrumentations）的财政支持下，在加州山景城成立了仙童半导体公司（Fairchild Semiconductor）。这次融资是由当时在纽约一家投资经纪公司工作的阿瑟 · 洛克（Arthur Rock）安排的。仙童半导体是第一个专门用硅制造半导体的公司，并且迅速发展成为加州电子行业最大的公司之一。到 1962 年，其销售额已达到 1.3 亿美元。虽然后来半导体市场竞争激烈，仙童一路挣扎最终于1979年被收购，但是从仙童出来了许多高层经理，他们或是自己创立半导体公司，或是加入其他半导体公司。20世纪70年代，很多半导体公司的高层经理都是从仙童半导体出来的，这包括英特尔、Signetics公司（现飞利浦半导体）、国家半导体（National Semiconductor）和超微半导体公司（AMD）。

特曼继续鼓励教师通过担任顾问，甚至与学生作为共同创始人等方式积极参与当地的电子产业，并将实践经验带回学校，进而开发课程、进行工业界无法开展的先进研究。1955年至1965年期间，斯坦福大学主要集中建立其在固态领域的应用能力。斯坦福大学的固态项目为本地电子产业的发展提供了重要的基础设施支持，通过咨询、举办系列讲座、固态联合计划以及HCP，它将半导体器件和晶体管电路知识传播到当地的仪器和电信公司。斯坦福大学固态实验室、本地半导体公司和当地电子公司之间的合作和相互作用给当地带来了巨大的发展，使其成为美国半导体制造业的中心。到了60年代，30多个新的半导体公司在硅谷创立，这可追溯到仙童半导体剥离的时代。从1959年到1976年，45家独立半导体公司中只有5家不在硅谷，所以硅谷的名字诞生了。

造梦者——“风投”追逐而入

风险资本家觉得投资从本地成功的公司分拆出的新公司是个很好的机会。早期的硅谷风险投资家，如阿瑟·洛克，支持有远见、希望建立新一代高科技公司的企业家。在 20 世纪 70 年代初，一些企业家，如尤金·克莱纳（Eugene Kleiner），创办企业取得了成功，积累了资金，然后成立风险投资公司，支持在硅谷的新技术企业。凭借他们的经验和人脉，他们所提供的基础设施支持可以帮助无经验的小企业建立业务团队和合理运行。那些有创新想法但不能被自己公司接受的工程师，可以从当地的风险投资找到财政支持以及管理咨询，来实现他们的梦想。

当时很多企业创办人及高科技人员都比较拮据，为了鼓励这些人才加入创业，律师及风险投资家创造了一些新的金融工具，使创业人的智慧也可作为本钱。他们把公司的股份分为两种，一种是投资人的股份，又名“优先股”，另一种是员工／创办人的股份，又名“普通股”。当一个科技公司初成立时，优先股的股价比普通股的股价高很多倍，当公司分发股息或变卖财产时，优先股有优先权，但有最高支付的限制。优先股也可转为普通股，所以当创业公司成功地上市时，所有投资者都会把他们的优先股转为普通股以规避最高支付的限制。通过这个方法，创业者可用相对少的投资得到公司的股份，但如果公司不成功，这些股份都没有价值。律师及风险投资家还创立了员工的股权，即员工可以在一定时间内以一个商定的价格来购买股份。当聘请员工时，根据他可能对公司发展做出的贡献，除薪金外，公司也可能另外发给他固定数量的员工股权，以此鼓励员工努力为自己的股权增加价值。但因为担心员工得了员工股权后干了一两年就辞职了，于是律师及风险投资家又想了一个分摊办法，比如说给员工一万股权，但是要求员工要在公司供职 5 至 7 年后才能拿到所有的股权，每年年末会有一部分的股权归属这名员工，如果这位员工提前离开公司，则所有未属于他的股权都归还公司，而且他要在短期内以商定的价格来购买已经属于他的股权。

很多公司的股票起初并不值钱，但等他们成功上市后，这些股票价格可能会暴涨，因此，当一家高科技公司在纳斯达克上市后，公司内的很多员工会突然变得很有钱。所以公司在聘请人的时候，不一定要给很高的工资，只要公司有一个很宏大的理念，而且配给适当数量的股权，便可吸引并留住有创新能力的年轻人，这些金融工具对硅谷的成长及发展起了很大的作用。在硅谷，一个创业失败的工程师也可以找到新的就业机会：他可以重新创业，在另一个新的创业企业担任经理，担任创业公司或风险投资的顾问，或在当地大学教授管理课程。大家相信，无论这些企业家创业成功或失败，他都可以从中学到带领一个新的企业走向成功的要领。这种对创业失败的包容孕育了具有冒险精神的独特的硅谷文化。

硅谷崛起

在 20 世纪 60 年代末，半导体产业由小规模定制的芯片，转向标准化芯片的大规模生产。第一个产品是内存芯片。1968 年，罗伯特 · 诺伊斯（Robert Noyce）和戈登 · 摩尔（Gordon Moore）离开了仙童半导体公司，成立了英特尔，将内存芯片和基于固态技术的其他标准化产品商品化。阿瑟 · 洛克是早期的投资者（投资 30 万美元），英特尔公司只用一页半的业务计划就成功融资 250 万美元。他们招聘了安迪·格鲁夫（Andy Grove）担任新的合资公司的总经理。在政府和电子行业的大量资金支持下，林维尔聘请了更多固态专家来加强斯坦福的固态项目。到 20 世纪 60 年代中期，集成电路成为新的前沿，于是，在固态实验室之下成立了集成电路实验室。许多实验室在研究活动中开发的设备，后来被周围的企业商业化。吉本斯继续了肖克利的离子应用工作，帮助把该技术转换成 70 年代后期半导体产业的关键制造过程。到这时，斯坦福固态集团在硅谷越来越有影响力，而且斯坦福大学也成为新的加工技术知识的重要来源。

施乐公司在复印机市场上取得了成功后，进入主机电脑业务与 IBM 直接竞争，但结果惨败，施乐公司损失 3 亿美元。它过后在帕洛阿尔托建立了帕洛阿尔托研究中心，致力于发展新的计算技术，以改变计算机市场上 IBM 占主导的状况。20 世纪 70 年代初，施乐公司招聘了罗伯特·泰勒（Robert Taylor）来领导帕洛阿尔托研究中心的计算机组，他之前是政府高级研究项目局（Advanced Research Projects Administration，简称 ARPA）的最高行政首长。ARPA 是国防部的资助机构，而泰勒负责提供资金给与计算机有关的国防项目。泰勒在帕洛阿尔托研究中心组汇集了顶尖的计算机科学家，制定了新的计算模式：个人分布式计算。1973 年，它开发出了第一台个人电脑——称之为阿尔托（Alto）——以及以太网（Ethernet）、位图显示、鼠标指示设备。因此，绝大部分网络计算的科技都来源于帕洛阿尔托研究中心的研究小组。不幸的是，施乐一直没有从帕洛阿尔托研究中心的发明中获利。作为一个研究机构，同时由于泰勒管理资金的背景，帕洛阿尔托研究中心的研究结果都通过在斯坦福大学和帕洛阿尔托研究中心举行的讨论会传达给当地社区，帕洛阿尔托研究中心开发的许多想法都被硅谷一些有远见的企业家用于建立自己的企业。多年后，苹果Macintosh操作系统、工作站（Workstation）和以太网，全部来自帕洛阿尔托研究中心。

1975年，第一台个人电脑（Altair8800）面世而引发了个人电脑的革命。整个过程我在第二章中已有详述，但我要强调这革命的过程使硅谷发生了翻天覆地的改变，从一个信息行业供应商的地位慢慢转为信息行业源创新者的地位，而且同时建立了一个风险投资的新生态系统。1977年，当苹果电脑公司的第一个产品Apple I成功后，迈克·马库拉（Mike Markklua），英特尔市场部门一位退休的副总裁，向苹果公司投入了9.1万元并帮助其获得了25万美元的信贷额。迈克还把两个史蒂夫介绍给阿瑟·洛克，并说服洛克向苹果公司进行了5.7万元的早期投资。早期的融资对苹果公司的生存是至关重要的。同时，马库拉与洛克成为苹果的董事会成员，他们提供了必要的商业直觉，以帮助该公司的早期发展。这是早期风险投资成功的典范，在这一时期，风险投资的商业模型也慢慢形成。

20世纪80年代，英特尔从内存芯片业务转型为微处理器业务，这对硅谷来说有重大的意义。这是第一家把自己从信息行业的供应商转为信息行业源创新推动者的高科技公司。1981年，一名斯坦福大学计算机系统实验室的博士生安德烈亚斯·贝希托尔斯海姆（Andreas Bechtolsheim），使用超大规模集成电路设计工具和标准件设计了一个SUN工作站，成为斯坦福大学网络（Stanford University Network，简称SUN）。另一位斯坦福大学毕业生，维诺德·科斯拉

（Vinod Khosla），说服贝克托谢姆共同成立了一个公司。他们一起招聘了另一名斯坦福大学毕业生斯科特·麦克尼利（Scott McNealy）来负责生产制造。加州大学伯克利分校UNIX（尤尼斯）版本的主要设计师比尔·乔伊（Bill Joy）也加盟了该公司，致力于软件部分的研发。他们于 1982 年成立了Sun微系统公司，第一批产品于 3 个月后进入了市场。Sun是市场上拥护开放系统的关键影响力，并很快成为工作站市场的行业领导者。1984 年，伦纳德·波萨克（Leonard Bosack）和桑德拉·勒纳（Sandra Lerner）夫妇俩成立了思科（Cisco）系统公司，成为开放系统市场的主要参与者。波萨克是斯坦福大学计算机系电脑设备部主任，勒纳是斯坦福大学商学院电脑设备部主任。该公司以 20 世纪 70 年代末在斯坦福大学开发的支持全校园网络的技术（斯坦福大学网络）为基础，将硅谷与旧金山各地不同的网络集成为单一的综合网络，这使各地不同的网络能互传信息，也使工作站与个人电脑能通过网络连接而实行网络计算。它的第一批产品在 1986 年 3 月面世，到 80 年代末，客户端—服务器的网络计算结构在许多大型企业里已经存在。

硅谷有一个口号说，“硅谷是建立在IC上的”。IC在这里不代表集成电路（Integrated Circuit），而是指印度和中国（Indian and Chinese）工程师。硅谷的新兴电子业在七八十年代起飞，那时很多高技术工程师来自国外。据一些公布的统计数字显示，在硅谷约 1/3 的科学家和工程师是来自亚洲的移民，其中有 50％是华人，23％是印度人。1965 年，新的移民法通过，它大大地增加了允许进入的美国移民数量，尤其是显著增加了外国出生的工程师和其他受过良好教育的专业人士成为美国永久居民的机会。这些拥有新技能的移民，绝大多数是亚裔。他们很多人来美国接受高等教育，毕业后青睐硅谷而不是东海岸，因为他们喜欢硅谷的生活条件：良好的气候、社会对外来者更加开放、更接近亚洲，还有硅谷对高技能劳动力的需求。这项移民法案保障了高技能的外籍劳工来源，支持了硅谷在70年代和80年代新一代科技工业的增长。

80年代初，硅谷建立了一个与128号公路完全不相同，甚至可以说是对立的生态系统。表8–1对两地区的生态系统结构进行了比较。

表8–1　硅谷与128号公路的生态系统对比

• 128号公路（80年代）	• 硅谷（80年代）
• 大的系统创新	• 小的部件创新
— 流创新价值链结构	— 源创新组合价值结构
— 纵向公司结构	— 横向公司结构
— 内部的知识流动	— 公司间无障碍的知识流动
• 适合纵向竞争	• 适合横向竞争
• 基于回报率的传统投资	• 基于创新理念的风险投资
• 人力资源以美国人为主	• 人力资源以外来移民为主

80年代中期，计算机世界的竞争演变成两个完全不同的生态系统间的竞争：一个生态系统是一家公司控制所有零部件，最终通过整合提供价值，这一生态系统是纵向的；另一个生态系统是不同的零部件由不同的生产商提供，最终通过组合最佳零部件提供价值，这一生态系统是横向的。128号公路的公司和行业结构更适合于纵向的竞争，而硅谷的企业和行业结构更适合于横向的竞争。当零部件的功能变得

更强大而且成本更低时，组件的连接协议也变得标准化；由于工程师越来越熟悉电脑，企业之间的竞争优势不取决于企业所掌握的系统整合的知识，而取决于企业如何优化元件。因此，计算机系统的市场从纵向竞争转变为横向竞争，随着这样的转向，原来在纵向竞争结构下成功的大公司的资产和技能，在新的竞争环境里就变为了负担和累赘。数字设备公司、王安和其他许多主机及微型电脑公司都无法在该转变中生存，甚至IBM也在80年代末挣扎地求存。在80年代中期，随着电脑市场的转变，硅谷在几年间便超越了128号公路，逐渐成为美国高科技中心。

1982年，詹姆斯·克拉克（James Clark）教授离开了斯坦福，与计算机科学实验室一些学生和工作人员成立了“硅图形”（Silicon Graphs）公司。“硅图形”公司很快成为具有图形功能的工作站的主要供应商。“硅图形”公司生产和销售高端工作站，但与个人电脑相比，高端工作站在计算机市场上只占有一个很小的市场份额。克拉克想开发一种低端电脑，一种可以出售给大众市场的设备，但公司的董事会并没有接受这个想法。于是，感到沮丧的克拉克在1994年初离开了“硅图形”公司，在同年年底成立了网景公司，来开拓一个网络浏览器市场。

早在1964年，兰德公司（RAND）——一个美国政府在冷战时成立的智囊团——就已经开始研究核战争爆发后美国政府各部门如何保持联络。当时，兰德公司、麻省理工学院和加利福尼亚大学洛杉矶分校共同开发出一个革命性的概念：基于UNIX的技术，开发一个能分散、防暴及分组交换的网络，该网络后来被称为“互联网”（国际互联网的简称)。

万维网(WWW)是1990年11月推出的一个“全球超文本系统”。每个客户在本地服务器的存储空间都有他自己的万维网网址,并把他的文件存入他自己万维网网址的存储空间。当另一客户在任何地区的客户端指定万维网网址,被指定的万维网网址内的文件,便会通过互联网传到那个客户的客户端。浏览器是一种软件,使万维网网址内的文件可以显示在客户端,并让用户与这些文件交互。第一个浏览器只提供给有限数量的用户,因为它们只能在特定的平台上使用。1993年,一队伊利诺大学香槟分校国家超级计算机应用中心(NCSA)的学生,开发了适用于Macintosh和Windows平台的马赛克(Mosaic)客户端浏览器。克拉克认为这正是新科技触动的源创新平台,于是,在1994年,他从NCSA聘请了马赛克的主要作者之一,在硅谷创立了网景通信公司。硅谷有名的风险投资公司KPCB(凯鹏华盈),是这个项目的主要投资者,它也引导其他风险投资公司及投行摩根士丹利一同投资。浏览器是一个两面市场的平台,右面是要从网上找资料的用户,左面是要把资料存在网上的用户,因此网民越多,便有越多用户有意把想传播的资料存在网上,而越多用户把资料存在网上,便吸引越多网民。网景成功地开拓了网络浏览器市场,网址及网民的数量都呈指数级上升。在亏损的情况下,网景仍然能在1995年8月上市,第一天的股价增长率超过历史纪录,从创业到上市只花了不到一年的时间,并且引发了互联网革命。

浏览器平台也带动了其他几个平台在1995年成立。雅虎成立于斯坦福,红杉是其主要的风险投资公司;eBay成立于圣何塞,

Benchmark（邦仕马克）是其主要的风险投资公司；亚马逊成立于西雅图，KPBC是其主要的风险投资公司。它们都在创业后很快上市：雅虎在1996年上市，eBay在1998年上市，亚马逊在1997年上市，其中雅虎及亚马逊在上市时仍处于亏损状态。也有些网络公司，在创立几年后被大企业或已经上市的网络公司收购，如Hotmail在1996年7月成立，随后在1997年12月被微软以4亿美元收购。当时Hotmail几乎没有收入，它的唯一价值是850万用户，这对风投来说意味着很高的回报率。

在此期间，风投公司发现投资网络创业公司，只要能尽快积累网民，再找大企业或已经上市的网络公司把它收购，就是一个相当好的风投项目。这些风投项目都在两年内得到10倍以上的回报，简直就如过手便得巨利一样，这也导致了90年代后期的互联网泡沫。在1997~2000年间，硅谷每个对互联网有些认识的工程师都梦想建立自己的网络平台公司，很多机会主义资本家从世界各地涌入硅谷，他们都成立了风投基金，希望在硅谷投资一家新网络公司，在两年内获得巨利。到2000年初互联网泡沫破灭时，很多在互联网掘金时代新创的网络公司都像流星一样，只有一小段光辉的时间，便迅速消失，大部分在同一时段进入的机会主义资本家都退出了风投市场。但也有少数公司在2000年前上市或得到投资银行投资，使它们有足够资金渡过这难关。这些有幸生存下来的公司与专业的风投公司，对网络平台的风险有了更多的认识，也找到了减少这种风险的方法，踏实地一步一步发展，而成为互联网时代有力的参与者。

案例复盘及启示

两面市场模型如何铸就硅谷？

在 1950~1990 年的 40 年间，硅谷从一个农业地区转变为美国的高科技中心，不是因为地方政府有意要把当地建立成科技中心，而是因为一位教授追求他的理想，以肖克利等人在 1951 年始创的晶体管为支点，带领一群充满激情的教授、科学家、工程师、企业家、投资者及律师，以源创新推动晶体管成为大众商业化的新理念。但大家都没有想到，这个源创新的成功不只在于把晶体管技术用在所有与电子有关的行业，而是在推动源创新的过程中，硅谷建立了一个持续创新的生态系统，促进了其后来的创新经济。我在这里以两面市场模型来解析硅谷形成的历史过程。

20 世纪 60 年代初期，很多电子企业已开始在它们的产品上应用半导体，它们也成立了内部研究部不断研究及改进半导体的功能和应用，也有像仙童半导体公司这样的创业公司作为大的信息及电子产品供应商，销售半导体器件。当时的半导体产业是许多不同的信息及电子产品价值链的上游，它主要以流创新增加现有价值链的价值。我们可以用下图来描述当时斯坦福地区的市场结构模型。

在这个图中，斯坦福大学工程学院有两个角色：一是把对半导体技术的最新应用传播到电子公司，二是与半导体公司共同研究并推进集成电路的前沿发展。当时投资半导体公司的风投都只是凭直觉认为半导体的未来市场会很大，但还没有数据可以预测何时会形成市场，也不能估计市场有多大，我用“源创新风投”来表示这种投资项目的风险之大及其源创新的特征。

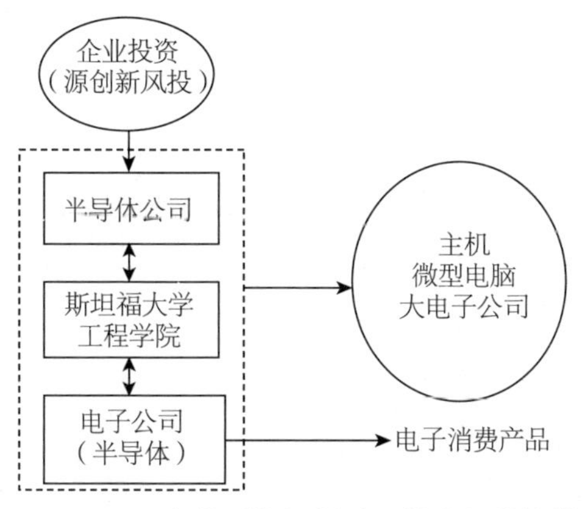

图 8–1 1960 年前后斯坦福地区的市场结构模型

另一方面，斯坦福大学工程学院也建立了一个两面市场的平台，这个平台的右面是应用半导体的公司，而左面是对最前沿半导体应用技术有深刻认识的教授、研究员及工程学院学生。斯坦福大学工程学院组合这些教授、研究员及学生的资源及能力，帮助右面的企业，应用新科技来增强它们的竞争能力，而且不断地有人力资源供应，支持企业在这方面持续发展。斯坦福大学工程学院也组合右面的资源及能力向左面提供实际的研究问题、教学需求、就业及咨询机会。这个两面市场产生网络效应，使半导体市场增大，斯坦福大学工程学院的人才及名誉也随之增加。但逐渐地，不仅半导体公司增加，很多大的信息及电子公司也都自己生产主要的逻辑控制器件，这等于间接与半导体公司竞争，所以虽然市场总需求一路上升，但市场的竞争也越来越大，仙童半导体公司直至 1966 年都赢利，但到 1967 年便因为产能过盛而亏损。在同年因为半导体需求一路上升，一个新行业诞生，第一家半导体设备应用材料公司（Applied Materials）在斯坦福附近成立。该公司提供生产半导体的设备及服务，使半导体器件更有效率、更先进，它的客户不只是半导体公司，也包括像IBM这样想自己生产半导体的大企业。

投资应用材料公司也有风险，但风险的性质与投资仙童半导体公司不同。应用材料公司的成立是因为创办人看到半导体需求上升，所以认为提供生产半导体的设备及服务一定有市场。分析家可从当时市场的动态估计这个市场将会有多大，所承担的是技术、营运及竞争风险，而投资仙童半导体公司所承担的是完全不可预测的风险。仙童半导体公司开拓新市场，这是源创新，而应用材料增加半导体市场能提供的价值属于流创新，我称这种投资为流创新风投。20 世纪 60 年代，有几家风险投资公司在斯坦福大学附近成立，它们主要投资创业公司，很多创办人除了金融背景之外还都有一定的业务经验。但早期的风险投资公司都没有很多好项目可以投资，有些只投了几个项目便停止投资。1970 年，随着半导体市场的发展，斯坦福把最新半导体知识传播给硅谷内的工程师，这给这些工程师提供了创立新公司的机会。用半导体来制造新电子产品，卖给电脑公司及大型的电子公司，也给风险投资公司提供了好的投资项目，这些都是流创新投资。从 1970 年开始，半导体公司与斯坦福平台共同成为图 8–2 描述的两面市场平台。这平台的右面是应用半导体的公司，左面是半导体设备公司，应用半导体的公司越多，他们的需求量越大，半导体公司就要增加产量。这也使半导体设备市场扩大，而吸引新半导体设备公司进入市场，使半导体公司提供给右面市场的价值增加，这又吸引了更多新创电子产品公司进入，从而使这两面产生了正向网络效应。

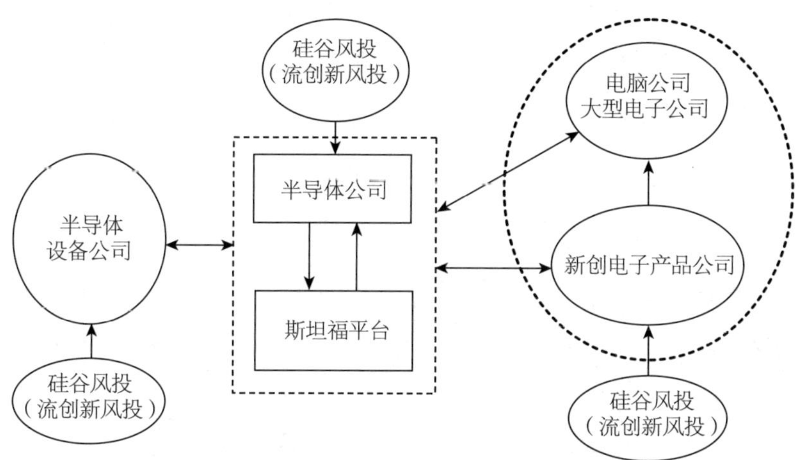

图 8–2　1970 年后斯坦福地区的两面市场平台

20 世纪 70 年代，几家新的磁盘驱动器公司、半导体设备公司及很多电脑零配件电子器件公司出现，它们都因通过风险投资公司获得了流创新风投而成立。这也激励一些以前成功创办半导体公司的创业家以及半导体公司的高层经理离开现在的公司，自己成立风险投资公司。其中最有名的是KPCB及红杉（Squeqia）。这两家风险投资公司的特点是创办团队中有人在半导体行业当过高层主管经理，因此他们都了解源创新的过程及运作，认识很多与半导体行业有关的经理人，经历过半导体产业的崛起，知道它为许多电子及机械工程师提供了创业机会。因此，当他们投资一个新创公司时，除了提供资金之外，他们还可以帮助这个新公司建立公司管理结构、聘请高层经理、寻找客户。团队中也有在金融界有多年工作经验的经理，认识许多投资银行界高层经理。这使他们可以帮助新创公司获得投行的投资，并且在时机成熟时通过投行上市或被收购。但它们筹集的资金数额不大，因为在1974年，美国的劳工部不允许将企业的养老基金投入有风险的项目，所以风险投资公司都是用富人的私人资金投资，难以增加规模。

1975年，第一部个人电脑面世，它是在英特尔的8080微处理器基础之上开发而成。但很多早期的个人电脑都不能生存，因为当时没有软件公司，而没有软件的个人电脑就没有实用价值。成立软件公司只需要很少的资本，于是很多会写软件的青年，如盖茨等，都纷纷投入这一领域，为个人电脑开发软件。当时个人电脑及软件都没有市场，所以都不受风险投资公司的重视。1977年，苹果公司的创办人用自己的钱打造了第一个产品Apple I，之后通过一个投资者结识了阿瑟·洛克，并说服洛克向苹果进行了5.7万元的早期投资。苹果是个人电脑行业中第一家得到风险投资家投资的公司，这属于源创新风投。这次投资使苹果成功地推出了Apple II，Apple II的成功促使IBM在1981年以源创新进入个人电脑市场。IBM采用全新的商业模型——用现成的英特尔生产的8086微处理器，操作系统的开发外包给微软，IBM只从事组合这些元素来制造IBM PC，而且把系统完全开放，便于软件开发商及硬件配件商提供新产品来增加IBM PC的使用价值。

1978年，美国劳工部允许企业将养老基金的一小部分投入风险投资公司，这大大增加了风险投资公司的资金来源，正巧碰上IBM PC一举成功，大部分的风险投资都投在IBM PC应用软件、配件及IBM PC克隆的项目上。我之前分析过，个人电脑是个两面市场的平台，右面是消费者，左面是应用软件开发商及配件生产商，由于有很多资金投入IBM PC应用软件、配件项目，促使右面市场起飞，需求超过了IBM的生产容量，但IBM PC克隆产品的进入，正好支持了整个IBM PC的市场呈指数级增长。

1982年，三位斯坦福毕业生成立了Sun微系统公司，以源创新致力于开拓工作站（Workstation）市场，把工作站发展成为连接到网络的服务器。Sun的投资者是风险投资公司，它的商业模型是开放的两面市场平台，右面是设计工程师，左面是开发工程计算及设计软件的工程师。Sun的开放平台为软件工程师提供了创业机会，也给风险投资公司创造了投资机会，这使得Sun很快成为工作站市场的行业领导者，而且带动了很多有关工作站的流创新风投项目。1984年，一对在斯坦福电脑设施部工作的夫妇成立了思科。他们以源创新把斯坦福校园网络的技术作为基础，将硅谷与旧金山各地不同的网络集成为单一的综合网络，使各地不同的网络能互传信息。这也把工作站与个人电脑的两个两面市场连接起来，使它们互相产生正向网络效应，而同时形成客户端—服务器的网络计算平台。这平台的右面是需要网络计算的大企业，左面是有先进网络、工作站及个人电脑知识的工程师。思科的第一批产品在1986年3月面世，这也给风险投资公司带来了新的流创新风投浪潮。紧接着英特尔在1986年推出了80386，微软在1987年推出了Windows 2.0，IBM PC的微处理器与操作系统平台都得到了提升。微软的Windows及英特尔的微处理器是一个开放系统，因此给很多应用软件开发商带来了创业机会，这也推动了风险投资公司活跃地投资有关Wintel（即微软与英特尔的联盟）的项目。

在这10年间出现了四个接连的两面市场浪潮：IBM的IBM PC、

Sun的工作站、思科的网络、微软—英特尔—康柏对IBM PC的取代，这不仅把整个硅谷变为了网络计算的科技中心，而且使得硅谷取代了128号公路成为美国的科技中心，在这过程中一个具有持续创新性的系统也在硅谷慢慢成立。我将用图8–3来描述这四个平台的相互网络效应，我们可以看到，每次两面市场平台的建立都会加强以前平台的发展，从而带来很多创业机会。

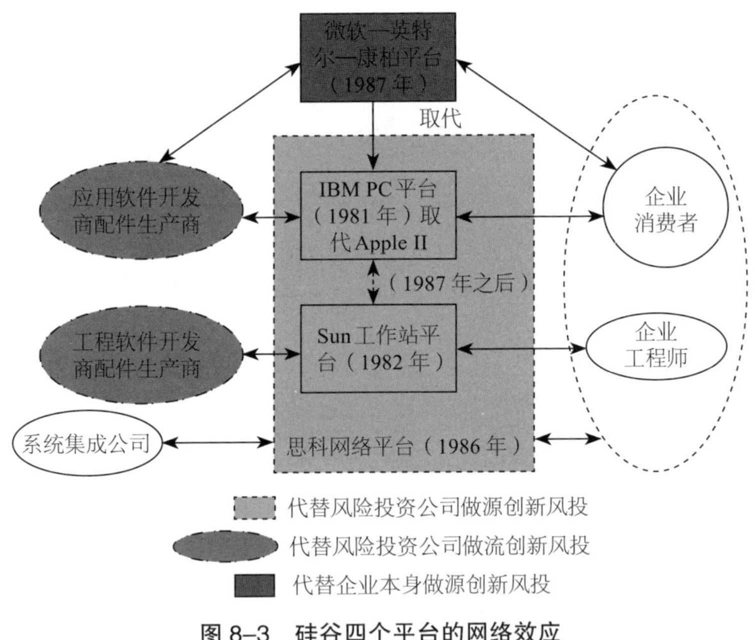

图8–3 硅谷四个平台的网络效应

斯坦福大学工程学院建立的两面市场的平台，随着硅谷的半导体平台、个人电脑平台、工作站平台、网络平台的发展，一直不断地提供着优秀的教授、研究员及工程师。硅谷半导体平台发展依靠的人力资源绝大部分来自移民。移民的特点是不怕冒风险，他们离开故土，远走他乡，就是要在一个全新的环境下创造自己的将来，对他们来说失败不是耻辱，只要从失败中取得经验，失败便是成功之母。一个两面市场平台会很自然地提供成功率较高的创业机会，例如一个半导体公司的高级工程师对整个生产过程很熟悉，他与公司内的经理人有良好的工作关系，在半导体市场非常繁荣时，如果他们合伙创立一个新的半导体公司，推出针对不同应用市场的产品，那他们的成功率会比较高，英特尔、超微半导体公司便是很好的例子。20 世纪 80 年代，几个接连的平台浪潮使很多创业家成为百万富翁，这使很多年轻的工程师都怀着创业梦，充满创业热情。80 年代末期，硅谷的教授、学生、工程师、经理人都视科技创业为硅谷将来发展的途径。他们形成一个生态系统，以过去的经验及新科技为基础，不断找寻下一个平台机会。我称之为创新生态系统。

此外，风投对硅谷的贡献同样功不可没。创业公司之所以能筹集资金，主要是因为投资者相信，创业公司能给他们带来高投资回报率，但要维持这种信任，创业公司就要有高的成功率。根据定义，风险投资是对高风险、高回报的项目进行投资，所以成功的风投主要靠的是能找到好的投资项目，然后尽量降低风险。他们主要用分段投资的方法来降低风险，风险投资公司一开始只进行少量投资，然后通过创业公司的进展绩效来衡量是否值得增加投资，等项目初步成功、需要大量资金来发展时，便引导投资银行进入，之后通过投行帮它上市，风投也从 IPO（首次公开募股）市场取得回报。但在项目执行时，如果发现有问题，风险投资公司经理人可早日参与，帮助创业公司走出困境；如果真的没有前途，则早日停止投资，或以低价把公司卖出以求减少投资的亏损。另一个方法是，几家风险投资公司同时对同一项目投资从而分散风险，或者一家风险投资公司投入多个相似的项目。

从上述的风投过程中，我们看到最少有两批投资集团参与一个创业公司的投资，一个是风险投资公司，另一个是投资银行。越早期的投资风险越大，其中最大的风险是找不到下一阶段的投资者，因此对早期投资者来说，有后期的投资者是很重要的。后期的投资不仅可以使创业公司继续生存下去，同时也可促进创业公司的发展、减少早期投资者的风险，而早期投资的成功也给后期投资者带来好的投资项目。这就使得风险投资公司及投资银行产生相互推动效应，因此我称之为风投生态系统。风险投资公司有较强的区域性，所以风投生态系统是区域性的。这个生态系统通过IPO与全国的公开金融市场连接，从而构成地区性的金融投资生态系统。

一个地区的风投生态系统结构，是当地风投公司在一段时间内经过多次尝试，在帮助创业公司成长的过程中形成的。这种生态系统结构一旦形成便会成为一种文化，它会影响将来能找到的创新项目，也影响当地将来的发展。20世纪70年代早期，很多硅谷风险投资公司的团队中都有成功创办半导体公司的创业家，以及曾在半导体公司工作的高层经理。他们都很了解半导体的平台，知道它能带来投资机会，所以当他们看到IBM PC平台出现时，他们都投资与IBM PC平台有关的项目。而且他们也发觉投资这些项目有正向网络效应，因为每一项的投资都会帮助IBM PC平台发展，从而也产生了更多有关IBM PC平台的好的投资机会。在1980~1990年间，接连的平台浪潮也提供了很多风投机会，这 10 年间硅谷的风险投资公司的数目快速增长。它们有时会竞争抢投一些好项目，但它们发现在竞争中的彼此合作会增加它们各自的成功机会。当一个平台开始发展时，会有正向网络效应，常与其他活跃的风险投资公司保持联络及关系有助于找到好的相关投资项目。所以，很多成功的风险投资公司常常一齐投资同一项目，原因是这样可分散风险，因为它们的综合知识及资源可提高所投的创业公司的成功率。再者，它们以此机会与其他活跃的风险投资公司建立并保持了深厚关系，赢得了互相信任，分享当地的风投动向。通过这个网络关系，大家都能找到好的相关投资项目。硅谷的风险投资公司，不仅关系密切，它们与斯坦福大学工程学院的教授、研究生、学生、律师、会计师、企业经理人也保持着良好关系，因为他们都是好投资项目的来源。经过几个平台浪潮，硅谷的风险投资公司之间的紧密网络关系也成了当地的文化，这种文化有助于他们共同合作，迎来新的平台浪潮。

20 世纪 80 年代后期，硅谷历经了 5 次平台浪潮，建立了以斯坦福大学工程学院为中心的创新生态系统，以及以风投为中心的金融投资生态系统。这两个系统的成员对平台源创新与流创新互动的流程都有认识，他们的梦想是找到下一次以新科技触动的平台源创新，以此带动相关的流创新风投机会。这个梦想在 90 年代互联网发展浪潮中得以实现，这次的浪潮比以往的 5 次都大，使硅谷进入了一个更高的阶段。互联网的新科技很少由硅谷始创，但硅谷的创新生态系统促成互联网的商业化。之前硅谷的创业者都是有商业经验的工程师或经理人，但从 1995 年开始，越来越多全无商业经验，但有创意及对新科技有深入认识的年轻人，成功地在硅谷创立公司。这主要是因为硅谷的专业风投及专业经理人可弥补这些年轻创业者的不足。一个哈佛大学的本科生在 2007 年成立了脸谱网（Facebook），但他跑到硅谷来发展，在硅谷的创新生态系统支持下，它成为继谷歌后最成功的网络平台。很多人认为硅谷的盛名是因为很多新科技都源于此地，其实硅谷之所以可以持续发展，是因为不论新科技或新创意在哪里诞生，只要把它带入硅谷，硅谷的生态系统都可以促成它的商业化，这才是硅谷的独特优势。

思考时间

1. 美国政府对硅谷的崛起有没有影响？有什么政策起了很大的作用？地方政府有什么公共措施支持硅谷发展？

2. 很多地方都想在它们本土某地区建立它们的“硅谷”，但没有一个成功的，为什么？试想，如果当年加州政府着力在斯坦福附近地区打造一个“西部的 128 号公路”，会是什么样的情况？会有现在的硅谷吗？

3. 硅谷的成功，是时势造英雄，还是英雄造时势呢？这个案例给你什么启发？它成功的关键是什么？

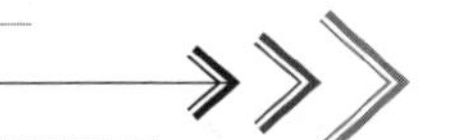

第九章　区域经济的创新

- 为什么很多地方政府都想要在当地打造“硅谷”，而最后只建立了生产经济？
- 高科技不一定能变成创新经济，而创新经济可以在没有科技的情况下做成。美国的拉斯韦加斯便是一个没有科技，而以源创新和流创新相互推动做成的创新经济典型案例。
- 一个地区的金融投资生态系统与创新生态系统不仅各自内部有正向网络效应，而且两者之间通过由法律、政府政策和高校资源等构成的平台进行调节，相互之间产生正向网络效应，为地区经济发展形成一个持续创新的生态系统。
- 一个地区建立创新经济的关键在于把地方做成平台，使它可以把历史成就作为支点，引导他人通过平台推动一连串的源创新与流创新互动，从而不断创造新价值。

地区经济发展是每个国家、每个地区、每个城市都很关注的话题。硅谷的崛起引起了很多国家政府及地方官员的兴趣，大家都想把自己管辖的地区变成另一个硅谷。从上一章我们看到，虽然美国政府的宏观政策，如移民政策、国防部研究经费都对硅谷的发展有正面影响，但硅谷的崛起，不是因为国家或地方政府刻意推动，而是因为一群敢于进行源创新的教授、科学家、研究员、学生、工程师、经理人、风险投资者、律师等互动而产生了一连串的两面市场浪潮，这不仅把硅谷从一个农业地区变为全美高科技中心，而且在这个过程中建立了两个强大的生态系统：创新生态系统与风投生态系统，正是这两个生态系统持续不断地互动，推动了硅谷的经济发展。硅谷建立的是创新经济，不是生产经济。

很多地方政府都想打造当地的“硅谷”，它们通过政府的直接支持，积极打造当地高科技园区，如台湾新竹科学工业园区、印度班加罗尔软件科技园以及中国的许多科技园区。开始时，这些园区都发展得很快，但这些园区内的企业都属于一条价值链中的同一个环节，所以生产是这些园区发展的主要推动力，这些科技园建立的是生产经济。它们的生产经济各不相同：新竹科学工业园区主要从事硬件产品价值链的生产环节，班加罗尔软件科技园主要从事软件产品价值链的生产环节，这两个地区都以流创新来支持硅谷的源创新。新竹科学工业园区的发展是从一条价值链的生产环节，转移到另一条新价值链的生产环节；班加罗尔的发展是从软件产品的生产环节转向提供最终客户内部信息系统服务。很多中国的科技园区都通过招商、引进著名的科技公司来设立分公司。这些公司大都有自己原来的生态系统，因此园区内的公司之间很少有商业上的来往，所以这些园区不能建立自己的生态系统，而且当外部环境发生变动时，这些园区内的公司也常常变换。为什么加州地方政府没有着意打造高科技中心，硅谷在斯坦福地区却成功建立了创新经济，而其他很多地方政府有意在当地打造“硅谷”，最后却只建立了生产经济？

我认为，其中的关键区别就在于：硅谷形成了活跃的金融与创新的互动。

我们可把金融投资者分为三大类：第一类是传统投资者，他们非常保守，只投几乎没有风险的项目。例如一个企业的新产品在市场上很受欢迎，于是该企业的董事决定建立一个新的工厂来扩大产品的生产规模，但这需要外来资金的支持。根据市场分析，这个项目很快便可把投入的钱赚回来，再加上这个公司一直都很成功、信誉也很好，这个项目的投资风险很低。很多传统投资者都愿意做这类投资，因此这类投资的回报率也低。

我称第二类投资者为流创新风险投资者，他们会考虑有风险的流创新项目。例如，某个工程师用一项新技术制造出一种新产品，功能比现在市场上的同类产品更好，他想创立一家新公司来生产及销售该产品，但他是工程师，没有市场经验，他是否能成功地进入市场而占一席之地、是否能扩大市场而做成规模、是否能有效地应对竞争对手对他的压制等等都是未知数，需要通过实践才能得知。因此，这项投资有不能预测的风险，传统投资者都不会考虑，但流创新风险投资者却会考虑。这些投资者不能以预计回报率作为投资项目的评判标准，因为这种项目有不可预测的风险，无法预计回报率，因此这些投资者的决策是基于是否可以通过以下流程降低风险：先用少量投资完善产品，并证实确实存在市场需求，把项目推进到风险较低的阶段，从而吸引传统投资者加入来推广市场。

对流创新风险投资者来说，后期有传统投资者加入是很重要的，因为后期的传统投资可以促成流创新的市场发展，而减少早期投资者的风险。所以早期流创新风投给后期传统投资者带来更好的投资项目，后期传统投资者通过支持流创新来加强生态系统，从而使早期流创新风投得到更高的回报。这也使得这两类投资者相互之间产生了正向网络效应：流创新风投越多，便带给传统投资者越多的投资机会，这也会引导更多传统投资者加入，使更多流创新项目成功，从而鼓励更多有商业经验的过来人成为流创新风险投资者。流创新风险投资者对风投行业本身有正向网络效应：越多流创新风险投资者成功就会鼓励越多流创新风险投资者加入，同样，传统投资者对传统投资行业本身也有正向网络效应，我称这两类投资组合形成的系统为流创新金融生态系统。

我们可以用图 9–1 来描述流创新系统与流创新金融生态系统共同组成的相互推动的生态系统，我称它为流创新生态系统。流创新生态系统中的成员是一群致力于流创新的企业及创业者，在流创新系统与流创新金融生态系统之间是能够协调两个系统进行互动的平台，由政府、法律、高校、研究所、基础设施、居住环境共同构成平台的协调效力。流创新的成功率如果增加，会激发更多流创新活动，也会使流创新金融生态系统增强，这又进一步激发更多流创新活动。但这种正向网络效应不一定会增加流创新的成功率，因为在一条价值链上不断进行流创新会导致报酬递减，因此流创新系统内的企业虽然在初期会有较高利润率，但是最后都会面临停滞，利润率也会降得很低。到那时，生产是地区经济发展的主要推动力，而该地区的经济也慢慢成为“生产经济”。

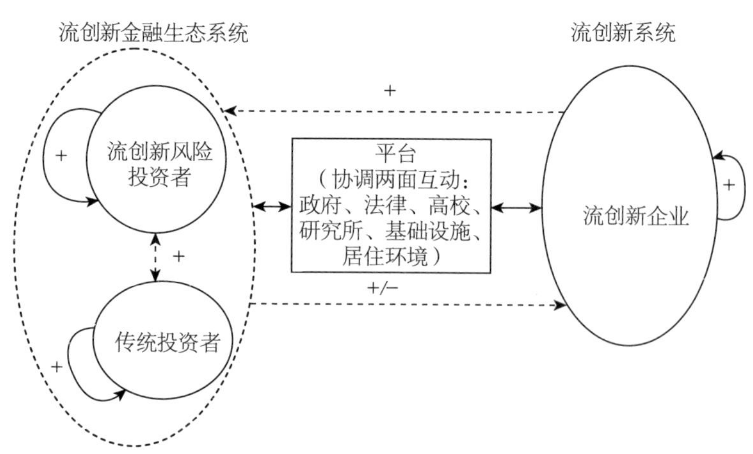

图 9–1　流创新生态系统

我称第三类投资者为源创新风险投资者，他们会考虑有高风险的源创新项目。源创新比流创新面临的风险更高：对流创新而言，最起码市场目标是确定的，未知数只在于能否成功制造新产品及占领目标市场；源创新主要在于开拓市场，所以它的目标充满变数，有待源创新者在实践中做出判断。源创新成功的关键是能否引导其他相关行业的成员加入，从而构成一个新的生态系统，有时有些重要的相关行业还未成立，而需要另一个源创新投资来配合，因此源创新者面临的未知数有很多都不是他能控制或影响的，所以他的风险比流创新者要大得多，但一旦成功其回报也是超乎想象的。例如，初期个人电脑的源创新，需要操作系统源创新、软盘源创新及商用软件源创新的配合才能创造新价值；初期汽车的源创新需要柏油路源创新、高速公路源创新、加油站覆盖源创新等，才能为汽车提供新价值。

很多对某一行业很熟悉的流创新风投常常看不准源创新的项目，因为源创新的成功往往依靠组合不同行业的资源，从而为整个源创新生态系统的成员提供新价值，所以如果过分关注一个行业便看不出源创新的价值。源创新风险投资者一定要对源创新建立新生态系统来开拓新市场的流程有深入的理解，而且要与其他源创新风险投资者有默契，在适当的时机由几个源创新投资者同时对相关的源创新项目进行投资，从而增加单个源创新的成功机会。

因此，源创新风投的决策不是基于对回报的估计，而是基于明白源创新建立生态系统的流程，及估计该源创新的理念是否有足够吸引力使相关成员加入，从而建立一个强大的新生态系统来支持该理念。我称这些投资者为源创新风投群体，因为他们的决策具有相互效应：每个源创新风投单独的决策都面临难以估计的风险，但当一个源创新风投决定投资一个产业时，便给了其他源创新风投正向影响，使他们更有信心投资相关产业。当源创新风投群体在适当时段投入不同但有关联的产业时，这也会减少群体的风险并增加源创新成功的机会。

早期投入源创新的投资者面临风险最大，但一旦成功收益也最大，如果早期源创新可使生态系统发展到某一水平，那么后期支持这个源创新的流创新可加强新建成的生态系统，因此对早期源创新风投来说，后期有流创新风投加入是很重要的，因为后期的流创新风投可促成生态系统的强大，从而使早期的源创新风投得到巨大收益。一旦早期的源创新给企业及流创新风投带来好的流创新项目，源创新风险投资者也可能会参与一些后期支持源创新的流创新投资，因为这个风险较低的投资不但可降低他投资组合的风险，而且可以增加总回报。

我把一个地区的这三类投资者共同称为该地区的金融投资生态系统，这个金融投资生态系统本身便会产生正向网络效应：源创新会给流创新生态系统带来好的投资机会，而流创新生态系统可增大源创新的成功，因此越多源创新风投会吸引越多流创新风投，而这也鼓励更多有源创新经验的经理人转行成为源创新风投。我把该地区的源创新及流创新企业群称为该地区的创新生态系统，这个创新生态系统内部也有正向网络效应：企业或创业者的源创新为附近企业提供流创新机会，而流创新反过来支持源创新，使源创新企业获得巨大回报，这也鼓励更多企业或创业者推动新的源创新。

这两个生态系统之间更有相互的正向网络效应：创新生态系统

越强就会吸引越多风投及传统投资者加入金融投资生态系统，而金融投资生态系统越强就会吸引越多的经济成员加入创新生态系统。这两个生态系统之间是一个平台，包括鼓励源创新及风险投资的政策、培养源创新及管理风险投资人才的高校、研究高科技及源创新商业模型的研究所、维护企业知识产权的法律、有助于源创新与流创新的互动发展而创造新价值的环境以及受到知识型工作者青睐的居住环境，这个平台的主要作用是协调两个生态系统之间的互动（见图 9–2）。

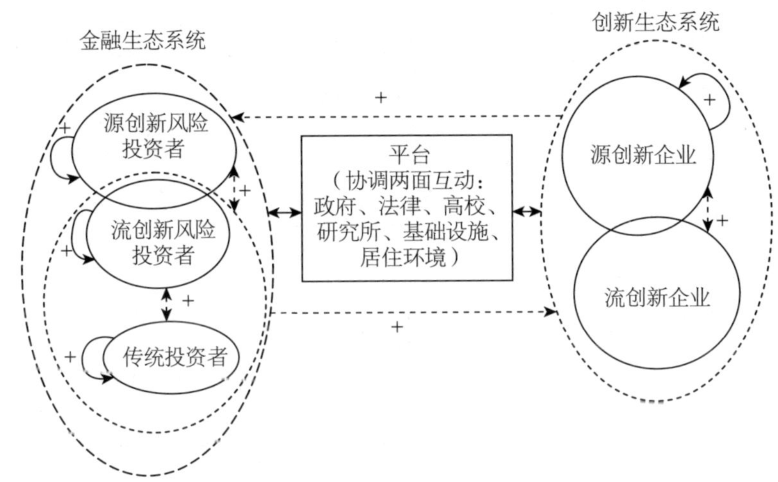

图 9–2　持续创新生态系统示意图

在这个系统中，创业者、企业、源创新风投都积极地找寻下一个源创新。在源创新成功后的一段时间内，创新成为该地区经济发展的推动力，但该地区的主要推动力慢慢转变为生产，如果下一个成功的源创新久久不出现，那这个系统便慢慢变成流创新生态系统。然而如果该地区能持续成功地推动不同的源创新，那么它的经济便可以通过持续的源创新及流创新互动来推动，我称之为“创新经济”，而该地区也建立了一个“持续创新生态系统”。

» 案例 9–1　新竹盛衰的秘密

新竹的企业都处于高科技价值链中的生产环节，所以等到产品成熟、其他生产地区发展起来之后，他们都面临价格战与净利润下降的挑战，因而遭遇阻滞的困境。

20 世纪 70 年代末，台湾的经济增长陷入停滞，因为它的低成本制造输给了世界各地的竞争对手。台湾地区领导人认为要把在台湾发展高科技产业作为发展经济的手段。当地官员们咨询了特曼教授，询问如何把硅谷模式复制到台湾。于是新竹科学工业园区的构想诞生了。

新竹有与 20 世纪 50 年代初期的美国硅谷类似的环境。新竹当时主要是农业用地。当地有两所国立大学——台湾“清华大学”和交通大学，以及一个研究机构——工业技术研究院（ITRT）。工业技术研究院的经费 50% 由“经济部”资助，其余 50% 来自工业界。它主要从事产品研发和先进技术研究，以支持当地的工业。这三个机构提供基本的基础设施——熟练劳动力和研发能力——支持该地区高科技企业的发展。

然而，要启动工业园区计划，还需要吸引高科技企业迁入该地区。当局计划在 10 年的时间里投入 5 亿美元，把新竹变为技术发展区。为此，当局将提供风险投资资金，支持在该地区发展业务的高科技公司，各大学也将增加他们的工科学生招生人数。此外，当局还为在该地区的高科技企业工作的管理人员和工程师的孩子建立了双语学校。

1980 年，HSP（新竹科学工业园区）按计划成立。当局为在该园区落户的高科技公司提供 5 年免税的优惠。当局还积极采取措施效仿硅谷成立风险投资基金，吸引曾在美国和其他地方受过教育的顶尖华人工程师、科学家回到台湾并在该地区建立高科技产业。1985 年，当局聘请张忠谋担任工研院院长。张忠谋在德州仪器（TI）做过副总裁，负责全球的半导体业务。张先生于 1983 年离开德州仪器，1984 年加入通用仪器公司任总裁兼首席运营官。当他被邀请领导工研院时，他决定回台湾，帮助台湾建立集成电路产业。

1987 年，他离开工研院，创立了台湾积体电路制造股份有限公司（台积电，英文简称为 TSMC）。这是全世界第一家专门从事半导体制造的企业，牵头的投资者是台湾当局及飞利浦电子公司。台积电的半导体生产外包服务也拓展到了电子零件及产品的集成电路设计行业。台积电的成立可以说是新竹园区成功的关键，要知道，那时建立一条半导体的生产线要耗费大量资金，只有大公司才有能力设立。很多公司的创办人虽然有很好的集成电路新设计，但因为没有生产能力，最后只能把设计卖给有半导体生产线的大公司。当 TSMC 提供灵活且低成本的半导体生产外包服务时，也开拓了电子零件及产品的集成电路设计行业。

台积电的成功引导台湾最早的半导体公司（联华电子公司，英文简称为 UMC）也进入了半导体制造服务行业。这两大公司的激烈竞争不但提高了外包服务的流创新及质量，而且为新竹以后在集成电路、计算机及相关行业的发展提供了基础设施支持。直到现在，台积电与UMC还是全世界最大的半导体制造商。

20世纪80年代末，个人电脑业务蓬勃发展，因有台积电的服务，许多从台湾去硅谷的工程师开始大量返回台湾，成立与个人电脑业务相关的企业。许多个人电脑公司（如宏碁公司）在台湾兴起，许多供应PC主板、显示器等零部件的公司也在新竹科学工业园区成立，以支持台湾个人电脑业务的发展。

此外，还有大量的“宇航员”，他们都是在台湾出生但在美国接受教育的工程师，经常在硅谷和HSP之间往返，以利用两个区域的优势互补。许多在硅谷做集成电路设计的华人企业家，也把他们在硅谷的业务与HSP联系起来，从而创造新的竞争优势。他们继续在硅谷做先进的研发和集成电路设计，但把生产和包装转移到HSP。他们可以出售包括PC主板在内的产品给HSP的电子供应商和美国的其他PC生产商。就这样，这些回归的台湾人和留在美国的中国企业家，在硅谷和新竹间架起了一座桥梁，并把新竹变为了硅谷的“延伸臂膀”。

1989年，玉山科技协会成立，使两个区域之间的桥梁关系正式化。玉山科技协会的目标是促进硅谷和台湾之间的商业合作、投资机会和技术转让。它与台湾当局的代表一起工作，鼓励对双方进行互惠互利的投资和业务合作。这个跨国组织提供了正向的反馈，加速了HSP和硅谷的增长。硅谷提供了新产品创意和设计的来源，HSP提供了世界一流的制造、灵活的集成以及进入亚洲市场的途径。到2009年，HSP内共有423家公司，这些公司主要是集成电路、计算机及计算机配件、电信、光电子、精密机械与材料、生物技术和其他领域的科技企业，它们的总收入大约是 295 亿美元，其中最主要的是集成电路（68%）及光电子（19%）。从 80 年代中期至 90 年代中期，计算机及计算机配件是其最主要的产业（超过 60%），在 2000 年收入达到最高的 72 亿美元，但从此便一直下降。到 2009 年，该行业的总收入只有 21 亿美元（7.2%），而且毛利率也一直在下降。光电子行业在 1995 年开始快速发展，但从 2006 年便开始停滞，毛利率下降至 13%，净利润也随之下降。在 2009 年，这一行业的企业都面临困境。生物技术虽有增长，但与其他地区相比增长得很慢。

从 2004 年开始，集成电路相关行业的发展也出现了停滞，而且除台积电外，其他在这个行业的企业的毛利率及净利润都在下降。HSP 内的企业大部分从事生产部件、电脑配件、代工、硬件外包，它们都是一个现成价值链的生产环节，由于与硅谷紧密的联系，这些价值链大多通过硅谷而到终端市场，所以 HSP 成为支持硅谷生态系统的一部分。虽然 HSP 的公司与硅谷以外的企业有业务往来和互动，但他们与硅谷的业务和技术有着更密切的联系，因而更依赖于硅谷的商业环境。HSP 建立了一个可以为硅谷的高科技公司提供低成本、灵活的集成电路和其他硬件制造的生态系统，因此硅谷持续不断的源创新发展也带动了 HSP 的流创新发展。但因为 HSP 企业都处于高科技价值链中的生产环节，所以到产品成熟及其他生产地区发展起来后，他们都面临价格战、净利润下降，因而进入阻滞的困境。

HSP 的地区经济发展是否成功？很多经济学者、研究员都认为这是成功的案例。其经济效果无疑是值得肯定的，台湾的经济水平和人才质量都因此提高，但HSP还是未能跳出制造经济的范畴，仍然是以产品为中心。虽然它现在生产的是高科技产品，但面临的问题与其他制造业一样：开始进入时毛利率高，但过一段时间，当科技成熟时，产量增加但毛利率一直下降，要维持竞争力就要建立规模，但这也使企业更迟滞、面临危机的风险也更大。

» 案例 9–2　班加罗尔模式为何更具持续性?

班加罗尔与新竹的最大不同之处是，新竹的企业一直都是产品及技术中心化，而班加罗尔的软件企业已从产品中心化慢慢转为客户中心化。

当台湾企业家将其在硅谷的业务扩大到新竹时，印度政府也与在美国的印度工程师联系，说服他们的管理层在印度设立分支机构。20 世纪 80 年代末期，许多公司如惠普、Sun微系统、TI和摩托罗拉都在班加罗尔设立了子公司，利用低成本的软件人才来降低它们的软件开发成本。为鼓励软件出口，政府在 1990 年建立了软件科技园，给予在既定区域内以出口为导向的软件公司 5 年免税的优惠，并提供高速卫星连接和可靠的电力系统。

从印度理工学院毕业，并曾在美国接受高等教育和在硅谷工作的校友，在 2000 年初扮演了班加罗尔和硅谷之间的桥梁的角色。他们帮助家人、朋友建立了很多印度的软件外包公司，利用员工大部分都能用英语沟通以及低成本劳动力的优势，从事软件外包服务，先是为硅谷信息技术公司降低了开发软件的成本，后来又将业务拓展到硅谷以外。在网络繁荣时期，很多大公司和新的互联网创业公司把部分与互联网有关的软件开发外包给印度的软件公司，这些公司主要在班加罗尔。截至 2001 年 3 月底，班加罗尔的软件出口业增长到了 57 亿美元。此外，380 个在高科技领域处于全球领先地位的跨国公司都在班加罗尔设立了研发中心，其中大部分是来自硅谷的公司。

班加罗尔与硅谷的业务与技术的密切联系和HSP很相似，班加罗尔也很依赖硅谷的商业环境。可以说，班加罗尔建立了一个可为硅谷高科技公司提供低成本的软件开发和生产的生态系统。因此，硅谷不断的源创新发展也带动了班加罗尔的流创新发展。但当这些公司以软件外包服务起家后，它们进而为企业提供内部信息系统服务，开发帮助企业提高工作效率的应用软件，进入企业信息软件产品及信息技术咨询服务的行业。

在这一方面印度的软件公司有竞争优势，一是因为印度理工学院不断提供高质量的软件开发工程师，二是因为这些工程师的薪金比美欧软件工程师低很多，三是因为这些工程师都能用英语沟通，四是因为印度以前长期处在英国统治下，他们很擅长与美欧企业打交道。2009 年，光是三家本地最大的信息软件服务公司（印孚瑟斯技术有限公司，威普罗公司，塔塔咨询服务公司）的总收入便已超过 180 亿美元，而且每家的净利润率都超过了 25%。

新竹与班加罗尔都可以说是硅谷生态系统的延伸，在 1985~2000 年间，新竹是硅谷硬件信息产品的上游，而班加罗尔是硅谷软件信息产品的上游。新竹一直没改变它在硬件信息产品的上游地位，它的发展是靠从硅谷市场扩张到其他市场。因此，当美国及欧洲从 2008 年以来因金融风暴影响而导致市场需求下降时，新竹HSP的总收入也大大下降，2008年与2009年每年下降12%。

但班加罗尔的三家当地最大的信息软件服务公司，都在2000年开始从软件外包服务扩张到为企业提供内部信息系统产品及服务。为求提高企业工作效率，在金融风暴时段，所有美欧企业都裁员，所以对内部信息系统产品及服务的需求反而增加了。因此，班加罗尔的三家本地最大的信息软件服务公司，这10年中收入一直保持上升。新竹与班加罗尔的最大不同之处是，新竹的企业一直都是产品及技术中心化的企业，而班加罗尔的软件企业已从产品中心化慢慢转为客户中心化。

» 案例9–3　拉斯韦加斯：非科技的创新经济

高科技不一定能带来创新经济，而创新经济可以在没有科技的情况下做成。

拉斯韦加斯在1930年只是一片沙漠，什么资源都没有，天气也不好。1931年，美国联邦政府承认赌博合法。在美国，联邦法律不等同于每个州的法律，很多州还不开放赌博，如纽约、加州等。唯一开放赌博的州是比较穷的内华达州。纽约有很多有黑社会背景的地下赌场，纽约有钱及有名气的人去这些地下赌场赌博时都提心吊胆，所以有些纽约地下赌场的后台老板就想，为什么不在内华达州开一个合法赌场呢？但是内华达州离纽约很远，并且，由于赌场的黑社会背景，很多内华达州的城市不欢迎他们，只有拉斯韦加斯除外。当时拉斯韦加斯还没有机场，赌场建好之后，要包机把赌客从纽约送过去，但是拉斯韦加斯离纽约太远了，出行十分不便；而且它地处沙漠，除了赌场就没有什么其他的娱乐了，所以纽约的有钱人慢慢地不再热衷于去拉斯韦加斯赌博。

那时候赌场的后台老板认识很多好莱坞的明星及歌星，于是他们就邀请这些明星去拉斯韦加斯表演，使得娱乐慢慢丰富起来。我们可以看到，单单只有赌场，一个生态系统没办法做起来，但是有了其他娱乐项目之后，这个生态系统慢慢地活起来了。人们可以去赌博及看表演，拉斯韦加斯于是变成度假胜地。很多去度假的是年纪比较大的夫妇，他们不一定喜欢赌轮盘、21 点、百家乐等，但他们都喜欢玩赌博游戏机，所以这也带动赌博游戏机行业创新，现在拉斯韦加斯每个赌场都有多种赌博游戏机。

到 20 世纪 80 年代，去拉斯韦加斯度假的人越来越多了，在 80 年代后期，很多投资者开始到拉斯韦加斯开设最新及最豪华的大酒店。Mirage（迷拉吉）在 1989 年开业，是拉斯韦加斯第一家巨大型豪华酒店，随后MGM Grand（米高梅大酒店）在 1993 年开业，这吸引了很多高科技会议在拉斯韦加斯举行，例如美国最大的个人电脑展（Computer Dealers’ Exhibition，简称COMDEX）从 1979 年至 2003 年，每年 11 月都在拉斯韦加斯的MGM Grand举行。因为很多人都想借着办公事的机会去玩，而且拉斯韦加斯酒店大，会展厅也大，条件比较好，成为办会展最理想的地方。

这些最新及最豪华的大酒店吸引了更多人从世界各地到拉斯韦加斯度假，很多比较旧的旅馆也改建为大而豪华的酒店，这造成网络效应，使每年去拉斯韦加斯度假的人数快速上升，给娱乐业提供了很多机会，很多新的项目如马戏团在拉斯韦加斯做长期表演。

去拉斯韦加斯的人都是准备消费的，而且很多都是有消费能力的人，拉斯韦加斯没有什么可游览的地方，游客到了拉斯韦加斯，一天除了赌博、吃喝、看剧场表演外，其他的时间便只有购物。根据拉斯韦加斯政府统计，到拉斯韦加斯的消费者，他们大约有25%的支出花在赌博上，11%花在住宿上，其他64%花在吃喝、看表演及购物上。

我们可以估计，一天吃喝的费用与住宿差不多，看演出的门票价虽然比住宿高，但不是所有人都去看，就是去也不会天天去看，所以估计看演出的消费平均不会超过住宿。从这些的数据分析，去拉斯韦加斯的游客大约有42%的支出花在购物上。在2000年，拉斯韦加斯新建的酒店都有很大的室内购物商场，都是些名牌精品店，因为到拉斯韦加斯购物的人，对钱的敏感度很低。很多在20世纪80年代与90年代建的大酒店都扩展加建商场及购物中心。拉斯韦加斯附近有很多二手买卖店，那里有平价的二手珠宝、手表出售，一些游客会到这些店去寻宝。现在一些大的交易中心如钻石、宝石交易中心等也转移到那里去了。

我用图9–3来描述拉斯韦加斯的发展路径。

开始时，拉斯韦加斯只有赌场，客户是赌客，那里也建有酒店，但只为支持赌场的营运，这是一个价值链模型。其发展的关键转变是在1946年开始源创新，投资兴建大酒店，内有赌场，以此为平台请好莱坞明星及歌星来表演而吸引美国度假旅游客、赌客到来，并且带动赌博游戏机发展。这个源创新的投资者是美国黑社会人物，虽然这些大酒店赌场开始时不赢利，但很多黑社会头子看到了大酒店赌场的好前景，他们在1952~1957年间通过一些合法渠道做了大量流创新投资，沿着拉斯韦加斯大道（Las Vegas Strip）建了多家大赌场酒店，这成为现在拉斯韦加斯主要的旅游区。

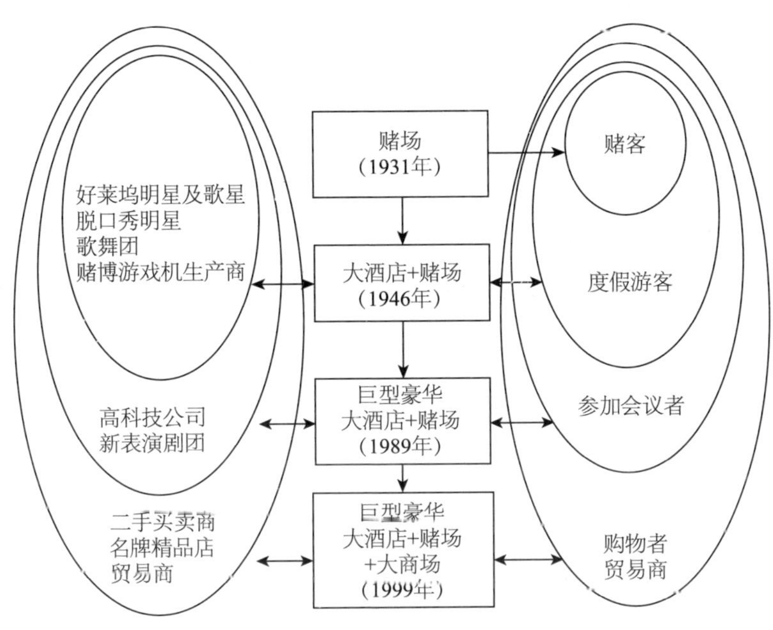

图9-3 拉斯韦加斯的发展之路

这个平台使拉斯韦加斯大道的度假游客越来越多，大赌场酒店内的歌唱、脱口秀及舞蹈表演节目也越来越多，拉斯韦加斯慢慢从赌城转变为美国成人度假的娱乐场所。在1989年，第一家巨型赌场酒店Mirage在拉斯韦加斯大道开张，这是源创新风投。所投的资金6.3亿美元是通过在华尔街发行垃圾债券募集的，自此拉斯韦加斯开始得到主流金融支持，此后多家巨型赌场酒店在拉斯韦加斯大道建立，很多旧的酒店赌场也重新装修、扩大，这都是流创新，而且都通过华尔街集资。这一平台发展浪潮把拉斯韦加斯从美国成人度假旅游城市转变为世界各地旅游者到美国游览必经的城市，每年也吸引了很多高科技大会展在这些巨型赌场酒店举行。因为游客越来越多，很多新式表演剧团也在拉斯韦加斯长期表演。

1999 年，Venetian（威尼斯人酒店）再次制造了另一个平台发展浪潮。Venetian是当时最大的赌场酒店，其中包括大型购物商场，里面都是名牌精品店及高级餐馆，商场的设计有如室内的、小型的意大利威尼斯水城。此后，其他巨型赌场酒店也纷纷新建或扩建了购物商场。经过三次平台发展浪潮带动的流创新，拉斯韦加斯的经济以赌博、娱乐、会议、购物等现有的生态系统为基础，通过引导他人的源创新来推动经济发展，所以说拉斯韦加斯有创新经济。

由此可见，一个地区建立创新经济关键在于把地方做成平台，使它可以把历史成就作为支点，引导他人通过平台推动一连串的源创新与流创新互动，进而不断创造新价值。

›› 案例 9–4　好莱坞的异数：迪士尼如何打造娱乐帝国

迪士尼不以流创新与其他电影公司竞争，而是通过源创新开拓蓝海，建立发行及主题公园平台，再通过这两个平台的正向网络效应，发展成为美国第三大多媒体传播娱乐企业。

大约在 1912 年，美国电影业开始在好莱坞崛起，好莱坞逐渐成为美国电影行业的代表。1920~1948 年间，整个电影市场被五大电影制片公司控制：米高梅、派拉蒙、二十世纪福克斯、华纳以及雷电华。这“五大”的发展有一个共同点：先有院线然后加入制片，以院线发展来推动制片的事业。在 40 年代全盛时期，“五大”一年出产的电影达 600 多部，其利润都是从院线而来，他们直到 1948 年都很赚钱，而且美国整个电影市场都被“五大”所控制。

在 1919~1925 年间，另外四家制片商进入了电影市场：哥伦比亚、环球、联美（United Artists）及迪士尼。前三家拍的电影类型及所执行的战略都与“五大”差不多，但因为它们的企业规模较小，所以它们在历史上被称为“三小”。迪士尼早期只拍卡通短片，大家都不把它当作正规的电影制片商，直到迪士尼第一部卡通长片《白雪公主》在 1937 年发行，破了有史以来的票房纪录，大家才开始注意迪士尼。这四家制片商有一个共同点：它们都没有自己的院线，它们出品的电影在“五大”或独立院线放映。

1948 年，“三小”联名向美国政府起诉五大电影企业以院线来垄断市场。经过两年官司，1950 年，美国政府下令要求这五大电影企业卖出它们在院线的股权，不允许美国电影企业在美国拥有院线。美国政府的“制片与院线分家政策”对美国整个电影业有很大影响，“五大”没有了自己的院线，都马上减少了每年拍片的数量以降低风险。为减轻合同责任，“五大”与很多明星及导演解除排他性合约。它们以前不需要向院线推销自己的电影，所以在院线推销方面的能力很弱，这使它们的业务在 1950~1960 年间一落千丈。1950 年初，“三小”在院线推广方面比“五大”有优势，“三小”趁势请与“五大”解除合约的明星及导演参与拍摄电影，所以他们在 50 年代曾一度崛起，但最终他们也没能逃脱被兼并或破产的命运。

唯独迪士尼，成为唯一一家独立生存下来的电影公司，经过 80 年的努力，它一步一步地演变为全美第三大的大型多媒体传播娱乐企业。1950 年以前，迪士尼主要靠卡通片来开拓市场，创造的卡通人物，如米老鼠、唐老鸭、白雪公主、小飞侠等都很受儿童喜爱，迪士尼的卡通人物玩具也成为公司的主要收入。早期迪士尼只有卡通短片出品，所以其他电影企业都不把它放在眼里，在白雪公主面世后大家才对它有所关注。在 1950~1980 年间，迪士尼没有把全部资源放在制片方面，转而投资建立了两面市场平台（见图 9–4）。

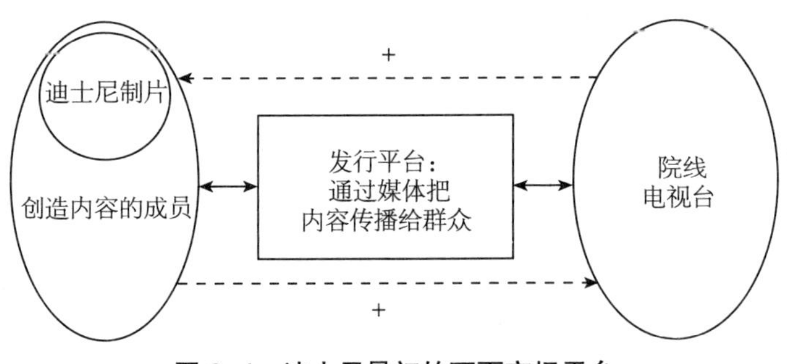

图 9–4　迪士尼最初的两面市场平台

1954 年，迪士尼成立了发行公司，建立渠道推销自己或他人的电影到院线及电视台，平台的左面是媒体、传播公司，而右面是内容制作商。同时，迪士尼以源创新推出主题公园的新理念，理念是创立一个小孩梦中的乐园。这个主题公园的设计内容与它的电影制作配合，电影中的卡通形象都会在公园中与小孩打招呼、照相，给小孩糖果，使小孩感觉有如置身于电影之中。这个构想花了迪士尼很多心血，起初的想法是用 8 英亩（约 3.24 公顷）地建立一个公园，但当迪士尼考察其他游乐场后，他得到很多灵感，于是他的主题公园构想越来越大，其中包括一些前所未有的项目。最后，迪士尼决定这个主题公园将占地 160 英亩（约 64.75 公顷），取名为迪士尼游乐园（Disneyland），总投资 1 700 万美元，主要投资者是迪士尼本人及迪士尼公司。为求得电视台支持，迪士尼特别制作迪士尼游乐园节目，在美国广播公司播出，而美国广播公司也参与迪士尼游乐园的投资。开幕前，迪士尼先做了很大的媒体宣传。1955 年 7 月 17 日星期日，迪士尼游乐园在加州南部举行开幕式，第二天正式开始营业，当天便有大约 5 万人到游乐园。迪士尼游乐园是迪士尼建的第二个平台，它的右面是游客，它的左面是酒店、餐馆、各式服务业、工程业、儿童玩具及服装业、零售业等等，而且这个平台与迪士尼电影制作连接，园中的人物都是迪士尼制作的动画角色（见图 9–5）。

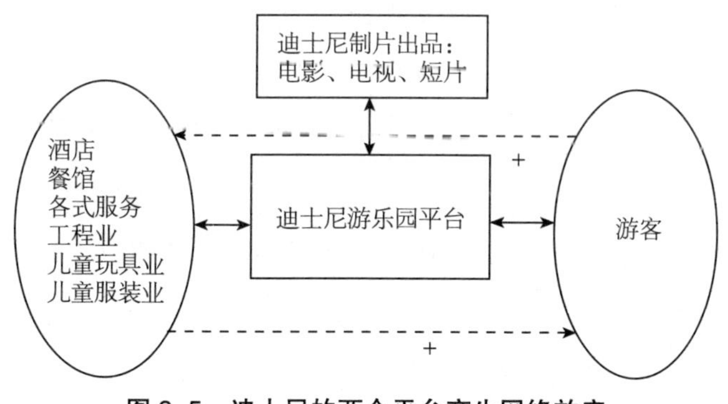

图 9–5　迪士尼的两个平台产生网络效应

这使得迪士尼建立的两个平台连接起来而产生了网络效应：发行平台的强大使游乐园平台更吸引游客，进而使游乐园平台更强大；

而游乐园平台的强大也使发行平台与院线及电视建立了更深的关系，进而使发行平台更强大。

十多年后，迪士尼世界（Disney World）于1971年在佛罗里达开张,面积与规模都比迪士尼游乐园大。1984年，迪士尼成立了试金石电影（Touchstone Films），开始制作适合大众家庭的电影,很快在美国占据家庭电影市场,接下来试金石影片公司（Touchstone Picture）与独立制片公司合作拍摄或发行各类型的电影,迪士尼一步一步从专门制作儿童电影的公司发展为主流电影发行公司。迪士尼的长片和卡通片DVD在美国占很大的市场。1996年，迪士尼买下ABC电视台，之后买下了几个有线电视台并建立了迪士尼频道（Disney Channel）。2007年，迪士尼发展为美国第三大的多媒体传播娱乐公司,很多有创造性的电脑动画电影制作公司（如Pixar，即皮克斯动画室）都用迪士尼的发行平台来推销它们的电影。2007年，迪士尼以换股方式买下Pixar，而苹果电脑的主席兼总经理史蒂夫·乔布斯因为是Pixar的大股东而成为迪士尼的个人大股东。

可以说，在1912~1950年间，好莱坞电影业发展主要是以制作为推动力。“五大”的竞争力来自控制院线，而当美国把制片与院线分家后，“五大”“三小”纷纷以流创新来维持竞争能力。虽然它们都曾有一段黄金时代，但都不能长久地主导自己的将来,最后都被收购或合并而成为大型多媒体传播娱乐企业的子公司。对传播公司来说，不一定要自己做内容，可以外包给有才华的制片、编剧、导演、演员、特技工程师等来做。公司可以投资或找相识的投资者加入，主要是取得作品最后的发行权，然后通过媒体传播给观众。所以，很自然地被收购的“五大”“三小”都先后从制片公司转为发行电影及电视节目的平台。

但是，迪士尼不以流创新与“五大”“三小”竞争，而是通过源创新开拓蓝海，建立发行及主题公园平台，再通过这两个平台的正向网络效应，发展为第三大的多媒体传播娱乐企业。通过几次的新媒体介入，好莱坞也经历了几次源创新与流创新互动，从而从一个电影制作基地演变为电影及电视集中发行的基地。现在，很多电影、电视、短片都在不同地区拍摄，但它们都通过华纳、迪士尼、环球、福克斯等发行。

案例复盘及启示

人才及金融的互动是一个地区发展的引擎，一个地区如何集合这些资源，以及集合什么类型的资源，决定了这个地区的发展模型及方向。

从20世纪80年代到21世纪最初的那几年，中国的地区发展大都以金融推动。因为中国内部缺乏资金，招商及引进外资再加上优惠政策都是常用的触动发展的引擎，招商的对象大多是世界500强。这些国际公司可能在当地设厂、建立研究所、成立中国分部，把它们现有产品价值链中某些不是很关键的环节放在中国，利用当地便宜的资源来增加它们在全球的竞争力。

对当地来说，它们带来的是生产经济，而引进的投资者都是传统投资者。它们大都有某些现成产品在主流市场的销售渠道，可以利用中国的低工资优势，以及政府的优惠政策，在当地设厂生产现成的产品，然后通过它们的销售渠道卖到主流市场。当地便宜的资源可以给它们很好、很快的投资回报，但是因为这些工厂都在现有产品价值链的中游生产环节。因此，它们的利润率逐渐下降。并且它们大多是劳动密集型的企业，需要依靠大量廉价的劳动力，但当工人的工资增加或世界市场的消费量减少，这些企业都会面临危机。因此，这个发展方式不太理想，在开始时会发展得很快，但也会埋下很多隐患。当然，这是落后地区发展的第一步，重要的是当它们面临停滞时如何突破。

台湾在20世纪70年代末便面临了这个问题。那时台湾以新竹为基地，引进海外华裔高科技人才回新竹创立新科技企业，希望以此来实现高回报的经济发展，这也是中国很多地方现在的做法。当时回台湾的海外华裔高科技人员多是在硅谷已有些成就的企业家或工程师，他们都对硅谷个人电脑及网络计算的源创新有深入的认识。所以，对他们来说，利用台湾的低价工程师及政府优惠，以流创新来支持硅谷的源创新，是风险最低而且回报很高的项目。再者，台湾当时没有源创新投资者，所以除台积电触动了一次源创新外，新竹一直未出现第二次的源创新，而新竹也建立了支持硅谷个人电脑及网络计算的流创新生态系统。这些企业都在科技产品价值链的生产环节，或是为电子产品制造上游配件，它们远离终端市场，所以净利润虽然开始时接近20%，但随着产品成熟、竞争增多，利润日渐减少，甚至低到只有1%~2%。

当个人电脑及网络计算全盛时，新竹也顺流快速发展，当地的企业平均利润率也高。但当硅谷转入互联网及网上购物的源创新浪潮时，因为这些业务都是以服务为主，很多新竹的企业的平均利润率也一直下降，企业发展也随之停滞。新竹的高科技企业都不能与硅谷高科技企业争夺这个市场，而只好成为硅谷高科技企业的上游。新竹的经济发展慢慢走向生产经济，虽然它也进入了其他比较新兴的高科技产业，如光电子及生物技术，但仍是以流创新支持他人的源创新，所以还是没有脱离生产经济。台湾有很多风险投资公司，但它们都是流创新风投。一直以来，新竹的成功都来自以流创新支持他人的源创新，因此台湾的风投对源创新的流程认识不够，也不敢投，这也使这一地区始终停留在流创新生态系统。

班加罗尔的发展与新竹相似，但有几点不同：一是新竹吸引在硅谷有成就的台湾人才在新竹成立公司，设厂生产产品，然后通过他们在硅谷的销售渠道，把产品销往美国；但硅谷的印度人则帮他们的亲戚朋友在班加罗尔建立公司，而且帮他们在硅谷找外包项目。二是新竹的企业主要生产零配硬件来支持硅谷的信息产业源创新，它们与最终客户没有联系，主要进行产品交易，所以这些企业都是产品中心化；而班加罗尔的公司多是从事软件外包，这使它们与硅谷的科技公司有直接联系，所以很自然便从软件外包演变为应用软件服务，到硅谷进入互联网及网上购物的源创新时，这些班加罗尔的软件公司都能随即以软件服务流创新来继续支持硅谷的源创新，因此它们的利润率不仅没降低，反而有所增加。可以说，新竹的企业大部分仍是价值链的生产环节，而班加罗尔的几家软件公司已直接为最终客户提供服务，但它们仍然是只有流创新生态系统，以流创新来支持硅谷的源创新。

当地方政府希望在短期内打造一个发展快的科技园区时，就会造成如新竹、班加罗尔的情形，所引进的企业都在现有价值链的上中游，以流创新支持其他地区的源创新，这也鼓励更多流创新风投成立，但这反而阻碍了源创新风投的形成。当地企业也日益习惯流创新，而不会找寻源创新机会，因此该地区便建立起了流创新系统，而该地区的经济也慢慢转变为“生产经济”。

要建立创新经济，重点是建立平台，可促使金融生态系统及创新生态系统内都有对源创新有所认识的人才，建立机制来增加这两系统的互动。在上一章，我描述了硅谷如何通过多次平台浪潮，慢慢建立了强大的持续创新生态系统。拉斯韦加斯的平台是赌场及大酒店，这个平台吸引了很多在娱乐界有源创新能力的集团及投资者加入。早期的好莱坞是“五大”“三小”的制片基地，为求降低风险，都以流创新来推动市场，到 1960 年后便开始出现停滞的现象，但它们都未能找到突破口，最后都被传播公司收购。被收购的“五大”“三小”都先后从制片公司转为发行电影及电视节目的平台，这一平台吸引在艺术方面有创意的独立制片家介入，很多成功的制片家也参与一些好剧本的源创新风投，而好莱坞的经济也从生产经济转为创新经济。在这个过程中，迪士尼是传统制片公司中唯一成功转为电影及电视节目发行平台的，而且它还建立了主题公园平台，使得这两个平台之间产生正向网络效应，使它从一个大家不重视的小小制片公司演变为美国第三大的多媒体传播娱乐企业。

几个不同地区的持续创新生态系统也可以相互推动，使这些地区互相加强彼此的创新经济，最好的案例是硅谷与好莱坞。硅谷的动画科技触动好莱坞在动画电影方面的源创新，而这也加强了动画科技的发展。另一个案例是好莱坞与拉斯韦加斯，这两地区都从事推动相关但不同的娱乐文化产业，好莱坞的明星及歌星可使拉斯韦加斯增加娱乐气氛，而拉斯韦加斯的舞台也提供了明星及歌星的表演机会。

很多人都认为要在自己核心能力范围内创新才有机会成功，但我认为这不完全对。如果是流创新，我们要在自己核心能力范围内创新，因为流创新主要是优化现在提供的价值，而核心能力便是提供价值的关键。但源创新则不同了，它要推行一个新的理念价值，而这个理念的价值与现在提供的价值不一样，所以要找新的能力来推动。要增加成功的概率，最好是以核心能力为支点，然后建立新能力来引导及组合他人的力量创造新理念的新价值。

因此，传统的智慧中所倡导的“专心发挥个人的专长”可能是源创新的障碍，所以要建立源创新能力，一定要常向传统的智慧挑战。这一点在地区发展上也很重要，硅谷与拉斯韦加斯有一个共同点是它们都经历了从无到有的发展过程。硅谷不专心发挥它的土地及气候优势，而是用地方环境优势帮助它吸引高科技人才，以此作为支点，通过连续的源创新，建立了一个高科技创业的圣地。拉斯韦加斯以赌场和一片空地为支点，通过连续的源创新，成为一个能让消费者享受到多种娱乐活动的度假城市。

思考时间

1. 什么都没有也是资源，为什么？

2. 为什么那么多地方政府，直接支持积极打造当地的高科技园区，都不能建立持续创新生态系统，而只能以流创新支持硅谷的源创新？

3. 地方政府如何与当地企业及研究机构合作，建立当地的持续创新生态系统？

第十章　中国转型及中国创新之路

- 中国地区及企业要彻底转型，务必要跳出它在价值链中的生产环节，这不是从现在价值链的生产环节向上游或下游发展，也不是跳到另一价值链的生产环节，而是以当地企业现有的资源为杠杆，创造新理念推动源创新来提供新价值，以此来开拓新市场。
- 要促成中国转型，我建议政府、企业、投资者及工作人员都把精力集中在“为中国制造”，即从事对中国人日常生活或工作有价值的创新活动。
- 从宏观角度我们可以看到，中国现在有流创新生态系统，但缺乏源创新企业家及源创新风投，解决这个问题是中国从制造经济转型为创新经济的关键。
- 源创新是动态竞争的理念，动态战略的重点不在现有市场，而在于开拓市场；不是在现有红海竞争，而是避免红海、创立蓝海，建立一个新生态系统来实现新理念的价值。
- 建立创新经济的根基是培养一群对源创新有认识，并且能有效地推动源创新发展的企业、风投、创业者及政府领导。换句话说，建立一个可以不断培养源创新人才资源的平台机构将会是创新经济的根基。

自2003年以来，我每年都来中国六七次，在企业战略培训班教学或到中国企业当咨询顾问及内部高层经理教练，这给了我很多参观中国城市的机会。我在这些城市都见到相似的现象：市内大部分都是制造业，有很多不同且不相关的制造业，如纺织、化工、钢铁、机器、零件等等，而且邻近城市都有相同的制造业。很多时候，一个行业一旦成功，周边城市便有很多企业蜂拥进入那个行业，这便产生了恶性竞争。这些企业很多都以改良质量、降低成本、改进流程、扩大规模等流创新来保持竞争能力，比较弱的退出或被收购，比较强大的扩大生产规模。这虽然能使企业保持发展，但持续流创新会导致回报递减，所以净利润也越来越少。

现在，中国很多以传统制造业为经济主体的城市，经历过2008年金融海啸后都感觉到它们需要转型及创新。近两年，我在斯坦福大学主办了几个有关地区转型与创新的培训班，来参加的学员都是地方政府的年轻干部、企业的董事长及高层经理。他们都很关注这个问题，他们刚到斯坦福还未上课前，常常会问我一个问题：“我们应该进入哪一条产业链，如何对此做出最佳的评估？”很多人想象中的转型是从传统制造业中的一条产业链转到另一条产业链，而创新则是转为制造高科技产品，如芯片、新能源及生物药品等等，这是中国30年来发展的一贯思路。这思路没有什么不对，但它缺乏对外部因素的考虑以及对价值创造和价值分配的思考。试想，如果各地区和企业都是这个思路的话，那么大家将不约而同地进入这些产业链，那这时的情形就与以前没有区别，还是邻近城市都有相同的制造业，所不同的是以前是纺织、化工、钢铁、机器、零件等等，现在是芯片、新能源及生物药品等等。我看过很多中国城市的发展计划，大家都进军这些行业，而且都从事生产，这可以促进短期发展，但当大家一窝蜂进入这些高科技制造业后，历史将会重演，使他们将来面临与现在同样的困境。现在某些新能源产业已有些产能过剩的迹象出现，而且制造这些高科技产品通常都需要消耗大量能源，并且会产生大量废料、破坏当地环境，加之它们位于产品价值链的生产环节，得到的价值分配比较低，因而没有投资能力更新或推进科技前沿，最后只有以低价维持市场地位。

中国地区及企业要彻底转型，务必跳出价值链中的生产环节。这不是从目前价值链的生产环节向上游或下游发展，也不是跳到另一价值链的生产环节，而是以当地企业现有的资源为杠杆，创造新理念推动源创新来提供新价值，以此来开拓新市场。对选择产业链的问题，我常常给出的回答是：“从地区转型的角度，选择产业链不是一个关键的问题，关键的问题是如何创造新价值，基于地方现有的资源，如何通过源创新来推动创造与他人不同的、他人难以效法的新价值。”也就是说，中国转型的焦点问题不是产业链的选择，而是创造什么新价值的选择。

中国转型的焦点：为中国制造

创造新价值给谁？创造了新价值之后对整个社会的发展有何影响？我们是否有优势能创造这个新价值？这都是选择创造什么新价值的关键。要想促成中国转型，我建议政府、企业、投资者及工作人员都把精力集中在“为中国制造”上，即从事对中国人日常生活或工作有价值的创新活动。为什么我以此作为中国转型的新价值选择？主要有以下五大理由：

（1）很多市场专家估计，到 2015 年中国的市场将超过日本成为全世界第二大的市场，有可能在不久的将来，会成为世界最大的市场。也就是说中国市场隐藏着极大的商机。

（2）开拓新市场的能力包括对客户理解的能力、建立关系网的能力及把理解转为价值的执行能力，而这些都与中国的传统、文化结构及环境相吻合。所以，如果中国企业有正确的目标、心态、意志及方法，那么在开拓中国新市场方面，他们肯定会比外国企业更有优势。

（3）通过开拓国内新市场，可以建立健全国内市场结构、分销渠道以及供应链结构，而这个新生态系统所创造的总价值的大部分可由国内企业成员分享，而且提高各成员的利润。再者这个新市场结构可以为将来中国科技创新的商业化提供帮助。

（4）把焦点从“中国制造”转为“为中国制造”会提高中国企业开拓新市场的能力，并使他们对整个生态系统的各个成员更有责任感。这不仅是中国企业建立名牌的先决条件，也是他们将来进入国际市场的根基。

（5）开发新市场是源创新，因此可以触发及引导地区内其他相关行业的加入，从而带动地区经济发展，这可以使中国实现和谐发展；同时，源创新能带动风险投资群体的成立，这是建立持续创新生态系统的先决条件，也是创新经济的根基。

因此，中国制造业如果把焦点放在“为中国制造”上，不但可以找到新的商机，而且可以通过源创新的成功经验为将来的发展做好准备。这与“内销”的概念不矛盾，但不完全一样，内销的重点是把现有的产品推销到国内市场，而“为中国制造”不仅扩大国内消费，而且为中国民生创造日常生活或工作中的新价值，以此来开发国人的潜在需求，开拓国内的新市场；它不是简单帮助企业提高产量，而是通过源创新帮助企业转型，建立新的销售渠道和市场结构，实现可持续发展，从而造福当地和全中国。

要实现这个新理念需要政府与企业能实现目标融合、通力合作、各尽其责，推动源创新理念。国家经济转型可以由个别企业带动“从下至上”，也可由中央政府引导“从上至下”。美国历来的转型大都是从下至上，而中国历来的转型大都是从上至下，但不论哪种方式，转型成功的关键是上下目标可以融合。在这里，我把转型分为三个层次：国家转型、地区转型、企业转型（见图 10–1）。

下面我将详细描述企业、地区及国家通过转型来实现这个新理念的关键。

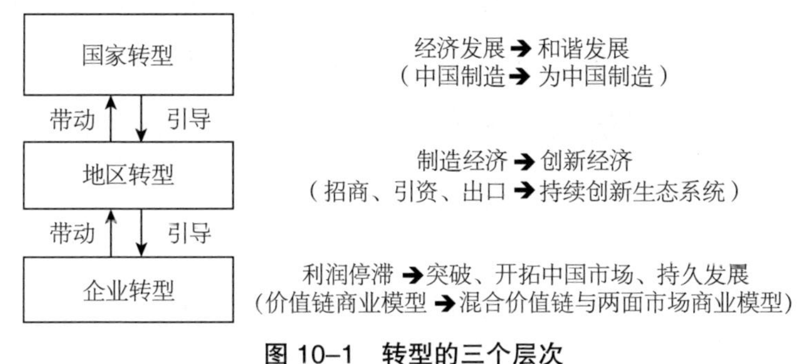

图 10–1　转型的三个层次

企业转型

从 1980 年开始，中国企业大都以低价产品占据市场，其中有创意的企业家除了低价外还着力于提高产品质量，不断以流创新来发展市场，很多也慢慢地成为大企业。这个发展历程也使它们形成了流创新的文化，它们的理念是“价廉物美”是成功的关键。因为习惯了流创新文化，所以当这些企业面临停滞的局面时，它们都试图以流创新来取得突破，如加速新产品研发、再造优化流程、合并以扩大规模及进入外国成熟市场等等，但都不成功。

控制成本是这些企业以往成功的关键之一，因此它们都建立了流程管理文化，重点是建立工作流程，如采购流程、生产流程等，每一个流程都得先经过考核。在流程中有多个环节，每一个环节都得先经过主管批准后才能获得财务支持来执行，每名员工的评估标准是他能否有效地执行他在流程中负责的工作。对中国传统行业来说，这种管理方法能很有效地控制成本、完成生产目标；对于低工资的工作人员来说，这种管制方法也可使他们避免在流程工作中出错。但这种高度控制的流程恰恰会阻碍创新，例如控制费用就导致在批准一笔费用前，要确保这花费能立即带来收入。这使企业难以进行新尝试，不能以创新来寻求突破。

源创新要求企业有灵活性，有创造能力，能凭借对两面客户的了解创造价值，但中国企业的流创新及流程管理文化使员工只有执行能力，而缺乏灵活性，更不要说能对两面客户有所了解，因此中国企业的文化都不利于推动源创新。所以，中国企业若要转型成功，首先要重新建立合适的源创新企业文化，否则即使有一个很好的源创新商业模型，也难以成功地执行。但这源创新企业文化不能与原有的企业文化完全相反，不然企业内的阻力会很大，无法推动转型。

建立“领袖—执行”源创新文化

我把创新企业按照企业文化分为三类。谷歌、3M（明尼苏达矿务及制造业公司）是同一类型的创新企业，它们的创新推动力来自每一位工程师，它们吸引很有创意的工程师加入公司，这些工程师都可自由选择自己喜爱的研发项目，从而最大限度地发挥自己的创新能力。他们把研发结果报告给管理层，经过市场分析及评估，有潜力的项目会得到公司投资，把项目发展为新产品或新业务。这一类型的创新公司的文化是注重成果、不注重流程、注重鼓励自由发展、完全不可容忍从上到下的控制。这类公司持久发展的关键有两点，一是吸收最优秀、最有创意的人加入，二是具有判断项目市场潜力的能力。第二类是以苹果、微软为代表的创新企业，它们的创新推动力来自它们的总裁。这些公司也聘请有创意的工程师，但公司的大方向由总裁决定，这些有创意的工程师可在既定的范围内创新。这种类型创新公司的文化也是注重成果、不太注重流程、注重领导而不是控制。这类公司持久发展的关键是总裁的领导能力、远见以及其吸引优秀人才加入的能力。还有一类创新公司，如丰田、本田，它们的创新推动力来自那些从实际体验中发掘出的有价值的改革新意。这种类型创新公司的文化也是注重团体合作，不断从工作中优化流程，而且不太注重控制。这类公司持久发展的关键是企业把员工看作重要资源，员工互相学习达到心意相通的境界，建立流创新能力。从这三种类型的创新公司的管理文化来看，第一类不适合中国的文化，而第二类、第三类创新公司的管理文化与现在中国企业文化比较相近，其中第三类比较适合流创新。2007 年，我与一位博士生进行了一项研究，我们考察了当时成功的中国高科技信息行业企业，我们发现它们的公司结构都近似于第二类及第三类的混合，而它们的领袖所做的是用有创意的模仿来制定公司的发展方向，我们简称它为领袖—执行创新型。我认为，最适合中国企业实行源创新的公司管理文化是领袖—执行创新型，这种公司由领袖团和执行团这两个组团构成（见图 10–2）。领袖团的管理有如第二类创新公司，领袖团的领导通过宏观的研究及分析，定下源创新的大方向及创新的范围，领导者及高级管理层都要对两面市场商业模型有深刻认识，有能力应用这个模型来策划及推动源创新，而且主动与两面市场的关键成员建立战略关系。执行团的管理有如第三

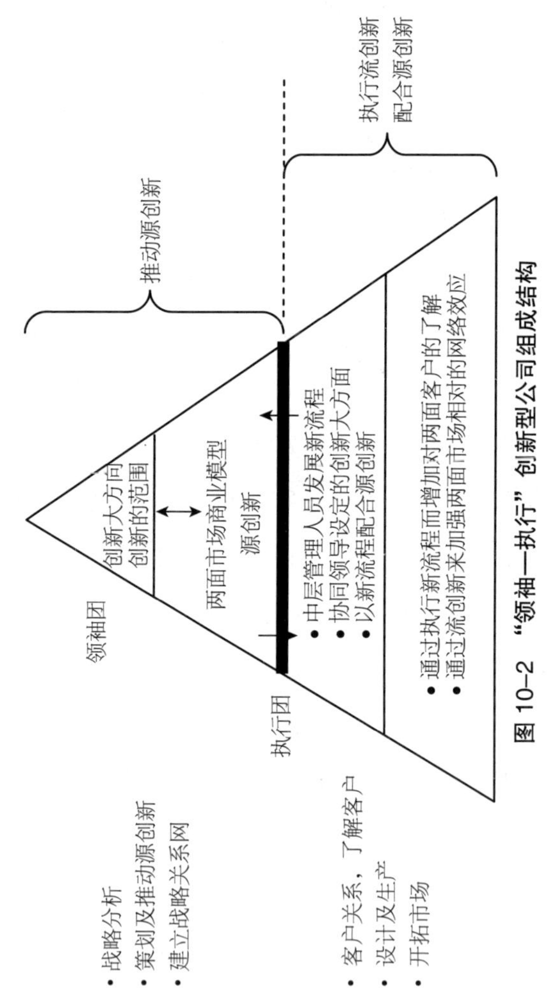

图 10–2 “领袖—执行” 创新型公司组成结构

类创新公司，中层经理是执行团的管理者，他们要对两面市场有些理解，能够设计一些新流程来配合领袖团推动的源创新。通过执行这些新流程，执行团的成员从实践中增加对两面客户的了解、建立良好的客户关系、通过流创新的配合来加强两面市场的相对网络效应。这类公司持久发展的关键是领袖要有领导能力、有远见、有对于两面市场商业模型的深刻认识，以及有一群能干而且配合的中层管理人才。

要从流创新及流程管理文化转为领袖—执行源创新文化，企业可效法布鲁明戴尔的做法：为了避免内部很多人因对源创新不理解而反对，可先从中国熟悉的小市场分段开始，以企业本身的核心资产及能力为支点，成立一个独立部门以两面市场模型推动一个新理念来开拓该市场分段，与此同时，企业的原有事业仍然可以照常营业。要促使这个独立部门成功，最关键之处是企业能投资建立一个独立部门，放手让这个部门的领导者自由发展这个平台，以两面市场模型推动源创新理念。但因为这与传统的流程管理文化有冲突，所以很难说服公司所有的“老臣子”同意这种做法，总裁要说服董事会同意以分期投资方式来支持这个独立部门发展：以少量投资（几百万人民币）建立这个平台（见图 10–3），让这个部门的领导者全权使用这笔投资做尝试，来印证这个平台是否能组合一面市场的资源及能力来满足另一面市场的欲望及需求。当两面市场有正向的积极反应时，这个项目的市场风险也大大降低，那时公司可再做第二次投资来致力开拓这个小市场分段。如公司资金储备不足，它可以从外面筹集资金来做这个投资。在不断加强两面市场的生态系统的过程中，这个部门也可以通过引进新人及内部培训，慢慢地建立领袖—执行创新文化，而企业也从单纯价值链模型转为混合型：原有业务是价值链中的生产环节，以产品为中心；新业务是两面市场模型，以两面客户为中心。虽然原有业务仍处于停滞中，但新业务的源创新可使整个企业突破，而且因为这个新业务能带来更高的利润，原有业务也将因此得到金融支持，这些资金可投资于原有业务的流创新，建立新资源及能力，使原有业务更加有竞争力。原有业务的“老臣子”可以看到这个转型不仅没有改变他们习惯的工作程序、没有伤害他们的利益，反而可以给他们带来新的价值，很多开始时未完全接受这个转型理念的“老臣子”也会慢慢放开胸怀、自愿改变观念，进而致力于认识两面市场商业模型，而这个企业也会慢慢从流创新及流程管理文化转为领袖—执行源创新文化。

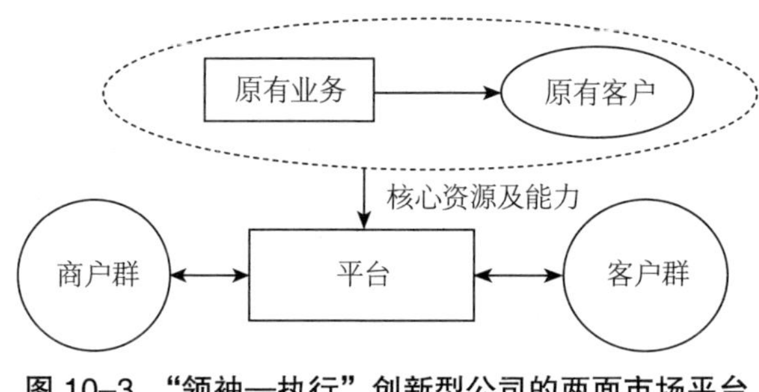

图 10–3 “领袖—执行”创新型公司的两面市场平台

源创新战略：有创意的模仿

中国人有很强的模仿能力，但很多人都仅仅将这种能力用于仿制，即生产同样或略有改善的产品。他们以低价在现有市场出售这些仿制品，这使得世人认为中国人只会抄袭、不能创新。但如果中国人能善用这种模仿能力，组合及引导不同却合适的成员，在它熟悉的中国市场以源创新来为中国民生创造新价值，开拓中国的内销市场，这便可以使中国企业由靠仿制推动企业运转转为靠创新推动企业运转，进而实现升值及转型。我将这种方式称为有创意的模仿，这与克隆及抄袭不一样：克隆及抄袭是生产同样或略有改善的产品，可能成本低售价也低，但提供的理念价值与原有产品没有区别；但有创意的模仿是把原有产品或服务加以改变来推动一个源创新新理念。

最直接的有创意的模仿是模仿在美国很成功的两面市场商业模型，根据中国消费市场的情况打造符合中国实际的两面市场商业模型，提供新价值给中国消费者。所有与互联网有关的行业都可采用这种方法，因为互联网虽然普及全世界，但语言及文化的差异，很自然地把互联网业务细分，在一个国家很成功的互联网业务，不一定能在不同语言、不同文化、不同政治制度的国家成功，这也给了当地的企业家机会，他们可以通过有创意地模仿，给本国消费者创造新价值。近十多年，中国有很多成功的互联网公司如百度、腾讯、阿里巴巴、携程、网易、新浪、搜狐等，都通过模仿在美国成功的两面市场商业模型，打造了符合中国商业环境的商业两面市场模型。这种做法有很多好处：一是很容易得到公司内成员的认同，大家能合力完成对商业模型的模仿；二是如需要投资，也比较容易得到流创新风投甚至传统投资者的投资；三是如果它能抢先建立足够规模的两面市场，就可以帮助企业横向发展；四是这种做法可帮助企业实现突破，而且能使企业加强对源创新的理解，使它慢慢成为有源创新能力的企业。

另外一个比较高明的方法是模仿他人产品。因为被模仿的产品的生产商忽略了某些生态系统成员的利益，后来的企业由此获得超越机会，超越的途径就是弥补先入者的缺失，即快速组合适当资源，为所有在生态系统内成员提供利益。最好的案例是Windows，它是模仿Macintosh的产品，但苹果忽略了软件开发商及零配件生产商的利益，而微软致力于使软件开发商及零配件生产商可通过Windows获利。另一个例子是iPod，它是模仿MP3的产品，但它致力于帮助唱片公司解决网络盗版歌曲的问题。我在第六章描述了多种建立两面市场的方法，企业可模仿其中一种方法，或组合几种方法来创造一个适合它背景的两面市场商业模型。

以流创新支持他人成功的源创新

不是所有企业都靠源创新来取得突破，企业也可以通过流创新来支持一个已经进行的源创新来取得突破。20 世纪 80 年代，台湾的很多电子行业都以生产个人电脑的零配件取得突破。当个人电脑浪潮过去后，很多没有改变原有商业模型的企业都陷入发展停滞的阶段。在连续流创新过程中，这些企业都不断加强它们的核心能力及资源，此时如果企业能持续地观察市场，在适当的时机凭借它的核心能力及资源来建立一个两面市场平台，便可脱胎换骨，从以流创新支持他人的源创新的企业转为主导源创新的企业。

地区转型

地区转型要建立持续创新生态系统，其关键是建立平台，促使金融生态系统及创新生态系统内都具有对源创新有所认识的人才，建立机制来增加这两个系统的互动，不断地以源创新与流创新互动来推动当地的经济发展，而形成持续的创新经济。要建立这一平台，第一步是要触发第一波源创新浪潮，而且在这一过程中建立一群源创新风投及源创新企业，使他们合力通过多次源创新浪潮建立持续创新生态系统。所以建立一个可以不断培养源创新人才资源的源创新平台机构，将会是创新经济的根基。

我在第七章分析过，要成功地建立一个源创新平台，最主要的先决条件是，推动平台的企业或机构得到两面市场成员的信任。中国有一个特殊的国情与美国很不同，大多数美国人认为如果政府直接参与推动源创新，那必然不会成功，所以美国的源创新主要是由企业推动。但大多数中国企业都关注政府的动向，如果一个源创新理念不被政府认同，它成功的概率不会很高，源创新平台也难建立，所以我认为，地方政府可以推动中国的源创新。

现在中国很多城市以优惠政策引进海外华裔科技人才落户创业，重点都在高新科技产业，如新能源、生物医药等。他们大多是各自着重进行流创新，在短期内可能有好的发展，但这不能持久；企业如果长期走流创新路线，必会因收益递减而陷入发展停滞。但这一政策也同时改变了当地的产业组合及人才组合，促使当地建立起新的核心能力。地方政府可以凭借这一新的核心能力及地方原有资源与产业结构，推动一个源创新理念。基于一个可为中国民生创造巨大新价值的新理念，政府可以引导建立一个源创新平台，组合地方相关产业的资源来实现这个新理念。一来可以为中国民生提供新价值，二来可以带动相关企业发展，三来可以引进一些新的配套行业，四来可以在推动过程中建立一群源创新风投及源创新企业，使他们合力建立持续创新生态系统。其中我认为有巨大新价值的项目包括以下四个主题：

1. 农村与城市共同发展：我们可把农村与城市看作两面市场。城市市民的需求、欲望是绿色食品、农家乐，城市企业的需求、欲望是人力资源以及广大的农村消费市场；城市市民的资源、能力是消费能力、私人汽车，城市企业的资源、能力是资金、设计及生产产品的能力。农民的需求、欲望是生活用品、教育、增加收入，农业的需求、欲望是化肥、农药、农业设备等；农村的资源、能力是农地、人力资源、畜牧、大自然。我们可建立一个平台把这个两面市场连接起来，综合平台资源与优化农村资源及能力满足城市的需求及欲望，同时综合平台资源与优化城市资源及能力来满足农村的需求及欲望，这便会创造正向网络效应，进而促成农村与城市共同发展的目标。这同时也可以促进创造具有中国特色的新农业及新农村。

2. 养生、保健、医疗服务：中国现在正在进行医疗改革，这将会提供很多有关养生、保健、医疗服务的源创新机会来配合改革，使国民身体更健康，在有生之年能享受优质生活。这个平台配合改革及应用最新生物技术，以源创新来开拓新市场。这也能带动中国药业及医疗服务行业在国际上建立新地位。

3. 应用物联网帮助中国转型：这包括应用网络、通信、云计算、数据中心、电子标签（RFID）等最新信息科技，加强电子及无线移动商务、物流管理、市场信息传播，帮助传统企业转型及为城市提供智能公共服务。这个平台也可带动很多信息行业发展现有的国内市场及开拓新内需市场，使这些行业建立领导地位。

4. 低碳社区：这包括新能源在商业及家庭的应用，包括污水处理、污泥处理、智能电网、低碳绿色建筑物等，这可使人们的生活环境大大改善，也可带动新能源、新材料、环保的规模发展，帮助企业成为这些新行业的领导者。

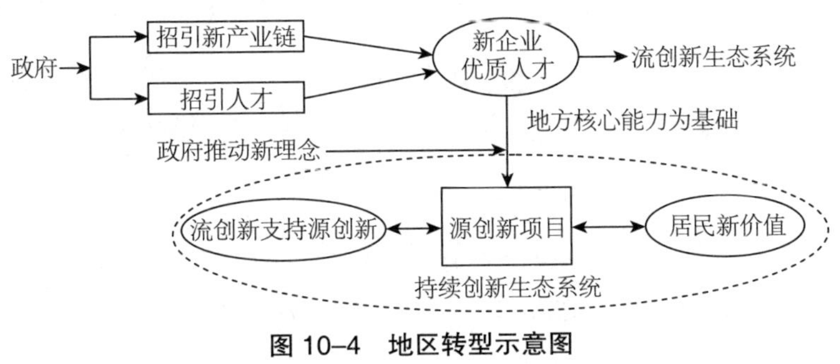

图 10–4　地区转型示意图

因为每个地方的资源及产业结构都不同，所以每个地方都可以推动不同的源创新理念，每个地方都可打造不同的新产业链，这也避免了地区之间的恶性竞争。

国家转型

从第九章我们看到，硅谷在 20 世纪 50 年代还是农业地区，经过 20 多年的发展才慢慢变为美国科技自主创新并应用于源创新的中心。从这一过程中，我们看到很重要的四点：（1）若没有一个好的创新环境就很难吸引或培养一群有创意的人；（2）知识产权的保护可使始创新者得到利益，有效鼓励创新活动；（3）只有科技创新而没有源创新能力的配合是不能创造新价值的，因为这使始创者得不到很大的好处，将打击后来者创新的积极性；（4）如果要使科技创新成为地区经济发展的推动力，这一地区必须有比较完整的持续创新生态系统。

这也就是说，自主创新需要知识产权的保护以及源创新能力来配合，如此才能得到较大收获。中国现在推行自主创新，但如没有严格执行知识产权的保护，这些创新活动就都不能得到投资者支持，尤其是发展知识密集型的产品，如文化内容、新软件技术等。因为源创新注重的是知识的价值，没有严格执行知识产权的保护会影响源创新执行的效力。所以我认为严格执行知识产权的保护是国家的首要任务。

自主创新为的是减少与世界最先进科技的差距，但这需要很长时间。在这一时期，中国可以先从外国引进新科技，再加以改良以适应中国的环境，利用这种新科技来帮助现在的传统企业进行源创新，以此帮助中国企业建立开拓新市场的能力。同时，中国在多个地区创造好的创新环境，建立机制鼓励有质量的源创新风投群体成立。那么多年后，中国便将具备以上说的四个条件，从而使得科技创新及自主创新能不断提供新机会来推动源创新。在这期间，中国的经济也将慢慢从生产经济转变为创新经济。这种转变不是一个企业的转变，而是多个地区、整个国家的转变。这不仅彻底解决了现在中国制造业面临的问题，而且也使中国开拓出一条可持续发展的途径。

中国有很多强大的国有企业及国家控股公司，它们很多都拥有国家独有资源，因此可以进行垄断，在短期内获取巨大利益，但这不能持久，因为它们没有不断创造新价值，而且会造成贫富差距、导致社会不安定；但它们也可以以这些独有资源为支点，引导其他流创新企业加入，共同推动源创新价值理念。在此过程中，不只加强自己的生态系统，而且使很多相关行业都能发展，共同做到和谐发展。我们看到中国移动在 2001 年便善用它的独有资源，推动梦网，通过整合中国移动与互联网公司资源来提供新价值。这不仅加强了中国移动的生态系统，也救活了新浪、腾讯、搜狐等网络公司，进而成就了以后整个网络产业。所以，如果拥有国家独有资源的企业的领袖能对源创新有所认识，他可以领导企业采取战略来有效地推动源创新，以此来带动其他在它生态系统内的企业以流创新来支持源创新，而形成整个生态系统的和谐发展。中国政府可以建立机制来鼓励拥有国家独有资源的企业，以源创新与流创新的互动为它们发展的推动力，来达到国家的和谐发展。一个可能的机制是以该企业的生态系统成员（包括自己在内）的数量及它们的总收入来衡量该企业的业绩。

本章小结

中国转型不是从传统生产转为高科技生产，而主要是思路框架的转变；从产品中心化转为客户中心化，从价值链的扩展转为两面（或多面）市场的扩展，从世界工厂转为为中国民生、企业及政府创造新价值，从红海竞争转为开拓蓝海，从只关注运用自身的资源及能力转为组合生态系统的资源及能力，从单独关注下游客户的需求转为关注生态系统成员的需求及欲望，从流创新推动转为源创新与流创新的互动。这些思路框架的改变可使企业开拓它的发展空间，找到突破停滞的方案，使企业有持续发展的能力。这个思路框架的改变可使地方政府致力于建立持续创新生态系统、形成地方的创新经济。这个思路框架的改变可使国家把重点放在严格执行知识产权的保护上，创造好的创新环境，建立机制来鼓励源创新风投群体的成立，并且鼓励拥有国家独有资源的企业，以源创新与带动其他企业流创新的互动为整个系统发展的推动力，促使国民并进，实现和谐发展。

思考时间

1. 很多外国经济学家认为中国人民储蓄过高，因而消费市场有限，所以对中国鼓励内需市场的政策不太看好，根据你对中国国情的理解，你对此看法如何？

2. 在两个地区复制同样的源创新平台与在两个地区复制同样的行业有什么不同？对这两个地区有什么影响？

3. 中国转型是否一定要科技创新？科技创新在中国转型中应扮演什么角色？

第十一章　源创新思维与战略

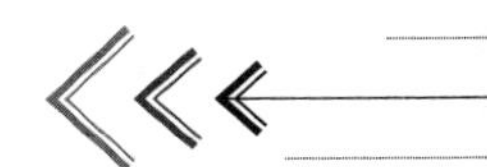

- 小米采用的商业模型麦当劳早在1956年已经采用，当时麦当劳也颠覆了整个快餐加盟行业，这种商业模型不是互联网时代专有的，在未有互联网时已经有了。
- 可以说源创新是教人做事的大道理，不论你有多少资源，都可做源创新。
- 源创新核心思维：建立有正向网络效应的新生态系统来实现新理念价值，提供生态系统内的成员流创新发展机会，成员的流创新会加强网络效应，而促使生态系统更大更强，生态系统的成员也因互相得益而建立黏度很强的关系网。
- 使互联网思维落地，便是将互联网作为与客户沟通、交易，为客户服务的工具，帮助传统企业加速完成源创新突破，建立新的强大生态系统。
- 让“互联网+”落地，首先企业领导层要有源创新思维，按照这思维策划能使企业突破升级的源创新战略蓝图，然后应用互联网、大数据、无线网络、云计算、物联网等先进科技及产品加快完成源创新战略。

这几年来大家都把互联网思维视为拯救面对困境行业的法宝，好像行业只要扯上互联网思维便马上得救。那么，究竟什么是互联网思维？最近中国有几本书专门谈论这话题，中国很多企业家都已开始关注互联网的普及对他的企业的影响，很多企业家都开始倾向于拥抱互联网，但对很多企业家，尤其是从事传统业务的企业家而言，最困扰他们的是不知如何落地。我与很多从事传统业务的企业家交谈，常听到的问题包括："是否我建立了网购便能解决问题？据统计全国的电商只占总额的8%，那么我建立网购后可增加多少营业额？投资在网购的成本是否能得到很好的回报？我不熟悉互联网科技，如要投资建立自己的网购系统，会遇到什么难以想象的问题？我是否应该与阿里巴巴建立战略同盟？很多人说互联网思维的核心是免费或零利润，先通过免费或零利润圈占海量用户，然后从其他增值服务及产品获利，但是如何保证以后用户会从我这里买其他增值服务及产品？"这都是一连串有关落地的问题。在第十二届全国人大会第三次会议上，李克强总理提到制订“互联网+”行动计划。一时间，大家情绪高昂，互联网行内专家们也阐述他们个人对这“+”的理解。对“互联网+”的理解固然重要，但“互联网+”行动计划需要传统企业家实行，所以帮助传统企业家把互联网思维落地，是“互联网 +”行动计划的关键。如想落地，那么传统企业家们有必要再认识互联网的核心思维。

免费或零利润是互联网的核心思维，还是一种手段呢？这是重要的分别，尤其是对传统企业家来说，这可能是他能否拥抱互联网的关键。让我们来看看小米成功的案例，它的定位是“为发烧而生”，目标客户是发烧友，让发烧友参与开发，每周五发布新版本供用户使用。发烧友是一批年轻人，常在网上聊天，所以对这个客户群来说，互联网直销是最直接的渠道。这群人的爱好差不多，而且他们都参与开发，对产品有亲切感，觉得雷军把他们当作朋友，在这个客户群建立口碑很容易。也因为发烧友是一个特定的用户群，喜欢社交，喜欢交换智能手机的意见，谈论共同爱好，所以提供他们都喜欢的其他产品及服务并不难。有了这个基础，便可以以成本价出售手机快速做起来客户量，而在以后卖给他们其他产品及服务来赢利。如我们仔细分析，会发现小米的做法与麦当劳的做法有很多相似之处。麦当劳的初步成功是针对想做老板的人，帮助他成功，使他们加入麦当劳的生态圈，帮助麦当劳做口碑营销；而小米是针对发烧友而使他们有归属感，使他们加入小米的生态圈，帮助小米做口碑营销。要知道口碑营销的效果取决于客户群是不是同类，所以客户群越特定，口碑营销效果越好。当麦当劳有很多成功老板后，它以此引导供应商及服务商来帮它研发新产品及提供新服务，使老板们收入更高，而麦当劳也通过店租与收入挂钩，获取更高利润；小米取得大量发烧友支持后，它引导第三方硬件及软件开发商提供其他产品及服务，并从中获利。麦当劳时代没有互联网、微信，只有电话、报纸、邮件，所以口碑传播慢很多，生态圈的建设也慢很多，但它建立的生态圈也强很多，而且它的老板必定要付租金，所以老板越多越成功，麦当劳利润也越高。小米通过移动互联网进行营销，口碑传播得很快，生态圈的建设速度也很快，但不见得生态圈会因此更强。所以，很有可能，如小米过快增加客户量，很多新客户不是发烧友类型客户时，口碑效果会减弱，他们的忠诚度比较低，尤其当电商慢慢普遍，他们以后不见得一定会从小米买其他产品及服务。

通过对比这两个案例，我们看到小米采用的商业模型早在1956年麦当劳已经采用，当时麦当劳也颠覆了整个快餐加盟行业，这种商业模型不是互联网时代专有的，在未有网络、个人电脑、移动手机时已经有了，再之前剃刀与刀片也是类似的商业模型。这是一个两面市场的商业模型，也就是说小米是以源创新取得成功的，互联网是一个工具，使源创新要建立的新生态系统快速完成。零利润不是小米成功的关键，关键在于圈定特定发烧友作为它的目标客户，零利润只不过是一种手段，方便它快速建立客户群，因为这个特定客户群有相近的爱好，也比较容易组织其他产品及服务卖给他们，那么以零利润做大客户群，然后卖给他们其他产品及服务的商业模型才有意义。但光是以零利润吸引一大批五花八门的客户，那么结果很有可能是他们大部分都不会买小米提供的其他产品及服务，那么这样的话零利润便没多大意义了。如锁定目标客户是发烧友后，那么定价是免费、零利润或微利润，这是手段，最终的决定是基于是否有足够资金，是否有足够的准备，能支持在快速发展情况下，还能给客户好的体验。这些细节，是这个商业模型能够落地的关键。

2005年托马斯·弗里德曼（Thomas Friedman）出版了《世界是平的》（*The World is Flat*）。弗里德曼认为由于电脑和通信科技如闪电般迅速进步，使全世界的人们可以空前地彼此接近，只要你有足够的能力和想象力，世界上所有资源都可以为你所用。市场也在全球化，不论在哪里生产的产品，都可以通过互联网，销售到世界各市场，市场没有地区的界限。竞争也因此日趋激烈，任何新产品，眨眼间便传遍世界，很快地，很多更好更便宜的产品会出现在互联网的全球化市场。平的世界给所有人同等机会，加上人才的竞争和流动会更加直接和快速，成功者有能力吸引人才及其他资源为他所用，便会出现赢者更赢、输者更输的残酷情境。但事实上我们看到的世界并不平，而且这世界似乎越来越不平。弗里德曼有一点是对的，如果世界上所有人都有同一价值观，各地区都有同一政治及社会背景，那对于商业而言，世界是平的。弗里德曼的结论是基于当时世界主要市场是美欧，中国及印度的制造及服务业都主要为美欧500强做外包。但现在中国与印度都通过生产及外包，经济已经腾飞，它们的国内市场也开始扩大，我们开始见到百度、腾讯、阿里巴巴等企业出现。在全球层面而言，它们没有什么特别的产品或技术优势，可以说它们在中国市场的优势是对中国的文化、政治及社会背景的认识及人脉关系。而中国也将会成为全球最大的市场之一，这也给予这些本土企业占领市场的优势。在这个信息时代，科技知识可直接而且快速交流，不论多先进的产品或科技，都可以在短期内被别人模仿或用逆向工程分析，这意味着产品及科技的差异化优势不能持久。因此，在这个时代，产品及科技固然重要，但不能为企业带来长久的差异化；一个企业的长久差异化，主要是来自它能否通过对当地市场消费者的认识，对当地方政府及社会的了解，及与当地的人脉关系，有效地组合各处资源，为社会各成员创造新价值，使客户在与企业的交易中得到良好的体验，客户可从企业处找到他要找的东西，而慢慢建立对企业的信任，建立深厚的关系，增加客户对你的黏度。这也就是说，在互联网时代，企业家要把重点从产品移到生态系统，思维要从以产品为中心的流创新，转为以生态系统为中心的源创新。

互联网是一个全球性的信息网络系统，通过它可把信息快速传播到全球各地，用户在全球各地，通过电子计算机终端与信息网络连接，这个终端可以是个人电脑、智能移动手机等等，估计将来会有更多移动终端出现在市场上。互联网提供了一个新的可能性，作为一个传统企业的领导者，要做的判断是："这新可能性能否加以采用来帮助企业发展，如果可以的话，应该如何采用？"最直接的想法是电子商务，通过互联网把产品卖给更多客户。但一连串问题便来了，建立网站后究竟可增加多少营业额？投资的成本能否从增加的利润中收回？建立网站后如何引导客户到自己的网站？加入天猫？在百度卖广告？这使很多传统企业举棋不定，采取观望态度，迟迟不能下决心。也有些因为每天都听说不拥抱互联网最终会被吃掉，便赶快进行电子商务。这是流创新思略，用互联网来推动流创新只能带来短期优势，不能持久。利用互联网来帮助物流管理而降低成本也是流创新，可帮助企业保持竞争力，但不能帮企业突破及升级。在互联网开始普及时，必须做流创新以求自保，但同时企业必须寻求突破及升级，以自身核心资源及能力为支点，推动源创新，建立新的强大的生态系统。所以如果大家的期望是互联网思维能帮传统企业突破，走出困境，那使互联网思维落地，便是利用互联网作为与客户沟通、交易，为客户服务的工具，帮助传统企业加速完成源创新突破，建立新的强大的生态系统。互联网、大数据、无线网络、云计算、物联网都是能增加对客户理解及建立客户黏度的最新工具，投资成本都很高，把这些工具用在传统企业的流创新难以获得合理的回报，但如果用这些工具帮助传统企业加速完成源创新突破及升级，那投资这些工具便很值得，这便是我认为能使“互联网+”落地的行动计划。

源创新思维

很多中小企业老板问我：“谢教授，似乎源创新需要有很多资源推动才可以创建新的生态系统，只有大型企业才能做。我们这些中小企业，是否也可做源创新？”可以说源创新是教人做事的大道理，不论你有多少资源，都可做源创新。当然，你有多少资源会影响你执行时的做法，大至苹果公司，小到当时麦当劳的初创公司，都可发动源创新。我认为一个公司要做源创新，关键是公司领导层的思维，不是公司的大小。源创新的重点不在产品，不在科技，而在如何对待团队，团队便是源创新将来要打造生态系统的成员。所以源创新可小做也可大做，这基于团队的大小。

源创新核心思维：建立有正向网络效应的新生态系统来实现新理念价值，提供生态系统内的成员流创新发展机会，成员的流创新会加强网络效应，而促使生态系统更大更强，生态系统的成员也因互相得益而建立黏度很强的关系网。

要把“互联网+”落地，首先要把企业领导层的流创新思维转为源创新思维，按照源创新思维策划能使企业突破升级的蓝图，然后应用互联网、大数据、无线网络、云计算、物联网等先进科技及产品加快完成源创新战略。源创新核心思维有四大元素：把生态系统成员当成朋友、建立能与生态系统成员共同获利的结构、平衡生态系统的发展及平台的利润、忠诚的生态系统成员是平台最有价值的资源。以下我们深入讨论这四大元素。

把生态系统成员当成朋友

源创新的理念价值决定生态系统的成员，这包括理念价值的受益者以及能帮助理念价值实现者。在小米的案例中，它的理念价值是“专为智能手机发烧友而造的智能手机”，它的生态系统包括智能手机发烧友、手机设计工程师、开发发烧友喜爱的产品的生产商、智能手机产业链中的生产商、网站设计及软件工程师、移动运营商，等等。在麦当劳案例中，它的理念是“帮助没有运营餐馆经验但想做老板者运营麦当劳成功”，它的生态系统包括没有运营餐馆经验但想自己做老板者、各类供应商、银行、经销商、拥有土地者、建筑商、服务员等等。小米与麦当劳之所以选择它们的理念价值，是因为它们有核心资源及能力可作为实行这一理念价值的支点。你确定生态系统的成员了，那你要如何看待他们呢？雷军说把他们看作朋友，作为朋友，你要了解他们，知道他们的欲望及需求，知道他们的爱好及能力，与他们建立信任度，大家能获得共赢，大家能平衡给予与回报。如果他们是你的好朋友，他们会很乐意为你做口碑传播。

建立能与生态系统成员共同获利的结构

接下来要做的，不是只考虑自己利益，而是要考虑建立一个能与生态系统成员共同获利的结构。你把自身作为平台，把生态系统成员分别放在平台的两面，一面是这种理念价值的受益者，另一面是能帮助理念价值实现者，你要给两面的成员奖励机制，使得他们愿意让你整合他们的资源。而你作为平台，重点是以自身资源，整合一面的资源及能力，提供价值给另一面，做成相互正向反馈，形成正向网络效应。这个结构提供新商机给能帮助理念价值实现者以流创新来增加他们的利益，这也使这个理念价值的受益者得到更多利益，通过他们的口碑传播，使更多希望受益者加入，这也会吸引更多能帮助理念价值实现者加入，发挥他们的流创新能力，这便会加快两面市场滚动，使平台的生态系统加快做大，你的利益与在平台上交易次数为正比，生态系统越大你的利益越高。这便做到了与生态系统成员共同获利：理念价值的受益者得到更多价值，能为理念价值实现者提供流创新商机，主办平台者通过生态系统的成长而获利。小米的案例中，雷军有很多发烧友是他的粉丝，小米以自身设计智能手机的能力，让这些发烧友参与设计，然后以零利润手段把这些发烧友加入它的生态系统，以此吸引第三方产品及服务商加入，发挥他们流创新能力，给这些发烧友提供新产品与服务，小米从第三方与发烧友交易中获得利润。在麦当劳案例中，麦当劳首先组合银行、供应商、拥有土地者资源及自身管理汉堡包店的能力，帮助没有经营餐店经验但想做老板的人实现他的愿望而且赚钱，这吸引很多同类的人加盟，也提供机会给供应商、经销商及其他服务商以流创新来发展他们的业务，麦当劳加盟店老板也因常有新产品及服务而增加他的收入及利润，而麦当劳每月的租金也同时增长。这个结构建立后，一个源创新可带来十个、百个、千个，甚至万个流创新机会，这也可使李克强总理提及的“为大众创业，为万众创新提供环境”落地。

平衡生态系统的发展及平台的利润

这个结构打造了能给万众创新的机会，接下来便是落实这机会要采取的行动，这有如“万事俱备，只欠东风”。如果执行不当，也会错过这大好机会。作为一个平台主办者，你有两个矛盾的目标：一个是快速建立生态系统，另一个是赢利。免费可快速建立生态系统，但需要大量资金支持，而且可能承担现金耗尽的风险；反之，太关注赢利，生态系统会建立得很慢，也可能建立不起来。因此执行的关键是要不停地平衡生态系统的发展及平台的利润。要把一个两面市场推动起来，第一原则是“先利人后利己”，这在开始推动两面市场时尤其重要。开始时你没有成员，要促使他们加入，你要为他们着想，先让他们得到利益，不一定是给他们免费，但一定要使他们觉得“非常值得”。看苹果的案例，在推动iPod前，乔布斯先与唱片公司总经理沟通，提出帮唱片公司解决网上盗版问题的方案，唱片公司许可苹果客户在iTunes下载歌曲，苹果每首歌曲收99美分，然后与唱片公司分账。唱片公司乐意接受，因为这方案正解决它的痛点。之后苹果开发软件方便客户在iTunes选曲、下载、付费及管理所有下载了的歌曲，再设计可随身带的小巧终端iPod，客户把下载的歌曲存储在iPod内，再连接小巧的耳机，使客户能实现“随身听你所有喜爱的音乐”的理念。苹果首先针对乔布斯的粉丝推出iPod，定价不低，但乔布斯的粉丝觉得值得，因为它可使他们很方便、便宜、合法地买到他们喜爱的歌曲，使他们随时随地都可听他们喜爱的歌曲。苹果从iPod中所得的净利润很高，但客户觉得“非常值得”。在发展生态系统时，要根据你的财务及竞争状况，适当地找到生态系统的发展及平台利润的平衡点。在两面市场商业模型中，收入不一定只是从客户而来，也可从商户而来。例如在小米案例中，小米从第三方商户获得佣金或手续费；在麦当劳案例中，供应商免费帮麦当劳开发新产品。因此平台可以把其中一面的价格降低以求增加交易量，从而通过网络效应来提高另一面的交易量，然后从另一面获利。随着平台的扩大，两面的价格也要加以调整，以求增大和增强平台的生态系统。当一个平台建立了正向网络效应，能提供价值给两面的客户后，平台可利用定价策略，一方面确保平台能利用网络效应，来使生态系统不断增大，另一方面鼓励两面市场的客户与平台交易，来优化平台的利润而使平台更强。在平台发展期间，最佳的定价策略是基于当时两面市场之间的网络效应大小、对价格的敏感度、扩散率、交易边际成本及现有客户群而定两面的价钱。我在第七章详细说明了最佳定价策略如何随着生态系统成长而调整。另外如增加一位客户能确保将来可从他身上可得固定的回报，那么可以以低价吸引更多客户进入，加快建立生态系统，而从他们将来的回报来获利。麦当劳的租金与营业收入挂钩便是最好的案例。

忠诚的生态系统成员是平台最有价值的资源

如果一个平台生态系统有很多成员，但大部分成员是机会主义者，那么这平台虽大但不强，因为这些机会主义者，在有其他更好机会时，会离开你的平台或与你的平台减少交易。要建立一个大而强的平台，你需要培养已加入的成员对平台的忠诚度，把一次性的用户转为长久与你交易的用户，这些忠诚的成员是平台最有价值的资源。可以先估计一个忠诚的客户能给平台带来的价值，然后考虑如何增加生态系统成员的忠诚度。假定有一个忠诚客户每年在你的平台消费，而你可从他一年的花费中获利 1 元，如用 8% 为折现率，那他对你的价值为

$$1+\frac{1}{0.08}=13.5\text{ 元（}y=x+\frac{x}{0.08}\text{）}$$

我们用脸谱网作为案例，它在 2015 年的市值为 2 120 亿美元，大约有 13 亿人在它平台上进行社交活动，这可算是忠诚客户，那么每人对脸谱网的价值约是 163 美元。用以上的算法，也就是说脸谱网平均每年在一个客户身上获利约 12 美元。如脸谱网不能每年从每位客户中获利 12 美元，但其他公司认为可以的话，那其他公司会以这个价钱收购脸谱网，所以脸谱网会有这市值。现在脸谱的净利润

是 29.4 亿美元，平均从每位客户获得的净利润约是 2.2 美元，远远低于 12 美元。那脸谱网是否市价过高？有可能是，也有可能大家看好它的潜力，谷歌估计有 11 亿人在它的网站上搜索，它的净利润是 144 亿美元，平均每人约 13 元，也就是说脸谱网有机会达到每人 12 元。再者这 13 亿忠诚客户将会是脸谱网下一次源创新的最好支点，那时这些客户能带来的利益则难以估计，所以当客户很多时，大家愿意支付溢价。2013 年小米私募融资时，一共出售了大约 2 500 万部智能手机，市值是 100 亿美元。到 2014 年 12 月它再私募融资时，大约一共出售了 8 500 万智能手机（2014 年大约出售 6 000 万部），但市值达 450 亿美元，这可以是智能手机公司的市值模型吗？它何以有这样的市值？通常智能手机公司的商业模型是每卖一部手机，便失去一个客户，而小米的商业模型是以低价智能手机把发烧友拉入平台，然后通过卖第三方其他产品及服务来赚钱，所以每卖一部手机便增加一个客户，因此它的市值有可能以指数级上升。所以我认为私募投资者在做小米的估值时，他们用的是社交网络的模型，而不是智能手机生产商模型，前者也是私募投资者看好的商业模型。

在两面市场的模型中，如果平台的用户群大而且忠诚的话，它自然会使商家群忠诚，所以重点是如何使加入的客户忠诚，而且不断使客户群扩大。客户体验是客户与平台交易时的一种感受，如果体验不好，客户当然不会再回头，除非迫不得已。什么是好的体验？友善、有亲切感、能解答问题、交易过程简单且快捷，等等，这会使客户对你有好的印象，但不一定会成为忠诚客户。例如你是卖手机的，如果你只卖手机，那么就算你给客户很好的体验，他充其量是会给你做口碑，但如果他不再买手机，那他就不会再找你了。但如果他知道你对手机的功能及技术都很熟悉，提供手机服务，也卖很多与手机相关的产品，那他有了好的体验后，当他的手机需要服务或每一次想到要买一些手机相关的产品时，他都会来找你了。他与你接触多了，发现你不只可帮助他解决有关手机的问题，还能解决一些在他生活中关注的问题，例如他想买一部空气净化器，但空气净化器有多种，他又不熟悉这类产品，也不信任那些广告，他发现你熟悉各种空气净化器，而且能中立理性地把各种空气净化器做详细比较，建议在什么场合哪种最合适，到他决定要买哪一种时，你还可帮助他购买；又如他想找一本已绝版的书，但找了很多书店都找不到，你通过你的圈子，发现有人有这本书，而且愿意在合理条件下，转让给他，他通过你买到这本绝版书。经过多次同类事情后，他便会常去你处，你俩也成为朋友，这就是互联网行内说的“黏性”。如果你只是生产手机、卖手机、提供手机服务，那么不论你的客户体验做得多么好，你都没法建立客户对你的黏性。理由是客户如果不是手机有问题或想买手机，他不会想起你。试想他多久才会想起你，他可能几年都不会想起你，那如何建立黏性？

2004年克里斯·安德森（Chris Anderson）提出长尾理论（The Long Tail）。简单地说，理论指出大多数商家都只关注少数大众都需求的产品及服务，因为可做规模而且容易找到客户，而“无暇”顾及一些只有少数人需求的产品及服务，因为它难以做成规模，难以找到有需求的客户。如果用正态分布曲线来描绘这些产品及服务，大多数商家只关注曲线的“头部”，而将处于曲线“尾部”的产品忽略。因此在传统市场中我们多见“头部”的市场，而少见“尾部”的市场。随着中国经济近40年快速发展，很多市民生活质量提高，这也促使很多人都想有个别与大众不同的产品，也就是说“尾部”的产品及服务类型会随着经济发展而越来越多。“头部”的产品及服务可在传统市场找到，大家都到市场去买，最后的成交价由生产商的品牌、产品的质量、有多少人想要而定。因为很多商家介入，净利润会随着竞争而下降。在传统市场，“尾部”的产品不易找到，但客户一旦找到，会很高兴，只要是合理，价钱反而不是最主要的。在传统市场很难找到“尾部”产品的原因，不是没有卖价与成本空间，而是难以找到客户，导致库存及核销费用成本过高，所以很少会有商家介入。

这便提供了应用互联网进行源创新的机会了。当一个企业有足够客户时，它可以建立互联网平台来实行“横向组合”：组合不同价值链来满足不同客户的多样化需求，这需求是与源创新理念不相关而且是日常想要的产品及服务（相关的都放在源创新理念平台）。例如小米在平台上卖衣服、玩具等等，都与智能手机完全无关；谷歌提供电邮、地图、翻译等服务，都与网上广告无关。平台可以它的客户量为支点，组合大商户，通过平台，提供给客户“头部”产品及服务。客户也可在商场或其他电商处找到这些产品和服务，竞争也比较激烈。但也有个别客户想要“尾部”产品及服务，这个平台可另组合各个小商家的资源及能力，提供各种“尾部”产品及服务来满足这些不同需求的客户。通过这个平台，企业的客户可以很快找到能供应他想要的“尾部”产品的生产商，而这些小商家也找到了要买它产品的客户，一个平台能提供客户日常中想要的“尾部”产品及服务是建立客户黏性的关键。尾越长，客户能在你处找到他日常想要的“尾部”产品的机会便越高。在日常生活中，每次当他想找他想要的东西时，第一个便会想到你，因此他对你的黏度也越高。很多时候某些产品不是一个客户想要的，因为他不知道这些产品的存在，又或者他不很了解这些产品的功能及用途，如果有人为他展示给他讲解，他会说：“这正是我要的！”所以这个平台最好不仅是交易平台，而且还是个信息传播与社交平台。客户与小商户可以用各种不同的移动终端，连接到平台进行交流，客户可通过平台，找到他想要的“尾部”产品。在了解客户后，小商户可根据他的创新及核心能力，提供新产品，启发及满足客户的潜在的需求。客户与客户也可在平台上进行社交活动，谈论个人爱好，很多时候这会互相启发个别想要的产品。小商户也可在这个平台沟通，共同做到集成创新。很多时候通过交流，一样“尾部”产品或服务会变为“头部”，也有可能新的“头部”产品会被发现及创造出来。这也为大众创业，为万众创新提供了环境。慢慢地平台的成员间的交流也越来越多，大家也成为朋友，平台的成员对平台也建立了信任度，而成为这个平台的忠诚成员，这也能增加成员在平台上“头部”产品及服务的交易次数。我用图 11–1 来描述最后整合平台的结构。

这整合平台由两个不同的平台组成，一个我称为“源创新理念平台”，这是推动源创新理念实现时建立的平台，这可是线上或是线下。你是通过这平台发展新客户，但要把客户牢牢留在你的平台，你需要另一平台，我称之为“满足日常想要平台”。这平台提供的是与

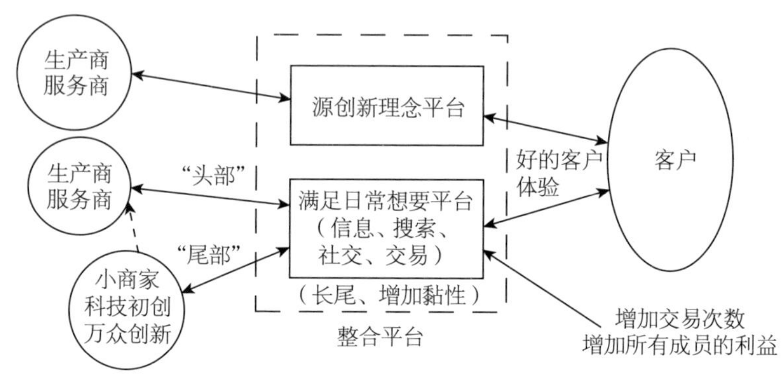

图 11–1 源创新理念平台与满足日常想要平台的整合平台

源创新理念价值不相关的产品及服务。这平台的主要目的，是了解这平台客户群的日常需要，了解商户群的能力，帮助客户群找到而且买到他们日常想要的产品及服务，为生产商提供商机及创新机会，使客户群增加对平台的黏度。换句话说，“满足日常想要平台”的设计不是围绕源创新理念的产品，而是围绕源创新理念受益的客户群。这“满足日常想要平台”也与“源创新理念平台”做成网络效应，“满足日常想要平台”成员的忠诚也做成“源创理念平台”成员的忠诚。整合平台可以把这两个平台可看作两个市场，一个是推动源创新理念价值的，而另一个是满足客户日常想要的，因此它可用定价策略来平衡两个平台的发展及总利润。整合平台可以为“源创新理念平台”做补贴，用低价吸引一群特定客户群，然后以“满足日常想要平台”来获利及建立黏性，小米便是最好的案例。整合平台也可以“源创理念平台”作为获利的主要来源，而补贴“满足日常想要平台”来维持黏度，谷歌、百度、腾讯都是这做法的最好案例。

互联网+

互联网、大数据、无线网络、云计算、物联网都是有助于信息传播、收集客户信息、计算、分析的先进工具，人们想怎样解决问题便会怎样去用这些工具。如果是流创新思维，便会用电子商务来增加销售，用物流管理来降低成本，建立客户数据库来提高服务质量，分析客户数据来提高广告效果等。但这只能帮助企业保持竞争力，不能帮企业突破及升级。而且如果各同行都这样做的话，这只会使红海竞争更激烈，大家更快进入停滞局面。如大家期望这些工具能帮传统企业突破，找到它的蓝海，那必须有源创新思维，按照源创新思维策划能使企业突破升级的源创新战略，有了这战略的蓝图，然后考虑如何利用互联网、大数据、无线网络、云计算、物联网作为搜集客户资料、与客户沟通、交易、计算、数据分析的工具，在实施突破源创新战略时，应用于加快口碑传播、了解客户、优化平衡生态系统的发展及平台利润、加快完成建立“满足日常想要平台”，加速完成突破源创新。

源创新战略

源创新战略是要把源创新思维落地。按照源创新思维，源创新战略可分为三期：早期、发展期、成熟期。每一期的战略目标及关注点都不一样，早期的目标是找到准确的定位、时机及切入点，关注点是找出触发两面市场的关键成员，决定如何给这些成员奖励机制，使得他们愿意与你整合来形成正向网络效应。发展期目标是建立强大的生态系统，关注点是平衡生态系统的发展及平台利润，同时建立与成员的关系。成熟期的目标是增加平台在成员心中的分量及准备下一次源创新，聚焦是获利、增加在成员心中的分量及留意各种宏观（经济、政策、新科技、市场）的趋势以准备下一次源创新。以下我将分别详细讨论这三期的战略重点。

早期：找定位、时机、切入点

源创新第一个最重要的决定是定位：你想提供什么理念价值，谁是这理念价值的受益者，谁是实现者，能参与帮助实现这理想价值，一旦确定他们便将是你生态系统的成员。你选这理念价值不只是你认为它的价值很大，更重要的是你拥有的核心资源及能力可作为支点，使你能实现这理念价值的概率高。在麦当劳案例中它选的是“帮助想做老板者运营麦当劳成功”，主要是因为它有一套能帮助运营麦当劳成功的方案，而且自己用这方案成功地经营了几家店，这些实例证明这方案是管用的。在小米的案例中，雷军选的是“专为智能手机发烧友而造的智能手机”，主要是因为他自己也是智能手机发烧友，很明白这些发烧友的爱好，他是从开发软件起家的，能掌握智能手机软件开发的资源。

定位定好了，接下来要考虑的是现在时机是否适当？会不会太早？会不会太迟？太早的原因可能是这理念很新，大众难以接受，也可能是缺了一些能使这理念价值实现的配件；太迟是很多企业已推动这理念，而且已开始建立一个支持这理念价值的新生态系统。太早的话，你可能面对不可预计的风险，太迟的话，你可能难与先行者抗衡。最好的时机是大趋势已发动起来，而你的理念可帮助推动这趋势，而且有与你相似的理念价值已被接受，有企业已开始建立一个支持这相似的理念价值的新生态系统。这就是说市场能接受你要推动的源创新理念的概率会很高，而且大部分能帮助实现这理念价值的配件也在市场，不可预计的风险也大大减少。因为已有人取得先机，建立了一个支持相似的理念价值的新生态系统，你一定要以后来者的心态，采取不同的商业模型，建立一个与先入者不同的生态系统。在麦当劳要开始发展连锁加盟店时，美国已有很多连锁加盟快餐店开始支持汽车的快速发展了，所以“成为连锁加盟快餐店的老板”的概念已被接受，但麦当劳采取一个与当时连锁加盟快餐店不同的商业模型而建立一个不同的生态系统。当时其他连锁特许经营商的商业模型是特许经营商先获利，然后帮助加盟商老板获利；而麦当劳采取的是恰恰相反的模型：先帮助加盟商老板获利，然后麦当劳才获利。在小米进入智能手机市场时，无线互联网正在快速发展，全中国已接受智能手机的概念，但小米采取一个与其他智能手机生产商完全颠倒的商业模型：其他智能手机生产商从卖手机获利，而小米不从卖手机获利，而从卖其他产品及服务获利。

你认为时机到了，下一步是要尽快进入市场。要知道你上两步只是你的想法，事实是否如你所构想的还没得到印证，所以最重要的是尽快用最少资源从实际的市场反应来印证你的想法。你先锁定一个比较窄的特定的用户群或商户群作为你的试点来印证你的想法，我称之为“切入点”，选择合适的切入点是早期成功的关键。一个好的切入点要有以下特征:(1)你提供的理念价值可解决切入点内用户或商户的痛点;(2)你与这些用户或商户有关系/很熟悉;(3)成功地开发这切入点可引进下一个比较大的切入点。这三点中第一点最重要，因为一旦他们觉得你可能解决他们的痛点，他们便会很快愿意尝试加入你的生态系统。第二点可使你在短期内找到愿意尝试的用户及商户。第三点可使你逐步拓展你的生态系统。在认定切入点后，便要迅速采取行动，建立一个能与这切入点成员共同获利的结构。你把自身作为平台，把切入点的成员分别放在平台的两面，一面是这理念价值的受益者，而另一面是实现者，能帮助实现理念价值，你设计奖励机制，说服他们加入而且愿意让你整合他们的资源。你以自身资源，整合一面的资源及能力，提供价值给另一面，目的是做成相互正向反馈，能产生正向网络效应。因为你锁定的是一个比较窄的特定的用户及商户群，他们的价值观都相似，一旦你真正能解决他们的痛点，他们会很乐意为你在他们圈内做口碑传播，这也会促使这两面市场产生正向网络效应，而你也会看到这两面开始滚动起来。这时你已用事实印证了你的想法，你可根据事实及你的体验，写你发展这两面市场平台的商业计划书。通过描述事实，这商业计划书更充实、更可信，如需要融资的话，能得到风投投资的概率也比较高。

如果你发现难以说服切入点的成员加入，或是他们加入了，但过了一阵子，两面还未能滚动起来，那便说明你的想法很可能不对。可能你认为的用户或商户的痛点不是真正的痛点，可能你认为可解决他们的痛点但实际上没有，可能是你的奖励机制没生效，也可能你忽略了一些细节、一些你未想到的成员，等等。你要多倾听切入点成员的反馈，留意一些与你预想中有冲突的事件，要尽快找出关键问题是什么。你可能需要改变你提供的产品或服务，你可能要找另一切入点，你也可能要重新定位。源创新不是增加大家都认识的现有市场理念价值，而是着意推动一个大家不大认识的新理念价值，以此来开拓新市场，所以有不能预知的风险。未进入市场时，你完全没法估计市场将会如何发展，也没法做很详细的商业规划；就算做了，也很有可能要因情势不如所料而需要更改。因此在早期，重点不是详细的商业规划，而是要保持灵活性，用最少费用做尝试，尽量降低尝试失败造成的损失，尽快通过多次尝试，建立有正向网络效应的两面市场。在做尝试时不要做大量宣传、做大型活动、建立销售团队等，一来节省开支，二来如果失败可做到悄悄失败，降低失败造成的损失。让我们看看麦当劳的案例，麦当劳在开始时，它尝试在有餐饮业经验的人中推广，接着又在乡村俱乐部的富人中寻找投资者，但他们办的加盟店都没有获得成功。在一个很偶然的情况下，麦当劳说服一对没有餐饮业经验但又想做老板的夫妇成为加盟商，在麦当劳的引导及帮助下，获得空前成功，麦当劳的总结是，它的切入点是“没有餐饮业经验但又想做老板的人群”。因为没有餐饮业经验，他们便会完全采用麦当劳教他们的管理方法，麦当劳加盟店便可做到统一标准；他们自己是老板，便会集中自己所有精力把加盟店办好。麦当劳一开始时没有想到这是它的切入点，当时快餐的特许经营商都是找有餐饮业经验的人或投资者作为他们的加盟商，所以麦当劳也跟随他们的做法。但在未取得成功时，麦当劳没有推广，而一直在找它的切入点，它愿意尝试行内不找的人来加盟，最后是事实告诉它，“没有餐饮业经验但又想做老板的人群”是它的最好切入点，而这不是行内快餐的特许经营商会找的。

发展期：建立强大的生态系统

早期的重点是以切入点开拓一个比较窄的特定市场，建立切入点成员间的正向网络效应，两面的成员也开始增加。在这窄的特定市场，口碑传播会做成用户之间的正向网络效应，你可利用互联网、微信等先进传播技术来加快口碑传播，这会加强用户之间的正向网络效应，用户数量便更快速增长，这时你便要开始建立平台对这些客户的黏性。在这互联网时代，你可用互联网建立一个“满足日常想要平台”，横向组合新商户提供与源创新理念价值不相关的产品及服务。让切入点成员通过有线或无线终端在平台上相互交易及交流，他们也可通过这平台给你反馈意见，帮助你提高客户体验。因为这切入点是一个窄的特定市场，客户的爱好很相似，他们会比较愿意交往，交换意见，互相启发他们想要的“尾部”产品。客户与商户的交往也使商户能多了解客户，开发新产品来启发及满足客户的潜在想要的需求。客户经常在这社交平台进行社交活动，也可常在这平台发现使他惊喜的产品，商户也可通过这平台得到客户需求的信息，使他们能取得开发及销售新产品的成功，增加对你的源创新理念平台的黏度。你初步建立了一个面向切入点的整合平台，这整合平台由两个平台构成，一个推动你源创新理念价值，而另一个使已加入的成员增加对平台的黏度，巩固切入点成员的忠诚。这两平台也可做成相互网络效应，你可在一平台亏损来增加客户而在另一平台赢利，如你资金足够，你也可两个平台都不赢利，主要是尽快占领切入点的用户。早期的重点不是赢利，而是建立一个忠诚的客户群。下一步是扩张整合平台，面向一个更大的切入点。

当客户数量足够时，整合平台可应用互联网、大数据、无线网络、云计算、物联网技术搜集客户资料及做数据分析，使你对客户的认识及了解都加深了，你会发现用户有与源创新理念相关的其他需求，你可以引进新商户来提供产品及服务来满足客户这些需求，这会增加切入点的特定客户对平台的忠诚度。有了这些新商户，你的“源创新理念平台”便可吸引特定外的新用户，那你“源创新理念平台”的切入点也扩张到一个比较大的切入点，这包括以前切入点的成员以及新引进的商户及用户。你可用定价策略来平衡生态系统的发展及平台的利润：在一面以低价来增加交易量，通过网络效应来提高另一面的交易量，然后从另一面获利；如可以确保将来能从用户获得固定收入，那么以低价来增加用户量，加快建立生态系统，增加将来收入。你把这些新客户带上已建好的“满足日常想要平台”，这也会吸引新商户加入这平台。你再调整两个平台的运营，平衡成员的增长、成员对平台的黏度，以及平台的利润，把整合平台扩张到比较大的新切入点。在发展期间，重复这流程，逐步扩张整合平台，重点是建立一个大而强的生态系统。

在布鲁明戴尔的案例中，它先以地毯为切入点，之后延伸到家具，再延伸到与生活有关的时尚用品。它的源创新理念价值是引领时尚潮流，你可以在布鲁明戴尔找到引领时尚潮流的产品，但也有很多普通常用的日用品，而且布鲁明戴尔还帮助客户找他们想要但在店内没有的产品，所以布鲁明戴尔看似是一个平台，但其实有两个平台：引领时尚潮流平台，满足日常想要平台。一个平台吸引客户，而另一个满足客户普通日常用品的需求。在引领时尚潮流平台，它帮商户开发在纽约的市场，可以说是补贴这些商户，然后从客户获利。因为引领时尚潮流平台吸引来的都是高端客户，当他们购买日常用品时，只要产品的质量好，他们对价钱不是很敏感，因此“满足日常想要平台”不只增加客户对布鲁明戴尔的黏性，而且也是一个赢利平台。

麦当劳也看似是一个平台，但其实有两个平台：帮助没有餐饮业经验但又想做老板的人群成功平台，房地产服务平台。因所有麦当劳都需要房地产服务，所以房地产服务平台可看作满足日常想要平台。在麦当劳案例中，在发展时，大部分盈利来自房地产服务平台。请注意在麦当劳的客户群都不是消费者，而是企业老板，也就是说源创新不只可应用于B2C（企业对消费者），也应用于B2B（企业对企业）。

成熟期：加强平台在成员心中的分量及准备下一次源创新

在成熟时期，平台的收入及利润都与成员通过平台交易的次数及交易量成正比。在这时期，市面会有很多竞争对手提供类似的价值理念，你的平台的成员也可能是你竞争对手平台的成员，虽然你的平台有很多客户，但不能保证你平台的交易会跟着增加，因为有可能在很多成员心中，你竞争对手平台所占的分量比你高，以致他们多在你对手平台做交易，而少在你的平台做交易，所以虽然有很多客户，但你的收入会很低。例如某一信用卡有很多持卡人，但如果所有持有这信用卡的人都用其他信用卡做交易的话，这信用卡便没有收入。因此在成熟期，战略的重点不是平台有多少客户，而是平台在客户心中的分量。

在发展期一开始，你便建立两个平台："源创新理念平台"与"满足日常想要平台"。你通过"源创新理念平台"攫取新客户，而通过"满足日常想要平台"建立对已吸引客户的黏性，也可以建立你在已吸引客户心中的分量。在发展期期间，这两个平台同步发展，而且它们的作用保持不变，一个吸引新客户，另一个建立对已吸引客户的黏性。在发展期期间你的竞争优势主要来自第一平台，但到成熟时期，几乎难以再吸引新客户，而且你平台的很多客户也是你竞争对手平台的客户，因此你的竞争优势主要来自第二平台。这平台有四部分：交易、信息传播、搜索、社交。这平台可在线上，可在线下，也可是线上与线下组合，这平台的设计是围绕源创新理念受益的客户群。重点不是这平台应该是线上或线下，而是什么样的组合能使客户在日常生活中想到你，增加你在他心中的分量，而且这平台可赢利。在人的工作及生活环境中，一天花很多的时间在搜索、沟通、阅读新闻，但都希望在这些活动花钱越少越好。一个平台如果可以免费为客户提供这些活动，便会吸引客户来到这个平台，增加你在客户心中的分量。但越多人到这平台进行这些活动，这平台亏损也越多，但如果你建立机制鼓励来到这平台的客户增加在平台的交易活动的话，那便很有可能达到目的。所以关键是如何最佳组合客户在平台上的交易、信息传播、搜索及社交活动，一方面增加你在客户心中的分量，而另一方面随着客户量增加利润也增加。星巴克是一个很好的例子，星巴克的成功不是它卖最好的咖啡，而是它提供一个平台，有效地组合美国人日常的搜索、社交及交易活动。美国人喜欢与朋友小聚，大家买杯咖啡，边喝边谈。尤其是在商业交往中，讨论项目时，大家都喜欢买杯咖啡，找一个地方坐下来，边喝边讨论。也有很多人在搜索资料做研究时，买一杯咖啡，找一个地方坐下来，用个人电脑连上互联网，边喝边搜索资料。星巴克提供方便及免费的场所，免费连网，使美国人可与朋友买杯高质量咖啡，在店内小聚，或做个人的研究工作。很重要的一点是，这例子告诉我们，这平台不一定是线上的，它的最佳设计是要围绕客户的生活习惯，很多时候最佳设计是线上与线下适当的组合。重点是先了解客户的生活习惯，然后才应用适合的科技来设计这平台，而不是以新科技推动建立平台。

组合什么产品及服务可在这平台做交易也很重要，“头部”产品及服务市场大但竞争也大，而且它不会增加你在客户心中的分量，因为他们可以在其他交易平台找到这些产品和服务。“尾部”产品及服务多是个别客户想要的而不是大众都想要的，所以不容易找到，如果一个客户可在你平台找到他日常中想要的“尾部”产品及服务，那你的平台在他心中的分量就会增加。平台的尾越长，客户能在你处找到他日常想要的“尾部”产品机会便越高，那你的平台在他心中的分量也越重。“尾部”产品及服务多来自小商户或私人收藏者。在互联网未到来之前，很难成立一个平台把这些“尾部”供应者组合在一起。在互联网时代，你可成立网上交易平台提供“头部”产品及服务，以低价来吸引大量客户，做成规模经济，降低服务客户的边际成本，然后把低边际成本与小商户及私人收藏者等共享，以此机制组合他们的资源及能力，通过网上交易平台提供各种“尾部”产品及服务。亚马逊便是好例子，它以客户量取得快递及服务成本优势，而它把这些优势与小商户和私人收藏者分享，把它们组合到亚马逊平台，提供“尾部”产品，这不只带给亚马逊新的利润来源，它也增加了客户心中亚马逊的分量，还增加了客户在亚马逊“头部”产品的交易量。客户与客户之间也可以在这平台社交，谈论个人爱好，很多时候这也会互相启发他们想要的“尾部”产品，小商户也可在这个平台沟通，共同做到集成创新。很多时候通过这种交流，可能一样“尾部”产品或服务会变为“头部”。

再进一步，“满足日常想要平台”可作为中介，帮助有能力的初创公司成功，这些公司可以由有新科技者创办，也可以由有很强意愿想创业的普通市民创办。通过客户反馈及与客户沟通，平台加深了对客户的了解，而且掌握了客户的需求信息，平台可提供这些信息给这些初创公司,让他们能根据他们的创新及核心能力，创立能启发及满足客户潜在想要的新产品及新服务，然后通过平台卖给平台的客户。如需要资金，平台可帮这些初创公司找风投融资；如认为是有前途的项目，平台可以跟着风投投资。一旦有初创公司通过平台成功，会有更多初创公司加入成为平台的成员，这也会使客户从这平台找到使他们惊喜的新产品及新服务，这平台在客户及有意创业者心中的分量会大增。在布鲁明戴尔的案例中，它帮助很多欧洲成衣设计师在美国成功地建立了他们的名牌，这使它吸收了一批初出道的成衣设计师成为它的成员，而纽约富人也把布鲁明戴尔看作引领时尚潮流的百货公司，在他们心中布鲁明戴尔占的分量很重。在硅谷有家公司Plug and Play，是硅谷很有名的高科技孵化器公司，早期它是一家商业地产管理公司，主要是租办公室给大高科技公司，有一时期因经济不大好，租办公楼的市场不好，很多单位都租不出去。碰巧有几家新科技初创公司要找办公场所，但没能力付月租，Plug and Play答应暂时把空出来的单位给他们使用，而且联络一些他熟识的风投，请他们来评估这几个初创的项目。风投看好其中一个初创公司的项目，在第一轮融资中Plug and Play也跟着投资，这家初创公司也成为Plug and Play的租客，并且做得很成功，很快便要搬出Plug and Play，因为公司需要比较大的场所。在第二轮融资时，Plug and Play在这公司拥有的市值大增，于是Plug and Play决意不把单位租给大公司，而把办公楼转为高科技孵化器。Plug and Play每星期腾出一天时间，邀请硅谷风投到它的场所，它安排硅谷内的新科技初创公司（有些是它的租客，但大多不是它的租客）单独向风投展示他们的商业计划。那时在硅谷，高科技孵化器的概念刚开始，风投很想有机会，每星期可以在一个场所看到很多项目，所以Plug and Play每星期的项目展示日都有很多风投参加，这也吸引更多新科技初创公司参加，通过在Plug and Play展示而取得成功的公司也越多。当风投决定投一家初创公司时，如Plug and Play也认为有前途，它会跟着风投投资。Plug and Play现在主要的获利途径不是租金，而是这些初创公司的投资回报。Plug and Play也从高科技孵化器公司转为高科技加速器，而它的物业不再租给企业，而成为培训初创企业的场所。

在成熟期，重点是围绕已加入你生态系统的客户团，发展“满足日常想要平台”。在发展期便要开始建立这平台，最初是面对切入点客户，组合切入点客户在这平台上做交易、传播信息、进行搜索与社交活动，以达到增加利润以及你在切入点客户心中的分量。随着切入点延伸，客户细分增加，便要逐步组合更多商户来提供适合“头部”及“尾部”产品及服务在这平台做交易，使利润以及你在客户心中的分量增加。慢慢你会具备所有必要资产及核心能力，来建立一个创新生态系统，这系统能促成初创为你的客户创造新价值，也可使你把握机会，推动下一个源创新。麦当劳在成熟期，组合统一广告、电影行业、玩具行业，吸引更多美国家庭到麦当劳店就餐，买儿童喜爱的动漫电影人物玩具，这也使店主增加盈利，而这正是店老板想要的。所以在B2B，第二个平台是增加企业客户的收入及利润。

思考时间

1. 如你的企业是在零售业、制造业、工程服务业或资源行业，你如何应用源创新思维及互联网技术取得突破？

2. 互联网金融成功的关键是什么？是否更容易融资？融资成本更低？ P2P网络借款（点对点网络借款）的成功的关键是什么？

3.　谷歌有很多免费的应用程序，如地图、电邮、翻译、安卓等等，这是为什么？为何要做这些没有回报的投资？

第十二章　创新企业与持续发展

- 科技创新不一定能使企业持续发展，关键是有源创新思维，而且有能力把这思维落地。
- 宏观经济、政策、社会的改变，及新科技都会触动源创新大浪潮，一个大的源创新浪潮也提供很多流创新及较小的源创新浪潮机会。
- 当一个大浪潮来时，一个企业的成功，是把握大浪潮的时势，以流创新支持它，或从中创造小浪潮，成为大浪潮的推动力之一。
- 在新兴的无线互联网时代，有创意的模仿是新兴国家本土创业的最好途径，关键是应用有创意的模仿，把源创新思维落地。
- 以生产为主的企业，最好的发展方向，是通过业务团组合建立源创新推动力，各业务团只要专心于流创新，公司的业务团结构会使它的生态系统不断加强。

近几年来中国政府及企业都很注重创新，我到每个机构，都可看到有关创新的标语，每年到斯坦福参加我创办的创新课程的，有几百人之多，他们来自政府、国有企业及民营企业，他们的目的都是学习硅谷的创新精神及方法，他们都意识到中国企业及地方政府的创新能力将是它们以后经济发展的关键。每次上课前我都问大家对创新的理解是什么，我发现大家对创新的理解并不一致，就是来自同一企业、同一机构、同一部门的人，他们对创新的理解也不一样。大部分人把创新与新科技、新产品、新服务连在一起，也有人认为新组织、新商业模型也属于创新。我继续问大家是否认同创新是企业生存以及持续发展的关键，大多数人都认同这一观点，但也有人说："谢教授，我的领导层都说，如果企业不创新，将会是慢慢等死，但我觉得如果创新，企业可能死得更快，您的见解如何？"我问大家是否有同感，我发现潜意识里，很多人都有同感。这也告诉我在中国实行创新的难点，如一个企业的各部门都对创新有不同的理解，他们如何能同心合力去推动创新？创新一定会有风险，如企业内大多数人都太着意去回避风险，这也会成为企业创新的最大阻力。

美国的柯达公司，在1976年占有90％的美国摄影胶卷市场和85％的美国相机市场，但2012年1月柯达申请破产保护。柯达的衰败不是它没有创新，其实当数码科技慢慢代替模拟科技时，柯达也下了很大的功夫进行数字化转型。世界第一部数码相机是在柯达研发成功的，2001年它在美国数码相机市场排名第二，但因数码相机市场竞争激烈，在成本上柯达没有优势，市场都慢慢被日本及其他亚洲国家的生产商占有，再加上手机也加上数码相机功能，柯达在数码相机市场的份额一直下降，而且严重亏损。于2010年它也尝试推动一个高利润的打印机墨水业务，以求取代枯萎的数码相机市场，但因销售额太低而退出打印机市场。2011年，柯达的业务亏损增加，也转向诉讼，以产生收入。于2012年柯达以出售它的专利或使用权维持，取得破产保护而进行重组。

美国的摩托罗拉，在20世纪80年代是全球手机的领头羊，但在90年代便被诺基亚取而代之。2000年后摩托罗拉销售量一路下降，虽然有多次的产品创新，如2004年的新产品Razr，在市场获得成功，2009年成功地引进第一部以安卓为操作系统的智能手机，但这些创新都未能改变摩托罗拉的命运，最后在2012年被谷歌收购，2014年谷歌保留摩托罗拉的知识产权，而把摩托罗拉的手机业务卖给中国的联想。诺基亚与摩托罗拉都有相同的命运，在1999年早期智能手机已出现，从2000年到2007年诺基亚的智能手机操作系统（Symbian）一直都是欧洲最普遍的，但自从iPhone及一批使用安卓的智能手机现世后，诺基亚的手机及智能手机市场份额便一直下降。虽然诺基亚不断推出新产品，而且也不断改良它的智能手机操作系统，但也没法扭转颓势。2014 年，诺基亚把它的手机业务卖给了微软。

从这些案例中，我们可看到，科技与产品创新不一定能使企业持续发展。企业应该关注的，不是科技与产品创新，而是如何应用科技与产品创新做到持续发展，成为百年企业，这便是我给“创新企业”的定义。接下来，我将通过几个案例，描述企业如何组合始创新、流创新及源创新来实现持续发展，成为一个创新企业。

>> 案例 12–1　索尼与苹果的对比

索尼早期以源创新思路成为公认的消费电子创新“灵魂”，但近期因过于注重流创新而一直不振；苹果早期因过于注重流创新而败给微软，后期以源创新思路取得突破。

井深大与盛田昭夫于 1946 年成立了 TTK，这是索尼公司的前身，它的第一个产品是磁带录音机。1952 年，晶体管刚面世，他们以 25 000 美元买下该元件应用于通信相关行业的使用权。因晶体管体积小，而且发热很少，所以最直接的应用是代替电子产品中的真空管。当时全球的趋势是保真度高的收音机，而取得好效果需要很多真空管，这也使保真度高的收音机又笨重又不可靠。日本房屋地方小，大家都比较喜欢轻便的用品，于是井深大与盛田昭夫决定把公司的所有资源都用于研发小巧的晶体管收音机，经过多年努力，在 1957 年成功地生产出小巧的手提晶体管收音机。当时美国消费市场正在蓬勃发展，盛田昭夫力主以小巧的手提晶体管收音机来开拓美国市场，井深大与盛田昭夫的目标是全球市场，为此他们把公司名改为索尼，有音响创新的含意。那时日本制造（Made in Japan）的产品是便宜低质量的伪制品的代名词，在美国及欧洲市场主要是以低价取胜。索尼以小巧的手提晶体管收音机进入美国市场，有异于美国市面上的大收音机，开始时不大被消费者接受，盛田昭夫着重宣传每人可有自己的收音机，可在自己房间听自己喜爱的电台，慢慢地受到大众欢迎。从1960年初开始，美国彩色电视市场竞争逐渐激烈，而且趋势是大屏幕电视。但屏幕大了，画面的清晰度和亮度会下降，1964年索尼推出Trinitron彩色电视，它的画面清晰度和亮度超出其他彩色电视30%，这使索尼在美国电子消费市场建立它的品牌，索尼的成功也使美国消费者对日本制造的产品的看法开始有些改变。

1960年，盛田昭夫将一家人搬到纽约市居住，他细心观察美国人的生活习惯。美国家庭的屋子很大，很多家庭每人有一个房间，每家都有一间家庭娱乐室，电视便放在那里一家人共享。因为家庭娱乐室大，因此每家都倾向买大屏幕电视，但盛田昭夫发现美国人很自由，因此他认为美国消费者的潜在需求及欲望是一台方便携带的私人电视机。他们可把它携带到自己房间，关上门自己享受自己的节目；家庭主妇可把它携带到厨房，在准备晚餐时也可观看节目；在假日时可把它携带到野外在野餐时观看球赛节目。于是他指令工程师组合彩色电视及微型化技术，设计高亮度的手提彩色电视机。这产品在1968年面世，一开始便供不应求，索尼是一枝独秀，其他竞争对手都致力于生产大电视，它们都要超过一年才能生产同类产品，在此期间索尼已建立很强的市场地位。

1960年，美国的Ampex公司始创应用于电视台的录像机，该录像机很笨重而且很贵，售价超过75 000美元。索尼因掌握录音及彩色电视技术，所以很快便有创意地模仿Ampex公司的录像机，在1969年推出更便宜而且容易使用的录像机（U-Matic），很快它便超越Ampex公司的录像机，成为商业用录像机的标准。索尼把利润投入研发家用的录像机，终于在1975年成功地以Betamax打进家用市场，但后来美国的家用录像机的市场被JVC推出的VHS的录像机占有，迫使索尼在美国的消费市场放弃Beta，而买入VHS的使用权，从事生产及推销索尼的VHS录像机。（详细参看第二章）

盛田昭夫搬到纽约市居住后，常在美国与日本两边走动，观察到美国人与日本人的文化不同点，但也观察到他们的共同点。有一天他回到日本，他的创业伙伴井深大提着一个手提收音机到他办公室会面，而且戴上标准尺寸的耳机。盛田昭夫问井深大这是干什么，井深大说他喜欢听音乐，但又不想打扰别人，盛田昭夫立即联想起他女儿在美国居住后，每天回家都关在自己房间听最新流行歌曲，于是灵机一动，马上指令工程师设计小巧到可放在口袋的磁带播放器，再设计特小及轻便的耳机，而且价钱是年轻人能买得起的。当时公司内很多人都不赞同，认为没有市场，但盛田昭夫坚持己见。1979年随身听便进入日本市场，在1980年进入美国市场，继而进入全球市场，随身听一面世便风靡一时。之后索尼推出的小巧的光碟播放器、小巧的摄像机等等，都是消费电子市场以前未有的产品，经过一连串的创新，索尼也被誉为消费电子创新“灵魂”。

20世纪80年代后期，索尼以高价收购CBS唱片公司、哥伦比亚电影制作及发行公司，而掌握娱乐内容的制作及发行，索尼也开始以多元化发展。自从盛田昭夫在1994年退休后，索尼进入了游戏机市场、个人电脑市场、存储器市场，引进新科技产品如DVD、蓝光，也更新它已有的产品线，最高峰是在21世纪第一个十年初期，市值达2 000亿美元。但它只在现有市场以流创新发展，缺乏早期开拓新市场的思路，从21世纪第一个十年中期的赢利情况快速下降，2008年到2010年连年亏损，市值也在2012年下降至150亿美元，是高峰时的7.5%。后来几年有些好转，但仍在挣扎求生，在2015年5月，市值是385亿美元，是高峰时的19.25%。

苹果与索尼的历史，有很强烈的对比。苹果电脑公司在1976年成立，它创办时是应用微处理器所提供的可能性，组合当时的内存芯片、软盘驱动器及自身开发的操作系统，成功地以Apple Ⅱ推动个人电脑的源创新理念。但之后因过分注重设计最超前的个人电脑，而忽略了建立支持个人电脑的生态系统。IBM以开放的操作系统，取得源创新主动，建立强大的生态系统，很快便占有市场80%份额，苹果败北，乔布斯也因此被迫离开苹果。从1983年起，苹果在美国个人电脑市场的份额一直走下坡路，1997年苹果面临危机，董事会邀请乔布斯重返苹果，乔布斯开始重塑苹果。乔布斯首先设计外观独特的iMac使苹果脱离危险，但苹果的个人电脑市场的份额还是徘徊在2%。2001年乔布斯以iPod来推动第一次源创新，推动一个新理念——随时随地享受你的音乐及阅读。6年后，乔布斯以iPhone发动了第二次源创新，这回推动的新理念是——随时随地与他人以电话或信息联络、听你所喜爱的音乐和阅读读物、玩你喜爱的游戏。大多数市场分析专家都把iPhone看成智能手机，这是产品中心化的看法。其实iPhone不只是智能手机，它是一部能满足消费者多种生活需求的手提终端设备，因此iPhone很快便成为美国智能手机市场的领头羊，之后，苹果开始以流创新来改进iPhone用以巩固它的生态系统。3年后的2010年，乔布斯又发动了第三次源创新，以iPad推动新理念——在日常生活中可随时随地得到个人文化娱乐的享受。在十多年中，苹果通过数次的源创新推动与流创新支持，其商业生态系统不断得到加强，彻底改变了公司的窘境，突破了个人电脑市场的限制，开拓了全新的电子消费市场（详细参看第一章）。苹果电脑公司也改名为苹果公司。2015年5月，苹果公司的市值是7 460亿美元，成为全球市值最高的公司。

» 案例 12-2 腾讯的源创新战略

腾讯以有创意模仿建立源创新平台。

腾讯成立于1998年11月，第一个项目是帮助深圳电信及深圳联通解决寻呼服务。1996年互联网的源创新大浪潮开始在全球推动，美国处在这浪潮的最前面，当时美国在线、雅虎、微软网络等最先推动即时通信，用户可通过个人电脑上网，进行即时通信。美国大多数年轻人及中年人每人都有自己的个人电脑，因此在美国设计的即时通信系统软件，都假设每个用户都已有个人电脑。但美国在线、雅虎等其他中国软件公司把这产品搬到中国时，都不成功。当时网吧网络服务也开始在中国各大市场建立起来，这是支持中国互联网浪潮的较少源创新。腾讯成立后，一方面致力于当时网吧网络服务开始解决寻呼服务，以求自保，另一方面开始设计它的即时通信版本：QQ。腾讯QQ的设计，是将用户的联系信息都存储在即时通信系统的服务器里，然后服务器通过集中式管理，使用户可以与他的朋友通过任何个人电脑、短信、IP电话进行即时通信，这对很多需要这种服务的年轻人很有价值，再加上它的界面设计很合乎中国年轻人的口味，很快它便吸引了很多年轻人加入，并且也吸引了网吧加入，从而吸引更多的年轻人加入，造成了两面市场的正向网络效应，在短短9个月内QQ用户便超过了100万。

腾讯建立了QQ第一个源创新平台。但随着用户的数量以指数级上升，腾讯不得不面对现金短缺的问题，因为它要买更多强大的服务器，而即时通信服务是免费的，公司的资金消耗得很快。幸好当时是互联网热潮时期，腾讯在2000年初获得220万美元风险投资而暂时渡过难关。但不久互联网泡沫破灭，腾讯再次面临危机，急需能带来收入的服务项目，碰巧中国移动在2000年末推行移动梦网，整合移动与互联网公司资源，向客户提供各种信息增值服务，而且中国移动通过电话账单代增值服务商收费。腾讯趁机把QQ平台延伸，提供QQ及其他无线增值服务，很快腾讯成为移动梦网的重要供应商，这也使腾讯在2001年获得了1 021万人民币的净利润。到2002年3月腾讯用户已达1亿，腾讯开始考虑如何不通过移动运营商，而从它庞大的客户群直接获利。当时大部分互联网公司都是免费向用户提供服务，而以广告为主要收入来源，但腾讯大胆尝试在网上做“微交易”。

在当年5月它引进虚拟货币：Q币，1Q币=1元人民币，客户可用各种方法买Q币：电话付费、网上银行支付、便利店购买充值卡，用户可用Q币在网上直接买腾讯的产品及服务。对1亿的QQ客户来说，Q币给他们带来了方便，而且可买Q币卡送朋友，所以很受QQ用户欢迎。因为QQ用户都是上网常客，这吸引其他电子商务网站也接受Q币为支付方法，从而促使更多QQ客户使用Q币，更多网民成为QQ客户，这两面正向网络效应使Q币成为腾讯第二个源创新平台。

2002年11月，腾讯的一个员工到韩国参观，发现cyworld.com有一种虚拟化身游戏，他把这个信息报告给领导层，这给QQ秀的出现带来了启发。QQ秀是网络个人虚拟形象装扮系统，每位QQ用户都有一个卡通人形的化身，而这个化身只穿着内衣，用户可用Q币在Q秀店买虚拟时装、配件、首饰来装扮自己的化身，当他与朋友通信时，对方能看到他的化身，于是把自己的化身装扮起来便成为年轻人流行的玩法，这些虚拟产品的价格都在5角至几元之间，用户只花不到10元就能装扮自己的化身，来体现他的风格。如现实生活中一样，年轻人都喜欢经常更换装扮，他们常到Q秀店买虚拟产品。腾讯推动一个新理念：尽可能把许多现实生活中的元素带到虚拟社交世界，其中的产品服务包括QQ空间、QQ游戏、QQ宠物等。Q币与虚拟产品服务的成功不仅使腾讯通过“微交易”获得稳定的收入，而且为腾讯在社交平台上的持久发展打好了根基。

QQ的用户以指数级增长，2004年腾讯建立它的网络门户。因QQ用户大多是年轻人，开始网络门户的内容大多数与娱乐有关，而它的新闻，都是明星、名人消息。但意识到这些年轻用户年纪大后，他们会对更成熟的内容感兴趣。为求增加QQ客户的黏性，腾讯增加很多比较成熟的内容，如金融与科技等。现在腾讯网是中国最大的中文门户网站。2006年腾讯建立电子商务交易平台，虽然腾讯有很多QQ用户，但它的电商业务一直都未能做起来。2011年,它收购当时比较成功的电商平台易迅网，2012年以易迅网为核心，组合它以前的电商平台，成立腾讯电商控股公司，以求在电子商务业务上取得成功。腾讯还提供很多与人生活相关的服务平台如腾讯视频，也投资第三方的网络应用平台如同程网与滴滴打车。

2011年腾讯推出微信平台——能为智能终端提供即时通讯服务的免费应用程序，微信支持跨通信运营商、跨操作系统平台通过网络快速发送免费语音短信、视频、图片和文字。得到腾讯的认可，第三方服务商可通过微信公众平台开发各种有关信息传播、团体沟通的智能终端应用程序。现第三方服务商已在微信上开发很多用于政府公布、市场推广、特殊集团互动等的应用程序。与腾讯的其他平台组合，客户可通过互联网、无线、短信等不同媒介进行社交、信息传播、交易与支付等活动。2014年微信用户超过6亿，成为最热门的移动社交平台。微信改变了人们的沟通方式和生活方式，企业借助微信为用户提供定制化及更好的服务体验，通过微信用户体验更便捷的移动互联网生活方式。2015年它的市值超过2 000亿美元。

›› 案例12–3　三星电子崛起之谜

没有革命性的新产品或超常独有的科技，但三星的产业组合及商业模型使它把别人的成功引为自身的源创新推动力。

曾经辉煌一时的日本电子产业三大巨头索尼、夏普和松下，现都已衰落了，取而代之是韩国的三星电子公司。三星在20世纪90年代早期仅仅是市场跟随者，现已脱胎换骨，成为全球一流的电子公司，近几年其净利润都超过了100亿美元。三星电子公司没有特别出众的产品或超常独有的科技，但从2006年起，它的电视、显示器、LCD液晶显示器、内存芯片都一直排在全球第一位；它的半导体制造及手机排名全球第二。一个看上去哪样都不是最强的公司，实际上却很强，这一切都似乎与传统的竞争理论不吻合。在这里我们来看看它崛起的历史过程。

三星是原本以贸易起家，20世纪50年代初期进入制糖业及纺织业，从中获得很多利润。至50年代后期及60年代中期开始多元化发展，通过收购进入了保险、百货零售及传播等行业。1969年成立三星电子制造子公司时，三星并不拥有电子技术，它与日本三洋公司合作，以三洋的技术从事黑白电视生产。三星从制糖及纺织生产所得的规模生产经验，使它在黑白电视生产中取得成功，在韩国的电子行业开始有一席之地。当时韩国政府正大力支持国内电子及电器行业发展，三星电子制造公司也趁机进入洗衣机、冷柜、空调、微波炉等家用电器生产领域，一直到70年代末期，它的主要市场仍只是韩国本土市场。1974年，三星收购韩国半导体公司而进入了半导体生产行业，这家合并后的公司取名为三星半导体公司。

从20世纪80年代早期开始，三星半导体公司组合它的母公司的贸易经验，开始把产品卖到国外市场，但它的半导体、电子元件及电器产品在海外市场的优势只是低价。当时半导体的主要产品是电脑主机及微电脑的内存芯片，这产品没有什么差异化，所以低成本是唯一优势。在这一市场，先是英特尔在70年代是领头羊，但在1983年被日本取代，英特尔退出这一市场而全力进入芯片市场。在之后几年，通过大量投资及低工资的优势，三星半导体公司慢慢取代了日本在内存芯片的市场领导地位。三星半导体公司在1980年收购韩国电信设备公司而进入电信设备行业，在1982年进入韩国的手机市场，这家合并公司取名三星半导体与电信设备公司，到1988年改名为现在的三星电子公司，公司的愿景是“领导数码革命”。从1969年到20世纪80年代后期，三星电子公司演变为国际数码产品生产商，但它的终端消费品都采用日本或美国技术，以低价为主。

随着个人电脑在20世纪80年代的源创新发展，内存芯片的市场需求也跟着呈现指数级上升，这也给三星电子带来很多利润，在90年代早期，LCD开始被笔记本电脑采用，三星也趁机在1993年把大部分的利润投资在液晶显示技术。而正因生产LCD的流程与生产半导体的流程有些相似，半导体生产的经验使三星很快能把握规模化生产高质量LCD产品的能力。在90年代，个人电脑的显示器也采用LCD，三星的LCD显示器被大多数个人电脑公司采用，三星把从LCD得来的利润快速投进LCD的流创新，一方面很快使它成为领先的LCD制造商，另一方面投资于研究，解决应对快速移动的影像的问题，使可应用于电视，代替CRT显示器。三星领先采用三星研发的LCD显示器开拓LCD电视市场，到1997年LCD显示器的电视机市场份额已超过CRT显示器的电视机，而三星是这市场的领头羊。从1993年开始，三星开始注重建立自主品牌，它投入研究终端消费者的需求，以设计符合消费者需求的高质量产品，这包括手机、电脑、电视等。同时，三星也开始开发多种以数码为根基的电子产品，而半导体及LCD都是这些产品的重要组件。

2007年苹果的iPhone完全改变了整个智能手机市场，之后谷歌开发出安卓手机操作系统，免费给手机开发商使用，三星及很多手机开发商都用安卓来设计它们的智能手机。三星的Galaxy在2009年末面世，Galaxy是用安卓作为操作系统，很快便与苹果成为智能手机的领头羊，有一阵子，三星的智能手机在全球市场份额排名第一。所有智能手机（包括iPhone）都需要半导体及显示元件及很多电子配件，2012年苹果向三星电子公司购买超过100亿美元的电子元件及配件。三星一方面积极发展智能手机业务，另一方面致力于半导体流创新及投资开发更先进的显示技术：OLED（有机发光二极管）、AMOLED（有源矩阵有机发光二极管）及Super AMOLED（超级有源矩阵有机发光二极管）。

现在三星的内存电子组件产品、显示元件、液晶显示器、电视及手机，在全球市场份额排名第一，锂离子电池、智能手机、数码相机、应用处理器及半导体，在全球市场份额排名第二。2014年总收入是1 855亿美元，净利润是207亿美元，2015年6月市值大约1 800亿美元。

案例复盘及启示

始创新、流创新、源创新的组合

源创新的重点是以生态系统的成员为中心，源创新思维是通过了解成员的多样需求与欲望，以自身的核心资源及能力为支点，通过产品、服务以及适合的利益分配机制或战略合作方式，有效地组合成员的资源及能力来满足各成员的多样需求与欲望，建立有正向网络效应的产业网，这也造就了好的时势，给很多企业流创新的商机；而它们的流创新成功，也推动源创新建立一个不断加强的生态系统。所以源创新是造就好的时势，有如浪潮，使很多跟随这浪潮的成员以流创新成为“英雄”。

宏观经济、政策及社会的改变都会触动源创新，但这都是外来的，不是一个企业能控制的。新科技带来的新可能性也可触动源创新，尤其是新元件的科技，它的应用越广，潜在的商业价值越大，而它可做成的源创新浪潮也越大，但有待企业去发掘。半导体的始创新便触动信息革命的源创新，互联网的始创新便触动网络时代的源创新。一个大的源创新浪潮也提供很多流创新及较小的源创新浪潮机会，每一小浪潮一来提供其他相关流创新商机，二来也增强对大浪潮的推动力。当一大浪潮来时，一个企业的成功，可以从把握大浪潮的时势，以流创新支持它，或从中创造小浪潮，成为大浪潮的推动力之一。这都需要企业有源创新思维，这思维的重点不是优化单一产品，而是在建立新生态系统，这新生态系统可以是与其他企业一起推动的大源创新浪潮，也可以是自己推动的较少的源创新浪潮，提供新价值给生态系统的成员。但当这大浪潮到尾声时，不断的流创新只会导致收益递减，使企业面临困境。我们可用这理论来分析索尼及苹果的成败。

第二次世界大战后，各国经济都已复苏，生活安定，“家庭娱乐”也成为各国的源创新大浪潮。这大浪潮带动了电影及歌唱等内容制作行业的发展，以及电视、唱片、录音机、录像机等能提供家庭娱乐的产品的发展。这也提供机会给很多电子公司以流创新来支持这浪潮而取得成功，索尼也在此时加入这世界大浪潮，以流创新产品来建立它在日本及美国建立家庭电子娱乐产品的市场地位。它的晶体管收音机、Trinitron彩色电视、录音机及磁带、手提彩色电视机、U-Matic录像机及磁带都是这一类的创新产品。20世纪60年代，半导体触发的信息革命刚开始，这可以说是在工业发展历史中一重大的源创新浪潮，从1979~1990年，索尼也应用这大浪潮来帮助推动它自己的“个人娱乐”源创新理念，体现于手提收音机、手提电视机、随身听等产品。这也造成小浪潮，这小浪潮一来带动相关的流创新，二来也支持半导体触发的大浪潮。正因很多企业也应用半导体科技来推动比较狭窄的源创新（如个人电脑、通信终端设备等），这一波一波的小浪潮也支持推动信息革命这个大浪潮。可以说索尼从创办到2000年的成功，一方面掌握战后“家庭娱乐”大浪潮的时势，以流创新支持它，而另一方面从半导体触发的信息革命大浪潮中，创造“个人娱乐”的小浪潮，成为大浪潮的推动力之一。但在2000年后，这信息革命的浪潮已开始减缓，消费电子、个人电脑及通信终端设备市场都已竞争激烈，不断流创新只能使企业自保，难以走出困境。而在这时段，索尼进入了个人电脑市场、存储器市场，引进新科技产品如DVD、蓝光，及更新它已有的产品线，但这都是流创新，导致索尼收益递减，面临困境。可以说索尼一直都只有流创新思维，以产品为中心，这从它在录像机市场败给JVC便可看到

（详细参看第二章）。在索尼推动“个人娱乐”的源创新小浪潮时，它只是注重消费者，不大注重内容制造商，但因“家庭娱乐”这个大浪潮，已造就内容制造商的基础架构，这也助索尼推动“个人娱乐”快速成功。在20世纪90年代，索尼以流创新支持个人电脑触动的信息革命大浪潮而取得成功，当这些浪潮接近尾声时，索尼的流创新思维也使它陷入困境。

反观苹果公司，当个人电脑的浪潮刚发起时，它虽然初步以源创新取得成功，但乔布斯用流创新的思维来推动这源创新，被IBM以开放的操作系统，取得更大的源创新主动，IBM很快便占有市场80%份额。但IBM也犯了同样的错误，而被微软、英特尔及康柏，三位一体取而代之。（详细参看第二章）在苹果面临危机时，乔布斯重回苹果，推出独特外观设计的iMac个人电脑，一时轰动个人电脑市场，这虽然使苹果以流创新争回以前在个人电脑市场失去的地位，但仍然未能突破它的阻滞。当时互联网及无线的源创新浪潮正在高峰，苹果趁势推出iPod、iPhone与iPad，推动“个人娱乐及通信”的源创新理念，这比较小的源创新浪潮也与互联网及无线的大源创新浪潮产生正向反馈，苹果以此彻底解决了它多年的阻滞，突破个人电脑市场的限制，而且开拓了一个全新的电子消费市场。

两者的成功都是以新科技带来可能性为基础，以流创新支持推动一个大源创新浪潮，而且同时顺势推动一些较小的源创新浪潮。这大小浪潮产生相互作用，不断加强支持大小浪潮的生态系统。两者的失败都是过于注重流创新，而缺乏源创新思路。最有意思的是，苹果的后期突破成功有如索尼的早期成功。索尼的早期成功是应用晶体管及微型化科技，推动“个人娱乐”的源创新理念，而苹果的突破成功是以源创新思路，应用互联网及无线的新科技，推动在网络时代的“个人娱乐及通信”的源创新理念。其实iPod可以说是网络时代的随身听，两者的理念是相同的：“随时随地享受你所有喜爱的音乐”，但因新科技能带来的可能性不同，虽然是同一理念，但支持这理念的生态系统不同，所以源创新要组合的成员也不同。

晶体管带来的可能性是可设计小巧轻便可放在口袋的随身听，但要实现随时随地听个人喜爱的流行歌曲，那需要唱片公司常推出流行歌曲，广播电台常播放流行歌曲，而且可以很方便把音乐录在磁带里，然后放在私人的随身听享用。当时随着“家庭娱乐”的大浪潮，所有唱片公司都通过广播电台大力推行流行歌曲，有市场统计公司每周计算最受欢迎的流行歌曲，很多广播电台每周都播放当地最受欢迎的10首流行歌曲节目，所有年轻人都不会错过这节目，大家都准时收听。那时很多家庭已经有录音机，年轻人可很方便地在收听最受欢迎的10首流行歌曲节目的同时，把整个节日录在磁带上，放进随身听享用。这也就是说支持随时随地听个人喜爱的流行歌曲的生态系统已都存在，只要有适当的中介终端产品，这源创理念很快便能实现。

在网络时代，新信息科技增加了新的可能性：更小巧而且容量更大的数字音频播放器、使用计算机很容易找想听的歌曲、网上下载歌曲。但这些可能性也促使很多人有网上音乐盗版行为，而带给唱片公司很多烦恼。很多唱片公司采取加密技术来防止盗版，但都没有效果，反而不受客户欢迎。唱片公司是支持这理念的重要成员，乔布斯与唱片公司签订合约，成为唱片公司的网上销售的合法渠道，解决了美国唱片公司的困扰，支持这生态系统扩大而取得成功。奇怪的是，为什么索尼没有把握机会推出如iPod产品的机会？其一，“随时随地享受你喜爱的音乐”的理念本是源自索尼随身听；其二，索尼拥有多家唱片公司，理应知道唱片公司的烦恼；其三，索尼拥有消费电子产品的设计能力、音频压缩技术、个人电脑生产能力，加上消费者从网上下载音乐的需求早已众人皆知，为什么索尼未能抢先推出网络时代的“随身听”？唯一的解释是，索尼的领导层在2000年后过分关注红海里的流创新，忽略了用源创新战略思维开拓蓝海的机会。

有创意模仿是新兴国家的好机会

新兴国家如中国、印度、巴西都是通过生产及外包，使经济发展起来。当它们的国内市场慢慢扩大，便会有如阿里巴巴、腾讯、百度等企业出现。要知道虽然互联网与无线业务普及全世界，但语言、文化及政治制度的差异，很自然地把互联网与无线业务细分。在一个国家很成功的互联网与无线业务，不一定能在不同语言、不同文化、不同政治制度的国家取得成功，这也给了当地的企业家机会，通过有创意的模仿，把外国成功的互联网与无线业务，应用到当地的商业环境。近十多年中国有很多成功的互联网与无线服务公司如阿里巴巴、腾讯、百度、京东、携程、网易、新浪、搜狐等，它们都通过模仿在美国成功的两面市场商业模型，打造符合中国政策、社会、商业环境的商业模型。其实这逻辑不只限于互联网与无线业务，有创意的模仿可应用于其他行业。那便是当我们看到某个商业模型在美国、欧洲、日本或韩国成功，把那个商业模型“搬到”中国，但要有新创意来结合中国的特殊环境，争取在中国的市场取得优势。腾讯便是一个好例子。

腾讯的持续发展是顺应中国经济、无线与互联网发展的大浪潮，以流创新支持推动这浪潮，也同时在适当时，有创意地模仿各地成功的商业模型，推动一连串的较小的源创新浪潮，成功地建立腾讯强大的生态系统，而达到持续发展的目的。腾讯开始是给深圳电信及联通提供寻呼服务，这是以流创新来支持当时中国电信业业务的大浪潮。与此同时，美国的即时通信是新产品以流创新来帮助推动美国互联网的大浪潮，而这产品，年轻人会觉得有价值。但当时中国的经济情况，大多数年轻人都没有个人电脑，所以很多企业把即时通信“搬到”中国都不成功，而腾讯把即时通信作为一个平台，组合网吧资源，建立两面市场，推动一小源创新浪潮，一来给中国年轻人创造新价值，二来帮助推动中国的无线与互联网发展的大浪潮。可以说腾讯的初次成功是模仿美国的即时通信，但加以改变来适应中国的特殊环境，而给中国年轻人带来新价值，我称之为有创意的模仿。

QQ的成功也带来风投的投资，但因QQ是免费的，所以腾讯很快便面临资金短缺问题。在2000~2002年间，腾讯延伸QQ平台，来提供中国移动无线增值服务，这是以流创新来推动中国无线与互联网发展的大浪潮，这使QQ客户量增加，也使腾讯开始有盈利。但很快便停滞了，腾讯的突破是在2002年5月，以QQ的用户团为支点，推动Q币小源创新平台。Q币不只方便了用户买腾讯的服务，也方便客户在其他网站买产品及服务。这个概念与香港的八达通与银行的预付卡相同，腾讯把这概念应用于网上服务及交易，建立一个新的两面市场。这是腾讯第二次应用有创意的模仿。

为增加客户使用Q币交易次数，腾讯提供虚拟产品服务平台。第一个虚拟产品的概念来自韩国cyworld.com的虚拟化身游戏，认识到中国年轻人很在乎别人如何看他，腾讯给每位QQ用户一个只穿着内衣的卡通人形化身，让用户用Q币在Q秀店买虚拟时装、配件、首饰来装扮他的化身，这些虚拟产品都很便宜，年轻人都喜欢经常更换装扮，到Q秀店买这些虚拟产品。这是腾讯第三次应用有创意的模仿。之后腾讯延伸到虚拟社交世界到各种虚拟产品服务，获得“微交易”的空前成功。腾讯至今的主要收入来自“微交易”，这一点，至今美国没有一家互联网公司能成功地模仿。这可能与中国的“爱面子文化”有关。

腾讯从初创一直到2004年，通过组合三次源创新平台，用户团也快速增长，接下来腾讯建立网络门户、电子商务及其他应用平台，这些都是以流创新来与市面上的平台竞争，这些平台所带来的收入，是总收入的小部分，它们的作用主要是增加QQ客户的黏性。最近一次源创新是2011年的微信，它与腾讯其他平台组合，把腾讯从一个单纯社交网络平台升级为社交、商交、公布、交易及支付平台。在之前有同样功能的WhatsApp在2009年面世，米聊在2010年面世；WhatsApp在美欧很成功，而米聊在中国不太成功。WhatsApp的用户团增长得很快，在2014年已超过6亿，但一直未能获利，2014年2月，脸谱网以190亿美元收购了WhatsApp，为的是能与它本身平台组合，升级为移动社交平台。从单一产品服务来说，微信是有创意地模仿WhatsApp，但从企业创新来说，微信与腾讯其他平台的组合使腾讯走到世界的前头了。

通过业务团组合建立源创新推动力

商业生态系统是一群经济主体刻意通过组合大家的资源及能力来实现某些理念价值的系统，其中有这理念价值的受益者，以及能帮助理念价值实现者。每一个企业都有它的价值愿景，它的生态系统正是这个价值愿景对应着的商业生态系统。如一企业有多项业务，那它的生态系统也是所有业务的生态系统的组合。如业务间的生态系统能产生正向的网络效应，那会做成业务间的源创新推动力，提供业务流创新商机，而流创新的成功，也加速企业建立一个不断加强的生态系统，实现企业的愿景。三星案例便是一个好例子。

三星原是一家传统生产企业，于 1969 年进入家电行业，主要市场是韩国本土市场。1974 年，通过收购进入了半导体生产行业。从 20 世纪 80 年代早期开始，三星以低价把它的半导体、电子元件及电器产品卖到国外市场，在此期间，建立了电子产品的流创新生产能力。在 80 年代，正逢个人电脑浪潮兴起，三星生产内存芯片及其他的个人电脑部件，卖给所有个人电脑公司，取得半导体生产的规模经济，也降低了生产半导体的成本。三星再以内存芯片及其他的个人电脑部件的流创新来帮助推行个人电脑的源创新浪潮，也从中获得厚利。1980 年通过收购进入电信设备行业，成为国际数码电子产品生产商，以流创新在红海市场竞争，低价为它主要竞争优势。1988 年三星把所有数码电子组合，改名为三星电子公司，这时三星的业务结构由两大类业务团组成：电子元件及组件产品、电子终端产品。这两大业务团有相互关系，第一类业务团是第二类业务团的上游，而且三星把第一类业务团的产品卖给所有在第二类业务团的公司，包括三星在第二类业务团的竞争对手。这一来在不论谁在第二类业务团的公司成功，都可帮助三星第一类业务团的规模经济，二来这也施压力给三星第二类业务团找寻元件及组件外的竞争优势，三来可预先看到电子终端产品的市场趋势。

接下来在1993年三星投资液晶显示技术，应用于个人电脑的显示器流创新，加强它的电子元件及组件产品业务团，也帮助推行个人电脑的源创新浪潮。当三星第一类业务团强大后，它以此为支点，促使它的第二类业务团通过源创新升级，切入点是电视。当时所有电视都是用CRT显示器，当三星的液晶显示技术能应用于电视时，它领先设计用液晶显示器的电视，以此来推动小源创新浪潮，当其他电视公司也采用液晶显示器时，液晶显示器也因规模经济而降价。这也使液晶电视机降价，液晶电视机市场也因此而增加，这也增加了生产液晶显示器的规模经济，引导更多电视生产商用液晶显示器来代替CRT显示器。这便造成液晶电视机用户与电视机生产商两面市场的正向网络效应，CRT电视机市场便慢慢被液晶电视机取代，三星在电视机行业也慢慢取代日本电视机的市场地位。三星屡次以有创意地模仿的方法，扩大电子元件及组件产品行业的优势，再加上消费者需求及产品设计的投入，逐渐把第二类业务团升级。三星第二类的业务团除了用它第一类业务团生产的元件及组件外，需要时也向第一类业务团的竞争对手购买元件及组件，这一来组合上游资源来开发多种电子产品，做成多样经济，二来激励第一类业务团不断改进，三来可标杆第一类业务团的技术水平。

从1988年开始到现在，我们看到三星通过一连串的收购、始创新、流创新支持已发动的源创新以及自己发动源创新，建立了两个强大的业务团，一个业务团包括电视、电脑、通信终端及消费电子产品，而另一业务团是半导体及显示元件与组件产品。这两个业务团有正向网络效应，因此每个业务团的流创新便会增强推动“领导数码革命”的源创新理念价值。这样的业务结构，可使三星电子公司对它业务的竞争对手很了解，适当时，借它们的力量来帮助自己发展，同时也建立有创意的模仿能力来达到后发制人的效果。见图 12–1。

图 12–1　三星电子公司的两面市场商业模型

本章小结

很多人把科技创新作为企业持续发展的根本，但从柯达、摩托罗拉、诺基亚及第一章案例中看到，科技创新不一定能使企业持续发展，关键是企业领导层要有源创新思维，有能力把这思维落地：如何把握时机，适当时以流创新支持已发动的源创新，或找机会推动源创新，来建立一个不断加强的生态系统。科技创新提供新可能性，关键是如何把握这新可能性，推动源创新浪潮。很多人看不起模仿，但很多很成功的例子都是通过有创意的模仿取得持续发展，尤其是在新兴的无线互联网时代，有创意的模仿是新兴国家本土创业的最好途径，关键是掌握国家的文化、政策、经济、社会背景，模仿在发达国家成功的方案，用源创新思维把这方案在本土落地。很多人认为专心在一个市场做大做强便可取得持续发展，但从理论上看，单一行业不论多强大，也难以取得持续发展，因为总有一天会走到收益递减。如企业能通过业务团组合，建立业务团间的网络效应，这结构可使各业务团以流创新建立企业的强大生态系统，使企业也取得持续发展。关键是选择企业有机会实现的愿景，把握时机，通过收购、流创新支持宏观大源创新浪潮以及发动小源创新浪潮来建立多个与愿景吻合的业务团，再以适当的商业模型及激励机制，来打造业务团间的网络效应。新兴国家大都是以生产及外包来发展经济，所有国内的大中企业都是以生产为主，它们都建立了很强的流创新能力。因此它们的发展方向，最好是有创意地模仿三星，通过业务团组合建立源创新推动力，那么各业务团只要专心于流创新，公司的业务团结构会使它的生态系统不断加强。

思考时间

1. 中国人有很强的模仿能力，西方学者都认为这是中国创新的障碍，但其实模仿与源创新不是对立的，关键是如何发挥这能力，以创意的模仿来使源创新落地，你如何模仿三星的成功应用于非电子行业?

2. 很多专家认为柯达的失败，主要是因为数码的革命，完全取代了胶卷，柯达没法调整过来，但日本的胶卷公司富士，却转型成功，请用源创新理论来解释一下。

3. 你可否分析，阿里巴巴及百度如何以创意的模仿来使源创新落地？关键在哪里？

后记

经过一年多的努力，我终于写完了这本书，当我告诉一些与我同时期从香港来美国的朋友时，他们都觉得难以置信。我从香港到美国进入麻省理工学院攻读，一直很少写中文，中学时代我在香港华仁英文书院，大部分课程老师都是用英语授课，我的中文根底不是很好，而且只会写繁体字，40 年后，我要用简体中文写十几万字，确实不容易。

这本书中的理论，以系统工程作为基础思路，融合了我多年来在硅谷创业的经验以及我多年研究企业案例的成果。写这本书的目的，是希望能实现我在 2003 年的一个梦想——以源创新理念应用于企业创新。几十年来，我从一个电机系统管理工程专家，转为企业创新及转型专家，在我事业发展的过程中，便有很多源创新及流创新的互动。

1970 年，我在美国麻省理工学院完成了电机工程博士学位，应聘到硅谷一家叫 Systems Control 的科技咨询公司当研究工程师。我当时的专业是管理系统工程，当公司遇到特别困难的系统结构及管理问题时，我都能比公司内其他的高级研究工程师解答得快，因此公司的几位老板都很器重我，其中一位老板，理查德·卫施纳博士（Dr. Richard Wishner）特别赏识我。1975年，我离开该公司进入斯坦福大学当教授，他当时对我说，如果有一天他要创办公司，他一定会找我和他共同创业。事隔四年后，卫施纳博士准备离开System Control，自己创业，便邀请我加入公司，成为创办人之一。当时人工智能（Artificial Intelligence）技术是一项很热门、被很多电脑专家看好的技术，卫施纳博士认为这项技术一定要与优化系统技术组合才可创造新价值。我对他的理念很感兴趣，但我当时在斯坦福大学刚开始转移我的研究方向，以优化系统管理理论应用于经济问题。校园开放的研究环境对我有强大的吸引力，我不想离开斯坦福大学。卫施纳博士游说我，说我可以继续在斯坦福大学任教，他只需要我把所有可以做顾问的时间都留下给新公司（斯坦福大学鼓励教授理论与实践并行，教授每星期有一天可当企业顾问），加上每年暑期的三个月全职到公司上班。在这样的条件下，我答应加盟新公司，成为该公司四位创办人之一。我当时35岁，这是我第一次亲身体验到硅谷的创新文化。

接着下来的20多年，我亲身经历了硅谷从1980年起革命性的大转变。硅谷创新的气氛越来越浓，我一些亲戚和朋友都纷纷自行创业，很多在硅谷的台湾留学生及工程师抓住新竹如火如荼发展高科技的机会，回到台湾以流创新支持硅谷的源创新，我自己也与朋友和学生创办过几家科技公司。在我自己直接或间接经历过的创新活动中，不是所有都是成功的，其中也有失败的，这些经验帮助和启发我奠定了日后源创新的理论。在这期间，我与很多企业家及风险投资家接触，其中有一些是我的学生，我比较了解他们的思路。我的研究把我的体验结合到系统管理，逐渐形成并创立了“在不确定环境下动态战略”的理论，这理论便是源创新的前身。

在2002年，我的两位中国博士生郭爱平和孟庆轩，认为我的理论对中国企业发展会有很大帮助，他俩常游说我回中国教学。那时候中国很多大学开始办EMBA班，需要请海外管理系的教授授课，他们说我的动态战略课很适合中国EMBA班，但我一直迟疑不决，因为我在香港长大，只会说广东话，不会说普通话，只能听懂一点普通话。2003年，在郭爱平的安排下，我到成都的电子科技大学为EMBA班讲学，连续四天，每天授课六小时，而且校方希望我尽可能用中文授课。当时我在斯坦福大学一星期讲课不到三小时，其他的时间都是做研究及带博士生，突然间要连续四天讲课六小时，而且要尽量用中文授课，那真是一个莫大的挑战。我当时是本着硅谷的创新精神去掌握这个创新机会的，我到现在还记得，那四天是我事业中最难度过的四天。我用英语加广东话加手势及少许生硬的普通话完成四天课程，幸好该校有一位硕士帮我翻译，学员才勉强听懂了我讲的内容。讲完课后，我问大家有什么问题，全班寂静，过了一会儿，班上一位学员举手，说了些我听不懂的话，但全班都大笑起来，那位硕士生帮我翻译，原来他说：“谢教授，这课程的内容很新，而且对中国的企业很实用，只有一点，你能否学讲普通话？”而全班都大笑是因为他是用四川话对我说的，一些学员对他说：“你请求老师学普通话，为什么你不说普通话？”经过这次授课，我知道如果我要在中国教学，传授我的理论，我一定要先学会说普通话。

但从这次讲课，我对中国有了新认识。我接触到的学员智商都很高，而且很想学习先进的西方管理知识，我也觉得我的研究以及我在硅谷的经验及关系，可能对中国将来的经济发展有帮助。在返回美国的路上，我就想出一个新的理念，把斯坦福大学的先进科技与商业综合管理知识，融会贯通应用到中国实际政治、经济、文化中，培养中国企业新领袖。我回家后很兴奋地告诉我夫人这个想法，她听完后随即大笑，她说："你在做白日梦，你连普通话都不会说，如何传授你的学说？"过了一阵子，她又说："不过，这是很有意义的事，如你决心要做，我会支持你，但这一来你要常去中国，你年纪也不小了，你得注意身体。"我听后很感动，我告诉她正是因为年纪大了，想赶快做些对中国企业有贡献的事。

第二天我便策划如何去进行。首先我要得到系里的支持，我先向系主任请示，她建议我在系里的教师会议中提出，要得到多数同意票才能得到系里的支持。在未开会前，我先去找同事们个别交谈，有几位愿意去中国讲学，大部分都不愿意去，但他们也不反对我去做。在开会时，我提议，我和几个愿意去中国讲学的教授，通过SCPD（斯坦福领袖人才发展中心）到中国各地去讲学，培训中国的企业家。我们不会占用系里的资源和经费，如果能够成功地建立斯坦福管理科学与工程系的品牌，对大家都没有损害，只会给大家带来传授学说的机会，于是全体都投同意票。当年广州暨南大学开办第一期EMBA班，孟庆轩与暨南大学签订合约，邀请我及三位系里的教授，到暨南大学讲授四个斯坦福的课程。这些课程将作为暨南大学EMBA的一部分课程，完成这些课程会得到SCPD的证书。

同年秋季，我应邀到暨南大学讲授斯坦福的第一个课程。经过几月的学习，我可以说比较多点生硬的普通话了，班上有一半学员会说广东话，他们帮了我很多忙。晚上我在房间打开电视，刚巧电视台正在播放《康熙王朝》，我发现演员说的话都很清楚，差不多全部能听懂，而且有中文字幕，让我知道一些字应该如何发音，我很兴奋，因为我找到了最容易学习说普通话的方法了。第二天讲课完毕，我要求学校派人带我出去买电视剧DVD，我买的都是历史电视剧，有清朝、明朝、宋朝、唐朝、汉朝的故事，有中国人熟悉的三国、孙子兵法、包公等。我想这些电视剧对我有多种价值，一来可帮助我学讲普通话，二来可帮助我重温中国历史，帮助我在教学时引用中国人熟悉的故事来表达某些战略概念。我回家后都每晚都看买回来的电视剧，一边看一边学习普通话的发音。到第二年再讲课时，我已勉强能够用普通话讲课了。

与暨南大学的合作让我找到几位愿意到中国教学的斯坦福教授，但教授EMBA班不是我在中国发展的长远计划。在2004年，我代表SCPD与中国国务院发展研究中心旗下的企业研究所合作，推出中国企业新领袖培养计划，培训国有大中型企业、成长型民营企业新领导人以及创业型企业家。我组织的斯坦福教授团负责课程中的四个模块，企业研究所安排五个有关国家政策及改革的模块，目的是希望通过培训及互动，使他们能在中国特殊的动态不确定商业环境下，增强竞争能力。这个合作项目让我开始对中国的政策有些认识，帮助我形成我的理念。

2004~2006年，有超过300个企业高管精英来参加培训。在这几年中，我的普通话也有进步，可以直接与学员沟通。一些高管学员听完我的课后请我到他们公司进行内部高管培训，也有些学员请我当他们公司的顾问，这使我有机会接触和认识中国企业面临的问题。从2005年开始，我隐隐觉得中国的制造经济发展不能持久，很多企业都将会遇到瓶颈而停滞不前。转型是解决问题的好策略，因此从那时开始我便把我的研究精力全部放在中国转型的主题上。我研究硅谷的历史，试图从中找出硅谷成功的内在精髓，进而建立起一个地区如何通过创新来转型的理论，当我把这个研究与动态战略组合，就建立起了源创新及两面市场商业模型的理论。但我也认识到中国的企业转型，政府是很重要的动力，这也是中国与硅谷最大的不同之处，这个理念促使我从2006年起便转移了我在中国的教学方向。

2006~2008年，我代表斯坦福SCPD和USCEC（美国美中交流协会）合作与中国国家外国专家局制定了一个为期三个月的在斯坦福大学培训的证书课程，主题是公共政策分析及实践，每年从中央和国家机关以及有关省市选拔30名中国政府官员来斯坦福大学参加这个课程。这个课程使我有机会组织起一个有20多位斯坦福教授的团队来授课。这些知名教授来自大学里众多学院和学系，他们讲授公共政策理论，而我讲授创新及硅谷如何崛起。这个强大阵容的斯坦福教授教学团和美中交流协会合作，让我能够在斯坦福组织很多不同课题的培训班，讲授公共政策、创新、环保、转型的课题。

从2009年开始，我为中国地方政府制定了一个在斯坦福大学培训的为期三个月的证书班，主题是产业转型升级与公共管理。江苏省及湖北省的几个城市多次选拔市内干部参加这个班，每次30名干部。学成的学员回去后，都致力于应用学到的新理念建立当地的创新生态系统。另外，我也主办了一个为期10天的中国企业高管培训班，主题是企业创新战略及转型。在10天内，学员听到最新的关于创新及转型的研究成果，加上硅谷企业实地考察，在短期内找出自己企业的突破方案。这个班很受欢迎，在三年间，先后有十几批来自江苏省及浙江省的企业高管参加了这个短期培训班。

在这段时间，我认识到金融系统及风险投资与企业转型有很大关联。于是在2007年，我代表SCPD开办了斯坦福大学香港金融工程证书课程，每年为香港各大国际投资银行，包括花旗、美林、高盛的管理人员讲授创新金融和金融战略。通过这个课程，我组织起一些在斯坦福的金融专家加入我的教学团。这个课程经历过2008年金融风暴的低潮，但之后稳定发展。学员开始时都来自香港，现在学员超过1/3来自不同地区：中国内地、印度、新加坡、韩国、蒙古、日本、墨西哥、澳大利亚、加拿大、美国。通过这个课程，我把我的源创新理论与金融战略组合，我准备以此为基础，进一步在斯坦福开办最先进的风险投资决策班，培养中国的专业风险投资经理人。

多年来，通过研究、教学及与代表各界的领袖人物互相讨论，我获得启发，源创新、两面市场商业模型、风险投资的理论逐步得到改进，而这优化后的理论对中国的情况更有针对性。我希望我的理念能被更多的政府领袖及企业家所了解，因此，我在2010年便开始计划把我的理论及课程写成书，在中国出版。开始时我觉得很困难，因为我40年来一直都是用英文写作。我开始来中国讲学的演示文稿，都是我先用英文写好，然后找中国学生翻译的。但我的课程都是我最新的研究成果，所以我常要更新我的演示文稿，再加上我发现请别人翻译，很多时候失了本义。于是从 2005 年开始，我便自己用中文写我讲学的演示文稿，这对我日后写书有很大的帮助。但写这本书仍然花了我很多的精力，在有很多人帮忙的情况下，才能在 2011 年 10 月完成。

很多来参加培训的学员以及听过我讲源创新及转型课的学员都很激动，大家都想把这个理论应用到他们的工作上。在 2010 年底，有几位来自苏州的企业家听完我的课后，认为如要把我的理论落地，必须要在中国有一个组织机构，能帮助中国地方政府干部及企业家在听完我的授课后，应用这个理论实现突破及转型。于是他们邀请我与他们合作，成立一个源创新研究院，通过这个平台，研究如何把源创新及两面市场商业模型的理论应用到中国各地区及各行业中。这个研究成果一来可提供各种服务，帮助中国地区及企业实践突破及转型，二来可以不断培养源创新人才资源，有助于中国从制造经济转为创新经济。这个理念跟我的梦想已经很接近，所以我乐意接受他们邀请，于是源创新研究院在 2011 年 7 月 16 日在苏州成立。

通过多年的源创新与流创新活动，我建立了能实现我在 2003 年梦想的根基，希望通过这本书，我的梦想可以更快地实现。